U0900476

工业和信息化高职高专"十二五"
规划教材立项项目

21世纪高等职业教育财经类规划教材

财务会计类

财经法规与会计职业道德

Finance & Accounting Ethics Laws

郝福锦 王礼红 ◎ 主编
刘虎 杨贤超 ◎ 副主编 杨海清 ◎ 主审

Financial Accounting

人民邮电出版社
北京

图书在版编目（CIP）数据

财经法规与会计职业道德 / 郝福锦，王礼红主编
. -- 北京 : 人民邮电出版社，2011.2（2014.1 重印）
21世纪高等职业教育财经类规划教材财务会计类
ISBN 978-7-115-24724-7

Ⅰ. ①财… Ⅱ. ①郝… ②王… Ⅲ. ①财政法－中国－高等学校：技术学校－教材②经济法－中国－高等学校：技术学校－教材③会计人员－职业道德－高等学校：技术学校－教材 Ⅳ. ①D922.2②F233

中国版本图书馆CIP数据核字(2011)第002180号

内 容 提 要

本书以强化学生法律法规意识、加强会计业务技能为目的，以财政部会计从业资格考试大纲为主线，系统讲解财经法规与会计职业道德涉及的法律规范和技能。

本书既有介绍各章法规知识的目标导读，又有提高学生技能水平的技能训练，也有提高学生应试能力的课后习题，结构设计科学合理，针对性和可操作性强。

本书共设计了5章，内容包括会计法律制度、支付结算法律制度、税收法律制度、财政法规制度、会计职业道德等。

本书可作为高职高专财务会计类专业的教材，也可作为会计人员岗位培训教材，还可作为相关会计工作者的参考用书。

工业和信息化高职高专“十二五”规划教材立项项目

21 世纪高等职业教育财经类规划教材·财务会计类

财经法规与会计职业道德

◆ 主　　编　郝福锦　王礼红
　副 主 编　刘　虎　杨贤超
　主　　审　杨海清
　责任编辑　李育民

◆ 人民邮电出版社出版发行　北京市丰台区成寿寺路 11 号
　邮编　100164　　电子邮件　315@ptpress.com.cn
　网址　http://www.ptpress.com.cn
　北京铭成印刷有限公司印刷

◆ 开本：700×1000　1/16
　印张：17　　2011 年 2 月第 1 版
　字数：324 千字　　2014 年 1 月北京第 8 次印刷

ISBN 978-7-115-24724-7

定价：29.00 元

读者服务热线：(010)81055256　印装质量热线：(010)81055316

反盗版热线：(010)81055315

广告经营许可证：京崇工商广字第 0021 号

编委会

出版说明

近 30 年来，我国取得巨大的进步，靠的是改革开放带来的经济腾飞。经济的发展使得财经类学科一时成为显学，财经类专业也成为了大中专院校的热门专业。

当前，企业对财经类人才的需求又开始呈现增长的态势，但同时企业对财经类人才的要求与以往相比也越来越高。因此，能够培养出数量充足，而且素质和技能较高、能够充分适应和满足企业需求的财经类人才，已成为未来高职高专院校亟待探索和解决的问题。

教材建设在高校人才培养中占有重要的地位。基于这一点，人民邮电出版社在广泛征求全国高职高专财经类专家、学者和教师意见的基础上，组建了 21 世纪高等职业教育财经类规划教材编写委员会，以课题研究的形式，组织全国多所知名财经院校教师，召开了多次教材建设研讨会，从而确立了系列规划教材的编写思路和编写体例，并对系列规划教材的大纲和内容进行了深入研讨和论证，几易其稿，终能付梓。

本系列规划教材涉及财务会计、财政金融、市场营销、工商管理、经济贸易、物流管理、电子商务等多个方向，其内容既体现教育部发布的 16 号文件精神，又与高职高专院校教学实践相结合，具有鲜明的编写特色。

1. 整体策划，项目推进。本系列规划教材注重专业整体规划，从分析专业工作岗位入手，以获得专业核心技能和岗位核心技能为导向，来组织教材选题，安排教材结构和内容。同时，本系列教材采用项目研究、整体推进的形式，可以有效保证各专业教材之间的衔接性和系统性。

2. 定位准确，紧扣改革。本系列规划教材紧扣教学改革的最新趋势，体现教育部发布的《关于全面提高高等职业教育教学质量的若干意见》的文件精神，专业核心课程以应用知识为主，重点是培养学生解决实际问题的能力，满足培养应用型人才的教学需求。

3. 理论够用，突出技能。本系列规划教材遵循“以就业为导向，工学结合”的原则，以实用为基础，根据企业的岗位需求进行课程体系设置和教材内容选取，理论知识以“够用”为度，突出工作过程导向，突出技能的培养。在编写体例上将案例教学方式和项目教学方式与不同的课程合理结合，以期能够更贴近教学实际。

为了提升教学效果和满足学生的学习需求，本系列规划教材大部分还建设了配套的立体化教学辅助资源，包括多媒体课件、电子教案、实训资料、习题及答案、生动的教学案例及案例分析，部分教材还配有图片、动画和视频等教学资源。

期望通过本系列规划教材的推出，能够为推动财经类专业职业教育教学模式、课程体系和教学方法的改革贡献一份力量。同时，我们也希望能有更多的专家和老师参与到本系列规划教材的建设中来，对教材提出宝贵的意见和建议。

前 言

"财经法规与会计职业道德"是高职高专院校财务会计类专业的专业基础核心课程。财经法规与会计职业道德，也是会计从业资格考试的必考科目之一。财务会计类专业学生培养计划的"双证"，其中之一就是会计从业资格证书（也称会计上岗证）。2010年财政部会计从业资格考试大纲进行了大幅修订，原有教材内容与新大纲要求相差甚多。因此，我们组织编写了财经法规与会计职业道德教材。

本教材针对高职高专财务会计类专业学生编写，在内容选取上以财政部的大纲为准绳，在某些地方做了适当增减，在体例上做到符合职业教育的特点，力求更好地为高职高专人才培养服务。教材的基本特色如下。

1. 紧扣考纲

财经法规与会计职业道德教材根据财政部 2010 年会计从业资格考试大纲编写，结构内容与大纲一致。内容根据大纲要求分为会计法律制度、支付结算法律制度、税收法律制度、财政法规制度、会计职业道德 5 个部分。

2. 突出技能

财经法规与会计职业道德这门课程涉及法规主要有 4 个方面：会计法规、金融法规、税收法规、财政法规，每个方面都涉及具体业务操作规范。本教材特别注重规范的业务操作，突出技能训练，让学生在掌握法规知识的同时，也具备相应的操作技能。

3. 注重练习

学生通过财经法规与会计职业道德的学习以后，要参加各省、自治区、直辖市组织的会计从业资格考试。现很多省份采用机考形式，本教材的章节练习以江苏省会计从业资格考试机考题型为例，让学生提前适应考试氛围。

本书由常州轻工职业技术学院郝福锦、常州纺织服装职业技术学院王礼红任主编，建东职业技术学院刘虎、炎黄职业技术学院杨贤超任副主编。第 1 章由郝福锦编写，第 2 章和附录由王礼红编写，第 3 章由刘虎编写，第 4 章由杨贤超编写，第 5 章由高慧编写。全书由郝福锦拟定编写提纲并总纂定稿，由常州轻工职业技术学院管理系主任杨海清副教授担任全书的主审。

在教材编写过程中，常州市久久灵会计服务有限公司朱亚媛总经理、常州市新北区国税局奚东升科长参与了教材的课程整体设计，并对编写提供了有益的资料和宝贵的建议。

由于编者水平有限，书中难免存在错误和不妥之处，敬请广大读者批评指正。

编　者

2011 年 1 月

目 录

第1章

会计法律制度

知识目标

- 了解会计相关法规
- 了解会计工作的管理
- 掌握会计核算的方法
- 掌握会计监督的内容和方式
- 掌握会计法规关于会计人员和会计机构的规定
- 掌握违反会计法规的责任

能力目标

- 能正确填写原始凭证、记账凭证
- 能正确登记账簿
- 能审核原始凭证和记账凭证
- 能更正错账
- 能编制财务报表
- 能知道会计监督的程序和内容

- 能完成会计工作的交接
- 能完成会计档案的保管

导入案例

海盛国有食品加工企业，2010 年发生以下事项。

（1）1 月，该企业新领导班子上任后，作出了精减内设机构等决定，将会计科撤并到企业管理办公室（以下简称“企管办”），同时任命企管办主任王某兼任会计主管人员。会计科撤并到企管办后，会计工作分工如下：原会计科会计继续担任会计；原企管办工作人员、王某的女儿担任出纳工作。企管办主任王某自参加工作后一直从事文秘工作，为了使王某尽快胜任会计主管人员岗位，企业同意王某半脱产参加会计培训班，并参加 2011 年会计从业资格考试。

（2）2 月，原会计科科长与王某办理会计工作交接手续，人事科科长进行监交。

（3）6 月，档案科会同企管办对企业会计档案进行了清理，编制会计档案销毁清册，将保管期已满的会计档案按规定程序全部销毁，其中包括一些保管期满但尚未结清债权债务的原始凭证。

（4）8 月，经该企业负责人批准，某业务往来单位因业务需要查阅了该企业 2009 年有关会计档案，对有关原始凭证进行了复制，并办理了登记手续。

要求：根据会计法律制度的有关规定，回答下列问题。

（1）该企业撤并会计机构、任命会计主管人员、会计工作岗位分工是否有违反法律规定之处？分别说明理由。

（2）该企业在办理会计工作交接、销毁会计档案中是否有违反法律规定之处？分别说明理由。

（3）该企业向业务往来单位提供查阅会计档案、复制有关原始凭证是否符合法律规定？说明理由。

1.1 会计法律制度的构成

1.1.1 会计法律制度概念

会计法律制度是指国家权力机关和行政机关制定的各种会计规范性文件的总称，包括会计法律、会计行政法规、会计规章等。会计法律制度是调整会计关系的法律规范。会计关系是会计机构和会计人员在办理会计事务过程中以及国家在管理会计工作中发生的经济关系。为了保证会计工作的有序进行，国家通过制定一系列会计法律制度，调整和规范各种会计关系。

1.1.2　会计法律制度的构成

会计法规体系是指由国家权力机关或其他授权机构制定的，用来规范会计核算实务、会计基础工作、会计主体和相关会计人员职责，以便及时调整经济活动中各种会计关系的规范性文件的总和。它们构成了我国会计从业人员必须遵守的职业纪律和规范。目前我国形成了以《会计法》为主题的比较完整的会计法规体系，主要包括 3 个层次。

1．会计法律

会计法律是指由全国人民代表大会及其常委会经过一定立法程序制定的有关会计工作的法律。我国目前有两部会计法律，分别是《中华人民共和国会计法》（以下简称《会计法》）以及《中华人民共和国注册会计师法》（以下简称《注册会计师法》）。《会计法》是调整我国经济生活中会计关系的总规范，是会计法律制度中层次最高的法律规范，是指导和规范会计工作的最高准则。

《会计法》于 1985 年 1 月 21 日，经第六届全国人民代表大会常务委员会第九次会议通过。现行的《会计法》是 1999 年 10 月 31 日经第九届全国人民代表大会常务委员会第十二次会议修订，并规定自 2000 年 7 月 1 日起施行。《会计法》的立法宗旨是规范会计行为，保证会计资料真实、完整，加强经济管理和财务管理，提高经济效益，维护社会主义市场经济秩序。会计行为是指对单位的经济业务进行确认、计量、记录、报告的行为；会计资料是指在会计核算过程中所形成和提供的书面文件，包括会计凭证、会计账簿、财务会计报告、其他会计核算载体中记录、提供的信息。会计资料既包括会计资料所记录的内容（即会计信息），也包括会计资料的种类、格式和记录要求等。会计资料的质量特征即真实性和完整性。会计资料的真实性是指会计资料应该真实反映经济业务的实际情况；会计资料的完整性是指其提供的会计资料要符合规定的要求，附件要齐全，手续要齐备。

我国国家机关、社会团体、公司、企业、事业单位和其他组织都必须依照《会计法》办理会计事务。注意以下事项。

（1）范围仅限于境内，但不包括外国驻华使领馆。

（2）不包括个体工商户。《会计法》第五十一条规定：“个体工商户会计管理的具体办法，由国务院财政部门根据本法的原则另行规定。”

（3）香港、澳门特别行政区和台湾地区的会计事务不受现行《会计法》的约束。

（4）在中国境外设立的中国投资企业，以所在国的法律为依据设立，属于所在国法人，应当执行所在国的法律，不受中国法律的约束。但是，这些企业在向国内提供财务会计报告和其他会计资料时，应当按照国内法律和投资主体的要求进行。

《注册会计师法》由第八届全国人民代表大会常务委员会第四次会议于 1993 年 10

月 31 日通过。其立法宗旨是为了发挥注册会计师在社会经济活动中的鉴证和服务作用，加强对注册会计师的管理，维护社会公共利益和投资者的合法权益，促进社会主义市场经济的健康发展。《注册会计师法》对注册会计师行业管理体制、注册会计师考试和注册会计师、会计师事务所组织形式和业务范围、法律责任等进行了系统规范，为注册会计师行业发展提供了有力的法律保障。

2. 会计行政法规

会计行政法规是指由国务院制定并发布，或者国务院有关部门拟订并经国务院批准发布，调整经济生活中某些方面会计关系的法律规范。我国已经制定的会计行政法规有：1990 年 12 月 31 日国务院发布的《总会计师条例》，2000 年 6 月 21 日国务院发布的《企业财务会计报告条例》等。会计行政法规的制定依据是《会计法》。会计行政法规的法律效力仅次于《会计法》。

3. 国家统一的会计制度

国家统一的会计制度是指国务院财政部门根据《会计法》制定的关于会计核算、会计监督、会计机构和会计人员以及会计工作管理的制度，包括会计部门规章和会计规范性文件。

会计部门规章是根据《中华人民共和国立法法》规定的程序，由财政部制定，并由部门领导签署命令予以公布的制度办法。已经制定的会计部门规章有：2001 年 2 月 20 日以财政部令第 10 号发布的《财政部门实施会计监督办法》；2005 年 1 月 22 日以财政部令第 26 号发布，同年 3 月 1 日起实施的《会计从业资格管理办法》；2005 年 1 月 22 日以财政部令第 27 号发布，同年 3 月 1 日起实施的《代理记账管理办法》；2006 年 2 月 15 日以财政部令第 33 号发布，2007 年 1 月 1 日起实施的《企业会计准则——基本准则》。

会计规范性文件是指主管全国会计工作的行政部门即国务院财政部门制定并发布的制度办法。已经制定的会计规范性文件有：《企业会计制度》、《金融企业会计制度》、《小企业会计制度》、《行政单位会计制度》、《事业单位会计制度》、《事业单位会计准则（试行）》、《民间非营利组织会计制度》、《会计基础工作规范》、《会计人员继续教育规定》以及财政部与国家档案局联合发布的《会计档案管理办法》等。财政部分别于 2006 年 2 月 15 日和 2006 年 10 月 30 日以文件形式印发的《企业会计准则第 1 号——存货》等 38 项具体准则、《企业会计准则——应用指南》，以及于 2006 年 12 月 4 日颁布的新的《企业财务通则》均属于会计规范性文件。

1.2 会计工作管理体制

会计工作管理体制是划分会计管理工作职责权限关系的制度，包括会计工作管理的组织形式、管理权限的划分、管理机构的设置等内容。目前，我国已形成了会计行政管理、自律管理和单位会计管理各有侧重、相辅相成的会计工作管理体制。

1.2.1 会计工作的行政管理

1. 国务院财政部门主管全国的会计工作

会计工作的主管部门，是指代表国家对会计工作行使管理职能的政府部门。《会计法》第七条规定："国务院财政部门主管全国的会计工作。县级以上地方各级人民政府财政部门管理本行政区域内的会计工作。"由地方各级人民政府财政部门管理本行政区域内的会计工作，体现了"统一领导，分级管理"的原则。应当明确的是，《会计法》规定由财政部"主管"全国会计工作，而不是"管理"会计工作，说明对会计工作的管理不仅只是财政部门的事，税务、审计、人民银行、证券监管、保险监管等其他相关部门也应当在各自职责范围内发挥作用，参与会计管理。会计人员和其他人员发现违法违纪的问题也可以向审计、税务等相关部门举报。

2. 财政部门履行的会计行政管理职能

（1）会计准则制度及相关标准规范的制定和组织实施。会计准则制度及相关标准规范的制定和组织实施是财政部门管理会计工作最基本的职能，这是保证会计信息质量可靠、维护社会主义市场经济秩序稳定的重要保障。我国的会计准则制度及相关标准规范，是指企事业单位会计准则及其应用指南、会计制度、内部控制规范和会计信息化标准等，其制定权在财政部，有关部门和地方政府应在财政部的统一规划和指导下，做好组织实施工作。

（2）会计市场（会计资源市场）管理。会计市场管理是社会主义市场经济条件下财政部门管理会计工作的一项重要职能，会计工作的性质决定了政府对会计市场必须进行管理。我国财政部门对会计市场的管理主要包括会计市场的准入、运行和退出管理，以及会计培训市场的管理。会计市场的准入管理，是指财政部门对会计从业资格的取得、代理记账机构的设立、注册会计师资格的取得及会计师事务所的设立等进行的规定。会计市场的运行管理，是指财政部门对准入会计市场的机构和人员，是否遵循法律法规等进行的监督和检查。会计市场的退出管理是指对执业过程中违反《会计法》、《注册会计师法》的机构和人员进行的处罚，情节严重的，吊销其执业资格，强制其退出会计市场。会计培训市场的管理，是指对会计培训的师资、场所、教材、内容、要求及培训质量进行监督和检查，确保会计市场规范有序。

（3）会计专业人才评价。会计专业人才是我国经济建设中不可或缺的重要力量，也是我国人才队伍中的重要组成部分。随着我国社会主义市场经济体制的不断完善、科技的迅猛发展以及经济的全球化、信息化，会计工作的地位和作用日益凸显，会计工作也日益复杂化和专业化，这对会计人员的职业素质提出了新的更高的要求。因此，财政部门除了选拔和培养会计专业人才之外，还担负着开展会计人才评价的重要职能，通过建立适用于不同层次、专业水准和能力要求的会计人才评价机制，对我国各类会计专业人才进行科学合理的评价，不断促进会计专业人才队伍的建设，提高会计职业素质。

目前，我国已初步形成了一个包含会计从业资格，初级、中级、高级会计专业技术资格，正高级会计师资格（含全国会计领军人才）的具有梯度发展级次的会计人才培养评价体系。会计从业资格需要通过考试取得，这是会计工作的一种准入机制，主要由各省级财政部门负责组织实施。初级、中级、高级会计专业技术资格是会计人才评价的一种方式，具体由财政部门组织实施，人力资源和社会保障部门进行监督指导。为适应培养高级会计人才的需要，早在 2007 年，财政部就已提出了建立我国正高级会计师资格制度的构想。截至目前，正高级会计师资格评价的试点工作已在广东、江苏、浙江、辽宁、河北、湖北、内蒙古等省区成功开展。现在，财政部正会同有关部门认真总结地方试点经验，积极研究建立全国性正高级会计师资格制度，具体的评价制度有望于 2010 年年内出台。在之前的会计人才评价体系中，高级会计师在评审条件上实际上只相当于副高级。

此外，财政部和地方财政部门对先进会计工作者的表彰奖励也属于会计人才评价的范畴。

（4）会计监督检查。会计监督是会计的基本职能之一，是我国经济监督体系中的重要组成部分，经济越发展，越需要加强会计监督检查。会计监督检查是规范会计秩序，依法打击违法行为，保证会计信息质量，保护国家、投资者、债权人及社会公众等各方面利益，维护社会主义经济秩序的重要手段。会计监督检查也是财政部门管理会计工作的重要职能。我国财政部门实施的会计监督检查包括会计信息质量检查和会计师事务所执业质量检查。对会计信息质量检查主要是综合治理会计信息失真问题，提高会计信息质量；对会计师事务所执业质量检查主要是确保注册会计师客观公正地发挥审计鉴证作用。财政部门在会计监督检查中对违反《会计法》、《注册会计师法》等会计法律法规的行为有权依法实施行政处罚。

1.2.2 会计工作的自律管理

会计工作的自律管理不同于行政管理，它是指相关会计协会或组织根据会员一致的意愿，自行制定规则，并据此对各成员进行管理，以促进成员之间的公平竞争和本行业的有序发展。我国目前会计工作的自律管理组织主要有中国注册会计师协会和中国会计学会。

1. 中国注册会计师协会

（1）概况。中国注册会计师协会是依据《注册会计师法》和《社会团体登记管理条例》的有关规定设立的社会团体法人，是中国注册会计师行业管理组织，成立于 1988 年 11 月。

中国注册会计师协会分别于 1996 年 10 月和 1997 年 5 月加入亚太会计师联合会和国际会计师联合会，并与 50 多个境外会计师职业组织建立了友好合作和交往关系。

中国注册会计师协会最高权力机构为全国会员代表大会，全国会员代表大会选举产生理事会。理事会选举产生会长、副会长、常务理事会，理事会设若干专门委员会和专业委员会。常务理事会在理事会闭会期间行使理事会职权。协会下设秘书处，为其常设执行机构。

（2）宗旨。中国注册会计师协会的宗旨是服务、监督、管理、协调，即以诚信建设为主线，服务注册会计师协会会员，监督会员执业质量、职业道德，依法实施注册会计师行业管理，协调行业内、外部关系，维护社会公众利益和会员合法权益，促进行业健康发展。

（3）主要职责。

① 审批和管理注册会计师协会会员，指导地方注册会计师协会办理注册会计师注册。

② 拟订注册会计师执业准则、规则，监督、检查实施情况。

③ 组织对注册会计师的任职资格、注册会计师和会计师事务所的执业情况进行年度检查。

④ 制定行业自律管理规范，对违反行业自律管理规范的行为予以惩戒。

⑤ 组织实施注册会计师全国统一考试。

⑥ 织和推动会员培训工作。

⑦ 组织业务交流，开展理论研究，提供技术支持。

⑧ 开展注册会计师行业宣传。

⑨ 协调行业内、外部关系，支持会员依法执业，维护会员合法权益。

⑩ 代表中国注册会计师行业开展国际交往活动。

⑪ 指导地方注册会计师协会工作。

⑫ 办理法律、行政法规规定和国家机关委托或授权的其他有关工作。

（4）会员。中国注册会计师协会会员分为团体会员、个人会员。

团体会员：依法批准设立的会计师事务所，为中国注册会计师协会团体会员。

个人会员：凡参加注册会计师全国统一考试全科合格并经申请批准者和依照规定经考核取得中国注册会计师协会会员资格者，为中国注册会计师协会个人会员。个人会员分为执业会员和非执业会员。其中，依法取得中国注册会计师执业证书的，为执业会员。另外，对注册会计师行业做出重大贡献的境内、外有关知名人士，经有关方面推荐，由理事会批准，可授予中国注册会计师协会名誉会员称号。

（5）组织机构。

① 全国会员代表大会。中国注册会计师协会最高权力机构为全国会员代表大会。全国会员代表大会每五年举行一次。

② 理事会与常务理事会。全国会员代表大会选举理事若干人组成注册会计师协会理事会。每届理事会任期五年，理事可以连选连任。理事会会议每年举行一次。

③ 常设执行机构。注册会计师协会设秘书处，为注册会计师协会常设执行机构。

④ 专门委员会与专业委员会。

⑤ 地方注册会计师协会。

2. 中国会计学会

中国会计学会创建于 1980 年，是财政部所属由全国会计领域各类专业组织，以及会计理论界、实务界会计工作者自愿结成的学术性、专业性、非营利性社会组织。

中国会计学会的业务范围如下。

（1）组织协调全国会计科研力量，开展会计理论研究和学术交流，促进科研成果的推广和运用。

（2）总结我国会计工作和会计教育经验，研究和推动会计专业的教育改革。

（3）编辑出版会计刊物、专著、资料。

（4）发挥学会的智力优势，开展多层次、多形式的智力服务工作，包括组织开展中高级会计人员培养、会计培训和会计咨询与服务等。

（5）开展会计领域国际学术交流与合作。

（6）发挥学会联系政府与会员的桥梁和纽带作用，接受政府和其他单位委托，组织开展有关工作。

（7）其他符合学会宗旨的业务活动。

1.2.3 单位会计工作管理

1. 单位负责人要组织、管理好本单位的会计工作

（1）单位负责人的含义。单位负责人是指单位法定代表人或者法律、行政法规规定代表单位行使职权的主要负责人。单位法定代表人（也称法人代表）是指依法代表法人单位行使职权的负责人，如公司制企业的董事长（执行董事或经理）、国有企业的厂长（经理）、国家机关的最高行政长官等。法律、行政法规规定代表单位行使职权的主要负责人，是指依法代表非法人单位行使职权的负责人，如代表合伙企业执行合伙企业事务的合伙人、个人独资企业的投资人等。

（2）单位负责人的责任。单位负责人为单位会计行为责任主体，单位负责人负责单位内部的会计工作管理，应当保证会计机构、会计人员依法履行职责，不得授意、指使、强令会计机构和会计人员违法办理会计事项，对本单位的会计工作和会计资料的真实性、完整性负责。

2. 会计人员的管理制度

会计人员管理制度，是指会计行政管理部门与基层会计核算单位、各级会计管理部门之间在会计人员管理方面的权责关系，主要包括：会计从业资格管理、会计人员任职资格管理、会计人员任免管理、会计人员调迁管理、会计人员评优表彰奖惩管理、会计专业技术资格管理、会计人员继续教育管理等。其中，财政部门负责会计从业资格管理、会计专业技术职务资格管理、会计人员评优表彰奖惩管理，以及会计人员继续教育等。

3. 会计人员的任职资格

企业单位选拔任用的会计人员必须具备会计从业资格。各单位不得任用（聘用）不具备会计从业资格的人员从事会计工作。不具备会计从业资格的人员，不得从事会计工作，不得参加会计专业技术资格考试或评审、会计专业职务的聘任，不得申请取得会计人员荣誉证书。

4. 单位内部会计管理制度

单位内部的会计工作管理离不开健全合理、科学完整、行之有效的内部会计管理制度。内部会计管理制度是指单位根据《会计法》和国家统一会计制度的规定，结合单位类型和内部管理的需要，遵循一定的原则，制定的用于规范单位内部会计管理工作和会计行为的具体制度和管理办法。

（1）单位内部会计管理制度制定的原则。

① 应当执行法律、法规和国家统一的财务会计制度。

② 应当体现本单位的生产经营、业务管理的特点和要求。

③ 应当全面规范本单位的各项会计工作，建立健全会计基础，保证会计工作的有序进行。

④ 应当科学、合理，便于操作和执行。

⑤ 应当定期检查执行情况。

⑥ 应当根据管理需要和执行中的问题不断完善。

（2）单位内部会计管理制度的内容。由于各单位规模大小不一，经营特点和业务繁简有别，因此其内部会计管理制度的内容也不一定完全相同。一般来说，单位内部会计管理制度主要包括建立内部会计管理体系、会计人员岗位责任制度、账务处理程序制度、内部牵制制度、稽核制度、原始记录管理制度、定额管理制度、计量验收制度、财产清查制度、财务收支审批制度、成本核算制度和财务会计分析制度等，如表1-1所示。

表 1-1　　　　单位内部会计管理制度

序号	建立的制度体系	主　要　内　容
1	建立内部会计管理体系	单位领导人、总会计师对会计工作的领导职责；会计部门及其会计机构负责人、会计主管人员的职责、权限；会计部门与其他职能部门的关系；会计核算的组织形式等
2	建立会计人员岗位责任制度	会计人员的工作岗位设置；会计工作岗位的职责和标准；各会计工作岗位的人员和具体分工；会计工作岗位轮换办法；对各会计工作岗位的考核办法
3	建立账务处理程序制度	会计科目及其明细科目的设置和使用；会计凭证的格式、审核要求和传递程序；会计核算方法；会计账簿的设置；编制会计报表的种类和要求；单位会计指标体系
4	建立内部牵制制度	内部牵制制度的原则；组织分工；出纳岗位的职责和限制条件；有关岗位的职责和权限
5	建立稽核制度	稽核工作的组织形式和具体分工；稽核工作的职责、权限；审核会计凭证和复核会计账簿、会计报表的方法
6	建立原始记录管理制度	原始记录的内容和填制方法；原始记录的格式；原始记录的审核；原始记录填制人的责任；原始记录签署、传递、汇集要求
7	建立定额管理制度	定额管理的范围；制定和修订定额的依据、程序和方法；定额的执行；定额考核和奖惩办法等
8	建立计量验收制度	计量检测手段和方法；计量验收管理的要求；计量验收人员的责任和奖惩办法
9	建立财产清查制度	财产清查的范围；财产清查的组织；财产清查的期限和方法；对财产清查中发现问题的处理办法；对财产管理人员的奖惩办法
10	建立财务收支审批制度	财务收支审批人员和审批权限；财务收支审批程序；财务收支审批人员的责任
11	实行成本核算的单位应当建立成本核算制度	成本核算的对象；成本核算的方法和程序；成本分析等
12	建立财务会计分析制度	财务会计分析的主要内容；财务会计分析的基本要求和组织程序；财务会计分析的具体方法；财务会计分析报告的编写要求等

1.3　会计核算

会计核算是会计的基本职能之一，是会计工作的重要组成部分。我国会计法律制度对会计信息质量要求、会计资料基本要求以及会计年度、记账本位币、填制会计凭证、登记账簿、编制财务会计报告、财产清查、会计档案管理等作出了统一规定。

1.3.1　会计信息质量要求

会计信息质量要求是对企业财务报告中所提供会计信息质量的基本要求，是使财务报告中所提供会计信息对使用者决策有用应具备的基本特征。它包括真实性、相关性、明晰性、可比性、经济实质重于法律形式、重要性、谨慎性和及时性等。

1. 真实性要求

企业应当以实际发生的交易或者事项为依据进行会计确认、计量和报告，如实反映符合确认和计量要求的各项会计要素及其他相关信息，保证会计信息真实可靠、内容完整。它不仅要求会计信息反映的事项符合实际、不偏离事实，会计人员依据相同的会计信息并遵循相同的会计准则，可以得到相同或基本相似的结论，具有可验证性，而且要求会计信息是会计人员不偏不倚进行处理的结果，避免倾向于事先预定的结果或某一特定使用者的需要。

2. 相关性要求

企业提供的会计信息应当与财务会计报告使用者的经济决策需要相关，有助于财务会计报告使用者对企业过去、现在或者未来的情况作出评价或者预测。它必须满足政府宏观经济管理的需要，满足各有关方面了解企业财务状况、经营成果和现金流量的需要，满足企业加强内部经营管理的需要。相关性具有一定的针对性，由于不同的财务会计报告使用者有不同的需要，因此，相关性并不要求企业提供的会计信息能够满足所有使用者的需要。

3. 明晰性要求

明晰性原则，又称理解性，指企业提供的会计信息应当清晰明了，便于财务会计报告使用者理解和使用。它受两个因素的制约：一是使用者的素质，不同的使用者对会计信息有着不同的理解力；二是会计信息本身的清晰性和易理解程度。会计信息只有清晰明了，易于理解，才能提高会计信息的有用性，实现财务会计报告的目标，满足向使用者提供决策有用信息的要求。不可理解的会计信息对使用者而言是无用的。

4. 可比性要求

可比性是指企业提供的会计信息应当具有可比性。一个主体的信息只有在它能在相关的横向和纵向进行比较时，其信息的效用才能得以真正发挥。同一企业不同时期发生的相同或者相似的交易或者事项，应当采用一致的会计政策，不得随意变更。确需变更的，应当在附注中说明。可比性并不意味着所选择的会计政策不能作任何变更。一般来说，在两种情况下可以变更会计政策：一是有关法规发生变化，要求企业改变会计政策；二是改变会计政策后能够更恰当地反映企业的财务状况和经营成果。不同企业发生的相同或者相似的交易或者事项，应当采用规定的会计政策，确保会计信息口径一致，相互可比。

5. 经济实质重于法律形式要求

企业应当按照交易或者事项的经济实质进行会计确认、计量和报告，不应仅以交易或者事项的法律形式为依据。在实际工作中，由于交易或事项的法律形式并不总能完全反映其实质内容，所以，会计信息要想反映其所应反映的交易或事项，就必须根据交易或事项的经济实质来进行判断，而不能仅仅根据它们的法律形式进行判断。否则，就无法如实反映经济现实，容易导致会计信息失真，不利于会计信息使用者的决策。例如，将融资租入的固定资产作为企业资产核算提取折旧，就是遵循实质重于形式原则；又如，售后回购不作为销售与购买，而作为筹资，也体现了实质重于形式原则。

6. 重要性要求

重要性是指企业提供的会计信息应当反映与企业财务状况、经营成果和现金流量等有关的所有重要交易或者事项。它要求企业在充分保证会计信息质量和满足相关使用者需要的前提下，对某些次要的信息和数据适当简化处理，以便降低会计信息成本。然而，究竟哪些信息和数据是次要的，不需要在财务会计报告中单独反映，则需要会计人员根据自己的执业经验作出合理的判断。一般来说，企业应当根据其所处环境和实际情况，从项目的性质和金额大小两方面来判断其重要性。

7. 谨慎性要求

谨慎性是指企业对交易或者事项进行会计确认、计量和报告应当保持应有的谨慎，不应高估资产或者收益、低估负债或者费用。

在市场经济环境下，企业的生产经营活动面临着许多风险和不确定性。例如，企业的应收款项因债务人发生财务困难或破产而有可能发生坏账损失；固定资产因技术进步而有可能提前报废；售出的商品有可能发生退货或返修等。会计信息质量的谨慎性要求，即需要企业在面临不确定性因素的情况下作出职业判断时，保持应有的谨慎，充分估计到各种风险和损失，既不高估资产或收益，也不低估负债或费用。

8. 及时性要求

及时性是指企业对于已经发生的交易或者事项，应当及时进行会计确认、计量和报告，不得提前或者延后。会计信息具有时效性，其价值在于帮助使用者作出经济决策。即使是可靠、相关的会计信息，如果不及时提供，也会失去时效性，对于使用者的决策有用性会大大降低，甚至不再具有任何利用价值。

会计信息质量的及时性要求具体体现在 3 个方面：一是及时收集会计信息，即在交易或者事项发生后，及时收集整理相关原始凭证；二是及时处理会计信息，即按照企业会计准则的要求，及时对交易或者事项进行确认、计量和记录，并及时编制财务会计报告；三是及时传递会计信息，即按照有关规定，及时地将财务会计报告传递给报告使用者，便于其及时使用和决策。

1.3.2 会计核算的总体要求

1. 会计核算的依据

各单位必须根据实际发生的经济业务事项进行会计核算，填制会计凭证，登记会计账簿，编制财务会计报告。任何单位不得以虚假的经济业务事项或者资料进行会计核算。

2. 会计资料的基本要求

《会计法》和《会计基础工作规范》都规定，会计资料的内容和要求必须符合国家统一的会计制度的规定，保证会计资料的真实性和完整性，不得伪造、变造会计凭证和会计账簿及其他会计资料，不得提供虚假的财务会计报告。

（1）会计资料必须符合国家统一的会计制度的规定。会计资料必须符合国家统一的会计制度的规定，即会计核算资料的合规性。合规性是对会计核算资料的基本要求之一。会计凭证、会计账簿、财务会计报告和其他会计资料是反映单位财务状况、经营成果和现金流量的重要载体，它们所记载和传递的信息是单位据以开展经营管理和业务管理，投资者、债权人等各个利益相关者据以进行相应的经济决策，国家据以组织税收和财政收入以及进行宏观经济管理和调控的重要依据，所以会计凭证、会计账簿、财务会计报告和其他会计核算资料的形式、内容、核算程序和方法，凡是国家统一会计制度有具体规定的，都要严格按照规定办理，以确保会计核算资料的真实和完整。

（2）生成和提供虚假会计资料是一种严重违法行为。会计资料的真实性，主要是指会计资料所反映的内容和结果，应当同单位实际发生的经济业务的内容及其结果相一致。会计资料的完整性，主要是指构成会计资料的各项要素必须齐全，以使会计资料如实、全面地记录和反映经济业务发生情况，便于会计资料使用者全面、准确地了解经济活动情况。会计资料的真实性和完整性，是会计资料最基本的质量要求，各单位必须保证所提供的会计资料真实和完整。

① 伪造会计凭证、会计账簿和其他会计资料，是指以虚假的经济业务事项为前提编造不真实的会计凭证、会计账簿和其他会计资料。

② 变造会计凭证、会计账簿和其他会计资料，是指用涂改、挖补等手段来改变会计凭证、会计账簿等的真实内容、歪曲事实真相的行为，即篡改事实。

③ 提供虚假的财务会计报告，是指通过编造虚假的会计凭证、会计账簿及其他会计资料或直接篡改财务会计报告上的数据，使财务会计报告不能真实、完整地反映真实财务状况和经营成果，借以误导、欺骗会计资料使用者的行为，即以假乱真。

1.3.3 会计核算的其他要求

1. 依法建立账册

建账，是如实记录和反映经济活动情况的重要前提。依法建账，是建账的最基本要求。这里所说的“法”，既包括《会计法》、会计行政法规和国家统一的会计制度，也包括其他法律、行政法规。如《会计法》规定，各单位必须依法设置账簿，并保证其真实、完整；《中华人民共和国税收征收管理法》（以下简称《税收征收管理法》）规定，纳税人、扣缴义务人应按照有关法律、行政法规和国务院财政、税务主管部门的规定设置账簿，根据合法、有效凭证记账，进行核算；《中华人民共和国公司法》规定，公司除法定的会计账簿外，不得另立会计账簿；此外，《会计基础工作规范》也对各单位设置会计账簿，进行会计核算作出了相应规定。

上述这些规定，是各单位建账应当遵循的法律依据。概括起来，主要包括以下几点。

（1）国家机关、社会团体、公司、企业、事业单位和其他组织，都应当按照《会计法》的规定设置会计账簿，进行会计核算。

（2）设置会计账簿的种类和具体要求，应当符合《会计法》、会计法规和国家统一的会计制度的规定。

（3）各单位发生的各项经济业务事项应当统一进行会计核算，不得违反规定私设会计账簿进行登记、核算。另外，《会计法》还规定："个体工商户会计管理的具体办法，由国务院财政部门根据本法的原则另行规定。"

2. 明确会计核算的内容

会计核算的内容，是指应当进行会计核算的经济业务事项。会计核算内容包括以下方面。

（1）款项和有价证券的收付。款项和有价证券是各单位的流动性最强的资产，是各单位内部会计控制的重点。其中，款项是指货币资金，包括库存现金、银行结算账户存款和其他货币资金，以及单位其他部门使用的备用金等。有价证券是指表示一定财产拥有权或支配权的证券，如国库券、股票、企业债券和其他债券等。各单位必须按照国家统一的会计制度的规定，及时反映款项和有价证券的增减变化及其结存情况，加强监督与管理，保证其流通性和安全性，提高其使用效率。

（2）财物的收发、增减和使用。财物是指单位的具有实物形态的经济资源（即实物资产），包括原材料、燃料、包装物、低值易耗品、在产品、自制半成品、产成本（或库存商品）、房屋、建筑物、机器设备、运输工具、设施等。其中，一部分是单位的流动资产，一部分是单位的固定资产。这些财物的收发、增减和使用是单位的经常性业务（交易或会计事项），也是会计核算的主要内容。各单位必须加强对财物收发、增减和使用的管理和核算，维护单位正常的生产经营秩序和会计秩序，合理降低其成本费用水平，确保财产物资的安全性，提高其使用效率。

（3）债权、债务的发生和结算。从会计意义上看，债权是指单位未来收取款项的权利，包括应收账款、应收票据、预付账款、其他应收款、应收股利、应收利息、应收补贴款等。债务是指由过去交易、事项形成的，由单位承担并会导致经济利益流出单位的现时义务，包括各种借款、应付及预收款项等。债权和债务是各单位在其日常经济业务中产生的，其发生的种类、时间和规模，会直接对单位的财务状况、经营成果和其他单位或个人的经济利益等产生重大的影响。因此，各单位应及时、真实、完整地核算和监督其债权债务的发生、收回或偿还、结存情况。

（4）资本、基金的增减。从会计意义看，资本是指企业所有者（或投资人）投资转入的资本金（即开展生产经营活动的本钱）。基金是指各单位按照法律、法规的规定，设置或筹集的具有特定用途的专项资金（如政府基金、社会保险基金、教育基金等）。单位资本、基金的增减，直接涉及企业所有者（或投资人）在企业所享有的权益比例的变化，或单位按规定用途使用资金的责任与义务等。因此，各单位必须按照国家统一的会计制度、具有法律效力的合同协议、董事会的决议或政府部门的有关文件的规定，进行会计核算。

（5）收入、支出、费用、成本的计算。对于企业来说，收入是指企业在销售商品、提供劳务及让渡资产使用权等日常活动中所形成的经济利益的总流入，但是，不包括为第三方或客户代收的款项。这种经济利益的流入表现为资产的增加或债务的减少，同时所有者权益也随之增加。对于财政总预算会计来说，收入是指国家为实现其职能，根据法令和法规所取得的非偿还性资金。对于行政事业单位来说，收入是指各单位为开展业务活动，依法取得的非偿还性资金。

支出是财政总预算、行政事业单位和社会团体在履行其法定职能、发挥其特定功能时所发生的各项开支，以及企业在正常生产经营活动之外的支出和损失。其中，政府的财政支出表现为各级政府为实现其职能，对财政资金的再分配；行政事业单位的支出表现为开展业务活动所发生的资金耗费和损失。

费用是指企业在销售商品、提供劳务等日常活动中所发生的经济利益的流出。它包括生产费用和期间费用。生产费用是指企业在一定时期内为生产产品、提供劳务所发生的、能用货币加以计量的、按规定可以计入产品或劳务成本的生产耗费（即各项资金支出）。期间费用是指企业在一定时间内所发生的按规定不能计入产品或劳务成本，而是直接计入当期损益的资金耗费，包括管理费用、财务费用和营业费用。

成本是指对象化的费用。如：产品成本是指一定种类和数量的产品所应负担的生产费用，包括直接材料费用、直接人工费用和应分摊的制造费用等。外购材料的采购成本是指一定种类和数量的外购存货所应负担的存货买价和应分摊的采购费用等。

各单位所发生的收入、支出、费用和成本，不仅是各单位确定其盈亏状况（或收支结余状况）的直接依据，而且也直接影响其财务状况。因此，各单位必须按照国家统一的会计制度的规定，正确核算收入、支出、费用、成本。

（6）财务成果的计算和处理。财务成果是指企业、事业单位等在一定时期内通过经营活动所实现的利润或发生的亏损。任何从事生产经营的企业或单位，都应该通过定期结账计算该期实现的利润或发生的亏损，然后按税法要求计算和缴纳所得税，并进行利润分配。财务成果的计算和处理，直接涉及企业所有者、国家等方面的合法权益的实现，因此各单位必须按照国家统一的会计制度、税法、其他经济法规和企业章程等的规定，正确计算和处理财务成果。

（7）需要办理会计手续、进行会计核算的其他事项。其他事项是指除上述6项经济业务事项外，按国家统一的会计制度规定应办理会计手续和进行会计核算的其他经济业务事项。

3. 正确采用会计处理方法

会计处理方法，是指在会计核算中所采用的具体方法，如存货发出的计价方法、资产减值准备会计处理方法、企业合并会计处理方法、编制合并会计报表方法、外币折算会计处理方法等。

采用不同的会计处理方法，会影响会计资料的一致性和可比性，进而影响会计资料的使用。因此，《会计法》和国家统一的会计制度规定，企业采用的会计处理方法，前后各期应当一致，不得随意变更；确有必要变更的，应当按照《企业会计准则第28号——会计政策、会计估计变更和差错更正》的规定进行处理。满足下列条件之一的，可以变更会计政策：一是法律、行政法规或者国家统一的会计制度等要求变更；二是会计政策变更能够提供更可靠、更相关的会计信息。

企业根据法律、行政法规或者国家统一的会计制度等要求变更会计政策的，应当按照国家相关规定执行。

4. 以公历年度作为会计年度

会计年度是指人为划分的以年度为单位进行会计核算的时间区间。我国规定的会计年度自公历1月1日起至12月31日止。每一个会计年度还可以按照公历日期具体划分为半年度、季度和月度。

在实行以公历年度为会计年度时，有几种情况应注意。

第一，在年度中间成立的单位，应当以成立之日起至当年的12月31日作为一个会计年度。例如，一个企业于4月10日经注册登记成立，应当自4月10日起至当年的12月31日止为第一个会计年度，在编报的第一个会计年度报表中，应当加以说明。其第二个会计年度，则应当自下一年的1月1日起至12月31日止。

第二，在年度中间清算的单位，应当自1月1日起至清算之日止作为一个会计年度。例如，某企业8月5日进行破产清算，那么从该年1月1日起至8月5日就是一个会计年度。

第三，对于季节性生产的单位，应当自1月1日起至12月31日作为一个会计年度。如有的企业每年只开工4个月，其余的时间停工，对于这样的单位，在会计上必须从1月1日起至12月31日止作为一个会计年度，计算企业当年的财务成果，而不能从其开工的那一天起至停工的那一天止作为会计年度。

5. 记账本位币

会计核算以人民币为记账本位币。业务收支以人民币以外的货币为主的单位，可以选定其中一种货币作为记账本位币，但是编报的财务会计报告应当折算为人民币。

（1）选择货币作为会计记账单位的原因。在商品经济条件下，货币作为商品的一般等价物，是衡量一般商品价值的共同尺度，具有价值尺度、流通手段、贮藏手段和支付手段等功能。因此，会计核算选择货币作为会计核算的计量单位，用货币形式来反映单位的生产经营活动和业务活动的全过程。

（2）会计核算原则上应当以人民币作为记账本位币。人民币是我国的法定货币，在我国境内具有广泛的流通性。《会计法》以法律形式明确规定我国境内各单位的会计核算以人民币为记账本位币，单位的一切经济业务事项一律通过人民币进行核算反映。

（3）业务收支以人民币以外的货币为主的单位，可以选定人民币以外的货币作为记账本位币。这是对记账本位币作出的适应性规定。在选择人民币以外的货币作为记账本位币时，必须遵守"业务收支以人民币以外的货币为主"的原则，而且记账本位币一经确定，不得随意变动。

（4）编报财务会计报告时必须折合成人民币。以人民币以外的货币为记账本位币的单位，在编制财务会计报告时，应当依据国家统一的会计制度的规定，按照一定的外汇汇率折算为人民币反映，以便于财务会计报告使用者阅读和使用，也便于税务、工商部门通过财务会计报告计算应缴税款和进行工商年检。

这里应当注意的是：第一，在我国境外设立的中国企业，其日常经营业务是以当地货币为主，其会计凭证和会计账簿也要按所在地的要求以当地货币为记账本位币；第二，由于人民币与其他货币的汇率是经常变化的，所以就有一个汇率折算问题，这在《会计法》中没有具体规定，而在国家统一的会计制度中作了专门规定，各单位必须按照这些规定折算；第三，单位的账簿记录可使用人民币或外币反映，但是所有单位财务会计报告必须使用人民币披露或反映。

6. 会计电算化必须符合国家统一的会计制度的规定

使用电子计算机进行会计核算的，其软件及其生成的会计凭证、会计账簿、财务会计报告和其他会计资料，应当符合国家统一的会计制度的规定。

7. 正确使用会计文字记录

我国境内所有国家机关、社会团体、公司、企业、事业单位和其他组织的会计记录文字都应当使用中文。在民族自治地方，会计记录可以同时使用当地通用的一种民族文字。在中华人民共和国境内的外商投资企业、外国企业和其他外国组织的会计记录可以同时使用一种外国文字。

1.3.4 会计凭证

会计凭证是会计核算的重要会计资料，填制和审核会计凭证是会计核算的首要环节。会计凭证包括原始凭证和记账凭证。

1. 原始凭证

（1）原始凭证的内容。经济业务的内容是多种多样的，记录经济业务的各种原始凭证的名称、内容和格式也是千变万化的。但是，原始凭证作为反映经济业务已经发生或已经完成的文字凭据，必须反映经济业务发生或完成情况，并明确有关人员的经济责任。归纳起来，作为记账依据的原始凭证，必须包括以下内容：凭证名称；填制凭证的日期；填制凭证的单位名称或填制人的姓名；经办人员签名或盖章；接受凭证的单位名称；经济业务内容；数量、单价和金额。

（2）原始凭证的填制和取得。原始凭证的填制必须符合会计法律制度的规定，做到内容真实、项目完整、填制及时、书写清楚。

① 从外单位取得的原始凭证，必须盖有填制单位的公章；从个人取得的原始凭证，必须有填制人员的签名或盖章。

② 自制原始凭证必须有经办单位领导人或者其指定的人员签名或盖章。对外开出的原始凭证必须加盖本单位公章。

（3）原始凭证的审核。会计机构、会计人员必须按照国家统一的会计制度的规定对原始凭证进行审核，对不真实、不合法的原始凭证有权不予接受，并向单位负责人报告；对记载不准确、不完整的原始凭证予以退回，并要求按照国家统一的会计制度的规定更正、补充。

① 凡填有大写和小写金额的原始凭证，大写与小写金额必须相符；购买实物的原始凭证，必须有验收证明；支付款项的原始凭证，必须有收款单位和收款人的收款证明。

② 一式几联的原始凭证，应当注明各联的用途，只能以一联作为报销凭证。一式几联的发票和收据，必须用双面复写纸（发票和收据本身具备复写纸功能的除外）套写，并连续编号。作废时应当加盖“作废”戳记，连同存根一起保存，不得撕毁。

③ 发生销货退回的，除填制退货发票外，还必须有退货验收证明；退款时，必须取得对方的收款收据或者汇款银行的凭证，不得以退货发票代替收据。

④ 职工公出借款凭据，必须附在记账凭证之后。收回借款时，应当另开收据或者退还借据副本，不得退还原借款借据。

⑤ 经上级有关部门批准的经济业务，应当将批准文件作为原始凭证附件；如果批准文件需要单独归档的，应当在凭证上注明批准机关名称、日期和文件字号。

⑥ 原始凭证记载的各项内容均不得涂改。原始凭证有错误的，应当由出具单位

重开或更正，更正处应当加盖出具单位印章。原始凭证金额有错误的，不得在原始凭证上更正，应当由出具单位重开。

（4）原始凭证的保管。原始凭证作为重要的会计资料，应当按照有关会计档案保管的规定办法进行保管。

① 对于数量过多的原始凭证，可以单独装订保管，在封面上注明记账凭证日期、编号、种类，同时在记账凭证上注明“附件另订”和原始凭证名称及编号。各种经济合同、存出保证金收据以及涉外文件等重要原始凭证，应当另编目录，单独登记保管，并在有关的记账凭证上相互注明日期和编号。

② 原始凭证不得外借，其他单位如因特殊原因需要使用原始凭证时，经本单位会计机构负责人（会计主管人员）批准，可以复制或提供借阅。向外单位提供的原始凭证复印件，应当在专设的登记簿上登记，并由提供人员和收取人员共同签名或者盖章。

③ 从外单位取得的原始凭证如有遗失，应当取得原开具单位盖有公章的证明，并注明原来凭证的号码、金额和内容等，由经办单位会计机构负责人（会计主管人员）和单位负责人批准后，才能代作原始凭证。如果确实无法取得证明的，如火车、轮船、飞机票等凭证，由当事人写出详细情况，由经办单位会计机构负责人（会计主管人员）和单位负责人批准后，代作原始凭证。

④ 企业和其他组织的原始凭证保管期限一般为15年。

2. 记账凭证

（1）记账凭证的内容。记账凭证又称记账凭单，是会计人员根据审核无误的原始凭证，按照经济业务事项的内容加以归类，并据以确定会计分录后所填制的会计凭证。记账凭证有不同的种类，但其主要内容必须具备：填制凭证的日期；凭证编号；经济业务摘要；会计科目；金额；所附原始凭证的张数；填制凭证人员、稽核人员、记账人员、会计机构负责人（会计主管人员）签名或者盖章。收款和付款记账凭证还应当由出纳人员签名或者盖章。以自制的原始凭证或者原始凭证汇总表代替记账凭证的，也必须具备记账凭证应有的项目。

（2）记账凭证的填制。记账凭证应当根据经过审核的原始凭证及有关资料编制。

① 填制记账凭证时，应当对记账凭证连续编号。一笔经济业务需要填制两张以上记账凭证的，可以采用分数编号法编写。

② 记账凭证可以根据每一张原始凭证填制，或者根据若干张同类原始凭证汇总填制，也可以根据原始凭证汇总表编制。但不得将不同内容和类别的原始凭证汇总在一张记账凭证上。

③ 除结账和更正错误的记账凭证可以不附原始凭证外，其他记账凭证必须附有原始凭证。

④ 一张原始凭证所列支出需要几个单位共同负担的，应当将其他单位负担的部

分，开给对方原始凭证分割单进行结算。

⑤ 如果在填制记账时发生错误，应当重新填制。如果是已经登记入账的记账凭证，则按照规定的更正方法进行更正。

⑥ 记账凭证填制完成经济业务事项后，如有空行，应当自金额栏最后一笔金额数字下的空行处至合计数上的空行处划线注销。

⑦ 填制会计凭证，字迹必须清晰、工整，并符合规定的要求。

（3）记账凭证的审核。记账凭证的审核内容主要包括：编制依据是否真实，填写项目是否齐全，金额计算是否正确，书写是否清楚等。

实行会计电算化的单位，对于机制记账凭证也要认真审核，做到会计科目使用正确，数字准确无误。打印出来的机制记账凭证要加盖制单人员、审核人员、记账人员及会计机构负责人（会计主管人员）印章或者签字。

（4）记账凭证的保管。记账凭证作为单位重要的会计档案，也应妥善保管，避免散乱丢失。

① 记账凭证应当连同所附的原始凭证或原始凭证汇总表，按照编号顺序折叠整齐，按期装订成册，并加具封面，注明单位名称、年度、月份和起讫日期、凭证种类、起讫号码，由装订人在装订线封签处签名或盖章。

② 企业和其他组织的记账凭证保管期限一般为 15 年。

1.3.5 会计账簿

1. 会计账簿的设置

依法设置会计账簿，是单位进行会计核算的最基本的要求，所有实行独立核算的国家机关、社会团体、公司、企业、事业和其他组织都必须依法设置、登记账簿，保证其真实、完整。会计账簿，是指由一定格式、相互联系的账页所组成，用来序时、分类地全面记录和反映一个单位经济业务事项的会计簿籍，是会计资料的主要载体之一，也是会计资料的重要组成部分。会计账簿的主要作用，是对会计凭证提供的大量分散数据或资料进行分类归集整理，以全面、连续、系统地记录和反映经济活动情况，是编制财务会计报告，检查、分析和控制单位经济活动的重要依据。从会计工作实际情况来看，依法建账仍是一个比较薄弱的环节。有的单位不设账；有的单位则是“包包账”、“捆捆账”；有的单位虽设了账，但账目不全，数据不实、不清；有的单位为了达到非法目的而设置账外账等。根据规定，各单位应当依法设置的会计账簿包括：总账、明细账、日记账、其他辅助账簿。

2. 会计账簿的启用

按照规定，启用新的会计账簿时，应当在账簿封面上写明单位名称和账簿名称，并填写账簿扉页上的“启用表”，注明启用日期、账簿起止页数（活页式账簿，可于装订时填写起止页数)、记账人员和会计机构负责人(会计主管人员)姓名等，并加盖名章和单位公章。当记账人员或者会计机构负责人(会计主管人员)调动工作时，也要在“启用表”上注明交接日期、接办人员和监交人员姓名，并由交接双方签名或者盖章。

3. 账目核对

各单位应当定期将会计账簿记录与实物、款项实有数相互核对，以保证账实相符；将会计账簿记录与会计凭证的有关内容相互核对，以保证账证相符；将会计账簿之间的对应记录相互核对，以保证账账相符；将会计账簿记录与会计报表有关内容相互核对，以保证账表相符。对账工作每年至少进行一次。

4. 结账

各单位应当按照规定定期结账，不得提前或者延迟。年度结账日为公历年度的每年12月31日，半年度、季度和月度结账日分别为公历年度每半年、每季、每月的最后一天。结账前，必须将本期内所发生的各项经济业务全部登记入账；结账时，应当结出每个账户的期末余额，年度终了结账时，所有总账账户都应当结出全年发生额的年末余额，并把全部账户的余额结转到下一会计年度。

5. 会计账簿的保管

会计账簿是重要的会计资料，应当建立档案妥善保管。企业和其他组织的总账、明细账、日记账及辅助性账簿保管期限一般为15年，库存现金和银行存款日记账的保管期限为25年，固定资产卡片在固定资产报废清理后保管5年。

1.3.6 财务会计报告

财务会计报告是指单位对外提供的反映单位某一特定日期财务状况和某一会计期间经营成果、现金流量的文件。编制财务报告，是对单位会计核算工作的全面总结，也是及时提供真实、完整会计资料的重要环节，因此必须严格财务会计报告的编制程序和质量要求。

1. 企业财务报告的构成

(1)财务报表。财务报表是对企业财务状况、经营成果和现金流量的结构性表述。一套完整的财务报表至少应当包括资产负债表、利润表、现金流量表和所有者权益(或股东权益)变动表以及附注。企业编制财务报表的目的，是向财务报表使用者提供与企业财务状况、经营成果和现金流量等有关的会计信息，反映企业管理层受托责任的履行情况，有助于财务报表使用者作出经济决策。财务报表使用者通常包括投资者、债权人、政府及其有关部门和社会公众等。

资产负债表、利润表、现金流量表分别从不同角度反映企业的财务状况、经营成果和现金流量。

资产负债表反映企业在某一特定日期所拥有的资产、需偿还的债务以及股东（投资者）拥有的净资产情况；利润表反映企业在一定会计期间的经营成果，即利润或亏损情况，表明企业运用所拥有的资产的获利能力；现金流量表反映企业在一定会计期间现金和现金等价物流入和流出情况；所有者权益变动表反映构成所有者权益的各组成部分当期的增减变动情况。新会计准则取消了利润分配表，企业净利润及其分配情况的内容也列示在新的所有者权益变动表中

财务报表可以按照不同的标准进行分类。

① 按编制期间的不同，财务报表可以分为中期财务报表和年度财务报表。中期财务报表是以短于一个完整会计年度的报告期间为基础的财务报表，包括月报、季报和半年报等。中期财务报表至少应当包括资产负债表、利润表、现金流量表和附注。其中，中期资产负债表、利润表和现金流量表应当是完整报表，其格式和内容应当与年度财务报表相一致。与年度财务报表相比，中期财务报表中的附录披露可适当简略。

② 按编报主体的不同，财务报表可以分为个别财务报表和合并财务报表。个别财务报表是由企业在自身会计核算基础上对账簿记录进行加工而编制的财务报表，它主要用以反映企业自身的财务状况、经营成果和现金流量情况。合并财务报表是以母公司和子公司组成的企业集团为会计主体，根据母公司和所属子公司的财务报表，由母公司编制的综合反映企业集团财务状况、经营成果及现金流量的财务报表。

（2）财务报表附注。财务报表附注是财务报告的重要组成部分。它是为了便于会计信息使用者理解财务报表的内容而对财务报表产生的基础、依据、原则和方法以及主要项目等所作的解释和说明。

财务会计报告应当根据经过审核的会计账簿记录和有关资料编制，并符合《会计法》和国家统一的会计制度关于财务会计报告的编制要求、提供对象和提供期限的规定。

2. 财务会计报告的编制要求

（1）企业应当于年度终了编报财务会计报告。国家统一的会计制度规定企业应当编报半年度、季度和月度财务会计报告的，从其规定。

（2）企业应当根据真实的交易、事项以及完整、准确的账簿记录等资料，并按照国家统一的会计制度规定的编制基础、编制依据、编制原则和方法编制财务会计报告。

（3）企业应当依据《企业财务会计报告条例》和国家统一的会计制度规定，对会计报表中各项会计要素进行合理的确认和计量，不得随意改变会计要素的确认和计量标准。

（4）企业应当依照有关法律、行政法规和《企业财务会计报告条例》规定的结账日进行结账，不得提前或者延迟。年度结账日为公历年度每年的12月31日；半年度、

季度、月度结账日分别为公历年度每半年、每季、每月的最后一天。

（5）企业在编制年度财务会计报告前，应当按照以下规定进行全面清查资产、核实债务。

① 清查核实结算款项，包括应收款项、应付款项、应交税金等是否存在，与债务、债权单位的相应债权、债务金额是否一致。

② 清查核实原材料、在产品、自制半成品、库存商品等各项存货的实存数量与账面数量是否一致，是否有报废损失和积压物资等。

③ 清查核实各项投资是否存在，投资收益是否按照国家统一的会计制度规定进行确认和计量。

④ 清查核实房屋、建筑物、机器设备、运输工具等各项固定资产的实存数量与账面数量是否一致。

⑤ 清查核实在建工程的实际发生额与账面记录是否一致。

⑥ 需要清查核实的其他内容。

（6）企业在编制财务会计报告前，除应当全面清查资产、核实债务外，还应当完成下列工作。

① 核对各会计账簿记录与会计凭证的内容、金额等是否一致，记账方向是否相符。

② 依照《企业财务会计报告条例》规定的结账日进行结账，结出有关会计账簿的余额和发生额，并核对各会计账簿之间的余额。

③ 检查相关的会计核算是否按照国家统一的会计制度的规定进行。

④ 对于国家统一的会计制度没有规定统一核算方法的交易、事项，检查其是否按照会计核算的一般原则进行确认和计量，以及相关账务处理是否合理。

⑤ 检查是否存在会计差错、会计政策变更等原因需要调整前期或者本期相关项目。

（7）企业应当按照国家统一的会计制度规定的会计报表格式和内容，根据登记完整、核对无误的会计账簿记录和其他有关资料编制会计报表，做到内容完整、数字真实、计算准确，不得漏报或者任意取舍。

（8）会计报表之间、会计报表各项目之间，凡有对应关系的数字，应当相互一致。会计报表中本期与上期的有关数字应当相互衔接。年度、半年度会计报表至少应当反映两个年度或者相关两个期间的比较数据。不得随意改变财务会计报告的编制基础、编制依据、编制原则和方法。

（9）《企业财务会计报告条例》及有关法律、法规规定的其他要求。

3. 企业财务会计报告的对外提供

（1）企业对外提供的财务会计报告反映的会计信息应当真实、完整。

（2）企业应当依照法律、行政法规和国家统一的会计制度有关财务会计报告提供期限的规定，及时对外提供财务会计报告。

（3）企业对外提供的财务会计报告，应当依次编定页码，加具封面，装订成册，加盖公章。封面上应当注明企业名称和统一代码、组织形式、单位地址，财务会计报告所属年度、季度、月度，报送日期，并由企业负责人和主管会计工作的负责人、会计机构负责人（会计主管人员）签名并盖章。设置总会计师的企业，还应由总会计师签名并盖章。

（4）企业应当依照企业章程的规定，向投资者提供财务会计报告。

（5）企业依照《企业财务会计报告条例》规定向有关各方提供的财务会计报告，其编制基础、编制依据、编制原则和方法应当一致，不得提供编制基础、编制依据、编制原则和方法不同的财务会计报告。

（6）财务会计报告必须经注册会计师审计的，企业应当将注册会计师及其会计师事务所出具的审计报告随同财务会计报告一并对外提供。

另外，《企业财务会计报告条例》规定，接受企业财务会计报告的组织或者个人，在企业财务会计报告未正式对外披露前，应当对其内容保密。

4. 财务会计报告的保管

财务会计报告也属于重要的会计档案，必须按照有关规定妥善保管。企业和其他组织的月度和季度财务会计报告的保管期限为 3 年，年度财务会计报告（决算）的保管期限为永久。

5. 财务会计报告的签章程序

财务会计报告应当由单位负责人和主管会计工作的负责人、会计机构负责人（会计主管人员）签名并盖章；设置总会计师的单位还须由总会计师签名并盖章。

6. 财务会计报告的责任主体

单位负责人应当保证财务会计报告真实、完整，因此，单位负责人是财务会计报告的责任主体。

1.3.7 财产清查

财产清查是会计核算工作的一项重要程序，特别是在编制年度财务会计报告之前，必须进行财产清查，并对账实不符等问题根据国家统一的会计制度的规定进行会计处理，以保证财务会计报告反映的会计信息真实、完整。财产清查制度是通过定期或不定期、全面或部分地对各项财产物资进行实地盘点和对库存现金、银行存款、债权债务进行清查核对的一种制度。通过清查，可以发现财产管理工作中存在的问题，以便查清原因，改善经营管理，保护财产的完整和安全；可以确定各项财产的实存数，以便查明实存数与账面数是否相符，并查明不符的原因和责任，制定相应措施，做到账实相符，保证会计资料的真实性。《会计法》规定，各单位应当定期将会计账簿记录与实物、款项及有关资料相互核对，保证会计账簿记录与实物及款项的实有数额相符。

1.3.8 会计档案管理

会计档案是记录和反映经济业务事项的重要历史资料和证据。一般包括会计凭证、会计账簿、财务会计报告及其他会计资料等会计核算的专业材料。《会计法》第二十三条规定，各单位对会计凭证、会计账簿、财务会计报告和其他会计资料应当建立档案，妥善保管。会计档案的保管期限和销毁办法，按照1998年8月财政部和国家档案局制定的《会计档案管理办法》执行。

1. 会计档案的范围和种类

会计档案包括以下种类。

（1）会计凭证类：原始凭证、记账凭证、汇总凭证，其他会计凭证。

（2）会计账簿类：总账、明细账、日记账，固定资产卡片，辅助账簿，其他会计账簿。

（3）财务报告类：月度、季度、年度财务报告，包括财务报表附件、附注及文字说明，其他财务报告。

（4）其他类：银行存款余额调节表、银行对账单、其他应当保存的会计核算专业资料，会计档案移交清册，会计档案保管清册，会计档案销毁清册。

2. 会计档案的归档和移交

各单位每年形成的会计档案，应由单位会计部门按照归档要求负责整理立卷或装订。当年形成的会计档案在会计年度终了后，可暂由本会计部门保管一年。保管期满之后，原则上应由会计部门编制清册，将会计档案的名称、种类、卷号、数量、起止日期、应保管期限等一一登记入册，使单位应当保管的会计档案资料全部入档。

会计机构应向单位档案部门移交会计档案的名称、卷号、册数、起止年度、应保管期限、已保管期限等内容，便于分清责任，加强会计档案管理。对没有档案管理部门的单位，会计档案应由会计机构继续保管，并指定专人负责，实行会计档案专门化管理，以增强会计档案管理工作的可操作性。会计机构保管会计档案的专职人员不得由单位出纳人员担任。这是内部控制制度的要求，它有利于会计档案的安全和完整。

档案部门接收保管的会计档案，原则上应当保持原卷册的封装，即入档后的单位会计档案不得随意拆封。这是对会计档案拆封的原则性规定。个别需要拆封重新整理的，应当会同会计部门和原经办人共同拆封整理，以分清责任。会计档案的拆封，直接关系到会计档案的安全和完整，是会计档案管理的一项重要内容，为此，《会计档案管理办法》第六条作出明确要求，以规范程序，分清责任，保证会计档案的安全和完整。

对会计档案应当进行科学管理，做到妥善保管，存放有序，查找方便，不得随意堆放，严防毁损、散失和泄密。

保存的会计档案应当积极为本单位提供和利用。会计档案借阅是会计档案保管的一个重要环节，也是实际工作中经常发生的问题。会计档案原件原则上不得借出，以确保单位档案的安全和完整，防止丢失。遇有特殊需要，如与单位经济业务相关方面需要查阅与其业务相关的会计凭证或公检法等监察部门需要查询与案件有关的会计资料等，经本单位负责人批准，在不拆散原卷册的前提下，可以提供查阅或者复制件，但必须办理登记手续，登记查阅人或复制人姓名、单位，查阅或者复制档案的卷号和内容等，以便备查。

3. 会计档案的保管期限

根据《会计档案管理办法》的规定，会计档案的保管期限为永久、定期两类。永久是指会计档案须永久保存，定期是指会计档案保存应达到法定的时间。会计档案的定期保管期限分为3年、5年、10年、15年和25年5类。会计档案的保管期限，从会计年度终了后的第一天算起。

《会计档案管理办法》规定的会计档案保管期限为最低保管期限，各类会计档案的保管原则上应按《会计档案管理办法》附表所列期限执行。

4. 会计档案的销毁

会计档案的销毁是会计档案管理的重要内容，必须严格规范有序进行。

根据《会计档案管理办法》的规定，会计档案保管期满需要销毁的，除特殊规定外，可以按照程序予以销毁。销毁的基本程序和要求如下。

（1）编制会计档案销毁清册。由单位档案管理部门会同会计机构根据保管期已满的会计档案和单位对这些档案的利用要求，提出销毁意见，编制会计档案销毁清册，列明所要销毁会计档案的名称、卷号、起止年度和档案编号、应保管期限、已保管期限、销毁日期等内容。单位档案管理部门和会计机构将编制好的会计档案销毁清册和销毁意见报本单位负责人，单位负责人对所要销毁的会计档案进行复核后在会计档案销毁清册上签署销毁意见。

（2）专人负责监销。会计档案销毁前，需要有指定的监销人按照会计档案销毁清册所列的内容对所要销毁的会计档案进行清点核对，监销人员要认真核查各项会计档案是否已保管期满，内容和卷号是否相符，编号是否连续等。会计档案销毁时，监销人员根据不同情况由相应的单位派出。对于一般企业、事业单位和组织，应当由单位档案机构和会计机构共同派员监销；对于国家机关则应当由同级财政部门、审计部门派员参加监销；对于财政部门，则由同级审计部门派员监销。会计档案销毁后，监销人员应当在会计档案销毁清册上签名盖章，并及时将监销情况向本单位负责人报告。

（3）不得销毁的会计档案。在对保管期满的会计档案进行整理以备销毁时，对于未结清的债权债务原始凭证和涉及其他未了事项（如超过会计档案保管期限但尚未报废的固定资产购买凭证等）的原始凭证，《会计档案管理办法》规定：一是此类凭证不得销毁，应当单独保管到未了事项完结后方可按规定的程序进行销毁；二是在会计档案销毁清册和会计档案保管清册中注明不予销毁的原因和单位立卷情况（包括存放地点、编号等）。

另外，在会计档案管理中，有一类较为特殊的会计档案，即正在建设期间的建设单位的会计档案。由于这类会计档案是按项目进展情况而形成的，记录和反映着建设项目的情况，项目没有完工，其会计档案就不能销毁。因此，《会计档案管理办法》明确规定，正在建设期间的建设单位会计档案，无论其是否保管期满，都不得销毁，必须妥善保管，等到项目办理竣工决算后按规定的交接手续移交给项目的接收单位进行妥善保管。

1.4 会计监督

会计监督是会计的基本职能之一，《会计法》确立了三位一体的会计监督体系。所谓三位，是指会计监督体系的结构包括三个层次：即单位内部的会计监督、政府监督和社会监督。所谓一体，是指各层次监督之间的相互联系、相互协调形成一个有机整体。内部监督的本质是内部控制，是内部管理的重要组成部分；社会监督是对内部监督的再监督，其特征是监督行为的独立性和有偿性；政府监督是对内部监督和社会监督的再监督，其特征是强制性和无偿性。

1.4.1 单位内部会计监督

1. 单位内部会计监督的概念

单位内部会计监督是指为了保护单位资产的安全、完整，保证其经营活动符合国家法律、法规和内部有关管理制度，提高经营管理水平和效率，而在单位内部采取的一系列相互制约、相互监督的制度和方法。建立健全单位内部会计监督制度，是贯彻执行国家统一的会计法律制度、保证会计工作健康有序、完善会计监督体系、提高会计信息质量的重要保证。

2. 单位内部会计监督的主体和对象

内部会计监督的主体是各单位的会计机构和会计人员。内部会计监督的对象是单位的经济活动，而不是会计工作本身，这不同于政府监督。

3. 单位内部会计监督的依据

（1）财经法律、法规、规章。

（2）会计法律、法规和国家统一的会计制度。

（3）省级财政部门和国务院业务主管部门根据有关会计法律制度制定的具体实施办法或者补充规定。

（4）各单位根据有关会计法律制度制定的单位内部会计管理制度。

（5）各单位内部的预算、财务计划、经济计划、业务计划等。

4. 单位内部会计监督的内容

（1）会计机构、会计人员应对原始凭证进行审核和监督。

（2）会计机构、会计人员对伪造、变造、故意毁灭会计账簿或者“账外设账”行为，应当制止和纠正；制止和纠正无效的，应当向上级主管单位报告，请求作出处理。

（3）会计机构、会计人员应当对实物、款项进行监督，督促建立并严格执行财产清查制度。

（4）会计机构、会计人员对指使、强令编造、篡改财务报告行为，应当制止和纠正；制止和纠正无效的，应当向上级主管单位报告，请求处理。

（5）会计机构、会计人员应当对财务收支进行监督。

① 对审批手续不全的财务收支，应当退回，要求补充、更正。

② 对违反规定不纳入单位统一会计核算的财务收支，应当制止和纠正。

③ 对违反国家统一的财政、财务、会计制度规定的财务收支，不予办理。

④ 对认为是违反国家统一的财政、财务、会计制度规定的财务收支，应当制止和纠正；制止和纠正无效的，应当向单位领导人提出书面意见请求处理。单位领导人应当在接到书面意见起10日内作出书面决定，并对决定承担责任。

⑤ 对违反国家统一的财政、财务、会计制度规定的财务收支，不予制止和纠正，又不向单位领导提出书面意见的，也应当承担责任。

⑥ 对严重违反国家利益和社会公众利益的财务收支，应当向主管单位或者财政、审计、税务机关报告。

（6）会计机构、会计人员对违反单位内部会计管理制度的经济活动，应当制止和纠正；制止和纠正无效的，向单位领导人报告，请求处理。

（7）会计机构、会计人员应当对单位制定的预算、财务计划、经济计划、业务计划的执行情况进行监督。

5. 单位内部会计监督制度的基本要求

各单位应当建立、健全本单位内部会计监督制度。单位内部会计监督制度应当符合以下要求。

（1）会计事项相关人员的职责权限应当明确。记账人员与经济业务事项和会计事项的审批人员、经办人员、财物保管人员的职责权限应当明确，并相互分离、相互制约。

（2）重大经济业务事项的决策和执行程序应当明确。各单位在单位内部会计监督中，对重大对外投资、资产处置、资金调度和其他重要经济业务事项的决策和执行的相互监督、相互制约程序应当明确。

（3）进行财产清查。财产清查的范围、期限和组织程序应当明确。

（4）对会计资料进行内部审计。对会计资料定期进行内部审计的办法和程序应当明确，这是内部审计控制的基本要求。

6. 单位负责人、会计机构和会计人员在单位内部会计监督中的职权

（1）单位负责人在单位内部会计监督中的职权。单位负责人应当保证会计机构、会计人员依法履行职责，不得授意、指使、强令会计机构、会计人员违法办理会计事项。单位负责人负责单位内部会计监督制度的组织实施，对本单位内部会计监督制度的建立及有效实施承担最终责任。

（2）会计机构和会计人员在单位内部会计监督中的职权。会计机构、会计人员发现会计账簿与实物、款项及有关资料不相符的，按照国家统一的会计制度的规定有权自行处理的，应当及时处理；无权处理的，应当立即向单位负责人报告，请求查明原因，作出处理。

各单位要建立账簿、款项和实物核查制度，保证账账相符、账款相符、账实相符、账表相符。

会计人员对账实不符的情况要及时作出处理。及时检举违法会计行为。

7. 单位内部会计控制

（1）内部会计控制的概念。内部会计控制是指单位为了提高会计信息质量，保护资产的安全、完整，确保有关法律法规和规章制度的贯彻执行等而制定和实施的一系列控制方法、措施和程序。建立内部会计控制制度，对促进各单位内部会计控制建设，加强内部会计监督，维护社会主义市场经济秩序，具有十分重大的意义。

（2）内部会计控制的目标。

① 规范单位会计行为，保证会计资料真实、完整。

② 堵塞漏洞、消除隐患，防止并及时发现、纠正错误及舞弊行为，保护单位资产的安全、完整。

③ 确保国家有关法律法规和单位内部规章制度的贯彻执行。

（3）内部会计控制的基本原则。

① 内部会计控制应当符合国家有关法律法规和基本规范，以及单位的实际情况。

② 内部会计控制应当约束单位内部涉及会计工作的所有人员，任何个人都不得拥有超越内部会计控制的权力。

③ 内部会计控制应当涵盖单位内部涉及会计工作的各项经济业务及相关岗位，并应针对业务处理过程中的关键控制点，落实到决策、执行、监督、反馈等各个环节。

④ 内部会计控制应当保证单位内部涉及会计工作的机构、岗位的合理设置及其职责权限的合理划分，坚持不相容职务相互分离，确保不同机构和岗位之间权责分明、相互制约、相互监督。

⑤ 内部会计控制应当遵循成本效益原则，以合理的控制成本达到最佳的控制效果。

⑥ 内部会计控制应随着外部环境的变化、单位业务职能的调整和管理要求的提高，不断修订和完善。

（4）内部会计控制的内容。内部会计控制的内容主要包括：货币资金、实物资产、对外投资、工程项目、采购与付款、筹资、销售与收款、成本与费用、担保等经济业务的会计控制。

（5）内部会计控制的方法。内部会计控制的方法主要包括：不相容职务相互分离控制、授权批准控制、会计系统控制、预算控制、财产保全控制、风险控制、内部报告控制、电子信息技术控制等。

① 不相容职务相互分离控制。所谓不相容职务，是指那些如果由一个人担任，既可能发生错误舞弊行为，又可能掩盖其错误和弊端行为的职务。不相容职务主要包括：授权批准与业务经办、业务经办与会计记录、会计记录与财产保管、业务经办与稽核检查、授权批准与监督检查等。对于不相容的职务，如果不实行相互分离的措施，就容易发生舞弊等行为。不相容职务相互分离的核心是“内部牵制”，因此，单位在设计、建立内部控制制度时，首先应确定哪些岗位和职务是不相容的，其次要明确规定各个机构和岗位的职责权限，使不相容岗位和职务之间能够相互监督、相互制约，形成有效的制衡机制。

② 授权批准控制。授权批准，是指单位在办理各项经济业务时，必须经过规定程序的授权批准。授权批准形式通常有一般授权和特别授权之分。一般授权，是对办理常规性经济业务的权力、条件和有关责任者作出的规定，这些规定在管理部门中采用文件的形式或在经济业务中规定一般性交易事项办理的条件、范围和对该项交易的责任关系。特别授权，是指授权处理非常规性交易事件（比如重大的筹资行为、投资决策、资本支出和股票发行等）的有关规定。

③ 会计系统控制。会计作为一个信息控制系统，对内能够向管理层提供经营管理的诸多信息，对外可以向投资者、债权人等提供用于投资等决策的信息。会计系统控制，主要是通过对会计主体所发生的各项能用货币计量的经济业务进行记录、归集、分类、编报等而进行的控制。其内容主要包括：

a. 建立会计工作的岗位责任制，对会计人员进行科学合理的分工，使之相互监督和制约；

b. 按规定取得和填制原始凭证；

c. 设计合理的凭证格式；

d. 对凭证进行连续编号；

e. 规定合理的凭证传递程序；

f. 明确凭证的装订和保管手续责任；

g. 合理设置账户，登记会计账簿，进行复式记账；

h. 按照《会计法》和国家统一的会计制度的要求编制、报送、保管财务会计报告。

④ 预算控制。预算控制的内容涵盖了单位经营活动的全过程，单位通过预算的编制和检查预算的执行情况，可以比较分析内部各单位未完成预算的原因，并对未完成预算的情况进行研究分析，提出改进措施，确保各项预算的严格执行。

⑤ 财产保全控制。财产保全控制主要包括接近控制、定期盘点控制等。接近控制，主要是指严格限制无关人员对资产的接触，只有经过授权批准的人员才能接触资产。接近控制包括限制对资产本身的直接接触和通过文件批准方式对资产使用或分配的间接接触。

⑥ 风险控制。企业经营所面临的主要风险按其形成原因一般可分为经营风险和财务风险两大类。

⑦ 内部报告控制。建立内部报告控制制度，有利于保证管理人员获得与责任和权限相关的信息，畅通相关人员交流的渠道。

⑧ 电子信息技术控制。电子信息技术控制的内容包括两个方面：一是实现内部控制手段的电子信息化，尽可能减少和消除人为操纵的因素，变人工管理、人工控制为计算机、网络管理和控制。二是对电子信息系统的控制，具体是指既要加强对系统开发、维护人员的控制，还要加强对数据、文字输入、输出、保存等有关人员的控制，保障电子信息系统及网络的安全。

（6）内部控制。内部控制，是由企业董事会、监事会、经理层和全体员工实施的、旨在实现控制目标的过程。内部控制的目标是合理保证企业经营管理合法合规、资产安全、财务报告及相关信息真实完整，提高经营效率和效果，促进企业实现发展战略。

企业建立与实施内部控制，应当遵循下列原则。

① 全面性原则，内部控制应当贯穿决策、执行和监督全过程，覆盖企业及其所属单位的各种业务和事项。

② 重要性原则，内部控制应当在全面控制的基础上，关注重要业务事项和高风

险领域。

③ 制衡性原则，内部控制应当在治理结构、机构设置及权责分配、业务流程等方面形成相互制约、相互监督，同时兼顾运营效率。

④ 适应性原则，内部控制应当与企业经营规模、业务范围、竞争状况和风险水平等相适应，并随着情况的变化及时加以调整。

⑤ 成本效益原则，内部控制应当权衡实施成本与预期效益，以适当的成本实现有效控制。

企业建立与实施有效的内部控制，应当包括下列要素。

① 内部环境，这是企业实施内部控制的基础，一般包括治理结构、机构设置及权责分配、内部审计、人力资源政策、企业文化等。

② 风险评估，是指企业及时识别、系统分析经营活动中与实现内部控制目标相关的风险，合理确定风险应对策略。

③ 控制活动，是指企业根据风险评估结果，采用相应的控制措施，将风险控制在可承受度之内。

④ 信息与沟通，是指企业及时、准确地收集、传递与内部控制相关的信息，确保信息在企业内部、企业与外部之间进行有效沟通。

⑤ 内部监督，是指企业对内部控制建立与实施情况进行监督检查，评价内部控制的有效性，发现内部控制缺陷，并及时加以改进。

1.4.2 会计工作的政府监督

1. 会计工作的政府监督的概念

会计工作的政府监督主要是指政府相关部门依据法律、行政法规的规定和部门的职责权限对单位的会计行为、会计资料所进行的监督检查，是一种外部监督，具有强制性和无偿性的特点。

2. 会计工作的政府监督的主体

（1）县级以上人民政府财政部门为各单位会计工作的监督检查部门，对各单位会计工作行使监督权，对违法会计行为实施行政处罚。财政部门是《会计法》的执行主体，是会计工作的政府监督实施主体。这里所说的财政部门，是指国务院财政部门、国务院财政部门的派出机构和县级以上人民政府财政部门。

（2）除财政部门外，审计、税务、人民银行、证券监管、保险监管等部门依照有关法律、行政法规规定的职责和权限，也可以对有关单位的会计资料实施监督检查。财政部门对各单位的会计行为进行监督检查，是面向所有单位的监督。审计、税务、人民银行、证券监管、保险监管等部门对有关单位的会计资料实施的监督检查，有自己特定的范围和权限，并不是面向所有单位的。

3. 财政部门实施会计监督的对象和范围

财政部门实施会计监督检查的对象是会计行为，并对发现的有违法会计行为的单位和个人实施行政处罚。

财政部门对各单位下列事项实施监督。

（1）对单位依法设置会计账簿的检查——是否依法设置会计账簿。

财政部门有权监督各单位“是否依法设置会计账簿”。《会计法》第三条规定：各单位必须依法设置会计账簿，并保证其真实、完整。依法设置会计账簿，对沟通联结会计凭证和财务会计报告起着重要的、不可缺少的中介作用，或者说在会计资料载体中起着承上启下的作用。财务会计报告所需的完整数据和经济业务的综合情况都来源于会计账簿的记录。没有会计账簿及其真实、完整的记录，就不可能编制出真实、完整的财务会计报告。而没有真实、完整的财务会计报告就会误导会计信息的使用者，并最终导致经济的混乱。

《会计法》关于依法设账这一规定，有4层含义。

第一，强制各单位必须设置会计账簿，将设置会计账簿规定为各单位的法定义务，只要是《会计法》的规范对象，都应设置会计账簿。

第二，会计账簿必须依法设置，并保证其真实、完整，即必须按照法律、行政法规和国家统一的会计制度的规定设置和登记会计账簿，不能随意设置、任意记录。

第三，禁止设置虚假的会计账簿和多本（套）会计账簿，各单位必须有，而且只能有符合法律、行政法规和国家统一的会计制度规定的会计账簿。

第四，根据法律规定，不设账或者账外设账、私设“小金库”、造假账等，都是严重的违法行为。

（2）对单位会计资料的真实性、完整性的检查——会计凭证、会计账簿、财务会计报告和其他会计资料是否真实、完整。

财政部门有权监督各单位“会计凭证、会计账簿、财务会计报告和其他会计资料的真实、完整”。根据会计法律制度的规定，各单位必须做到：保证会计账簿真实、完整；根据实际发生的经济业务事项进行会计核算，填制会计凭证，登记会计账簿，编制财务会计报告，不得以虚假的经济业务事项或者资料进行会计核算；会计凭证、会计账簿、财务会计报告和其他会计资料符合国家统一的会计制度的规定，使用电子计算机进行会计核算的软件及其生成的会计凭证、会计账簿、财务会计报告和其他会计资料，也必须符合国家统一的会计制度的规定；不得伪造、变造会计凭证、会计账簿及其他会计资料，不得提供虚假的财务会计报告；等等。各单位是否已按照规定执行，财政部门有权进行监督和处罚。

值得注意的是，财政部门在依法行使会计监督职权，对各单位会计资料的真实、完整性进行监督时，可能会发现一些重大的违法嫌疑，例如，会计核算资料严重失真，设置账外账，存在巨额的“小金库”，隐瞒收入、偷逃税收情节特别严重等。此时，有必要针对重大违法嫌疑展开调查和函证。

《会计法》规定，国务院财政部门及其派出机构“可以”就有关情况进行查询。这里“国务院财政部门”指的是中华人民共和国财政部，“派出机构”指的是财政部的派出机构，包括财政监察专员办等。

查询的对象包括：一是与被监督单位有经济业务往来的单位，例如，被监督单位的供货商、客户等；二是为被监督单位开立账户的金融机构。

理解本规定，应当注意两点：首先，作为法定义务，接受查询的有关单位和金融机构，不是对任何财政部门，而只对国务院财政部门及其派出机构的查询，必须给予支持；其次，国务院财政部门及其派出机构只有对重大违法嫌疑进行查询时，才能要求有关单位和金融机构给予支持。作出这种限制的意义在于，既保证财政部门依法进行监督，又尽量减少政府部门对有关单位和金融机构正常活动的影响，同时也能加强财政部门对监督权力的慎重行使。

（3）对单位会计核算情况的检查——会计核算是否符合《会计法》和国家统一的会计制度的规定。

根据会计法律制度的规定，各单位必须对法定的经济业务事项进行会计核算；遵守会计年度、记账本位币、法定的文字记录等会计核算制度规定；妥善保管会计资料；公司、企业必须遵守会计核算的特别规定。财政部门有权监督各单位的会计核算是否符合《会计法》和国家统一的会计制度的规定。

（4）对单位会计人员从业资格和任职资格的检查——从事会计工作的人员是否具备会计从业资格。

财政部门有权监督各单位“从事会计工作的人员是否具备会计从业资格”。关于会计人员的从业资格，在《会计法》第五章和《会计从业资格管理办法》中有具体的规定。从事会计工作的人员应当依照《会计法》和有关规定具备相应的从业资格，不符合从业资格要求的人员，不得在单位从事会计工作，否则，财政部门有权予以查处。

（5）对会计师事务所出具的审计报告的程序和内容的检查。

4. 会计工作的政府监督的注意事项

（1）依法对有关单位的会计资料实行监督检查的部门及其工作人员对监督检查中知悉的国家秘密和商业秘密负有保密义务。

（2）各单位必须依照有关法律和行政法规的规定，接受有关监督检查部门依法实施的监督检查，如实提供会计凭证、会计账簿、财务会计报告和其他会计资料以及有关情况，不得拒绝、隐匿、谎报。

（3）对各单位的会计资料实施监督时，发现重大违法嫌疑时，国务院财政部门及其派出机构可以向与被监督单位有经济业务往来的单位和为被监督单位开立账户的金融机构查询有关情况，有关单位和金融机构应当给予支持。

1.4.3　会计工作的社会监督

1. 会计工作的社会监督的概念

会计工作的社会监督，主要是指由注册会计师及其所在的会计师事务所依法对受托单位的经济活动进行审计、鉴证的一种监督制度。此外，单位和个人检举违反《会计法》和国家统一的会计制度规定的行为，也属于会计工作社会监督的范畴。会计工作的社会监督是一种外部监督，是单位内部监督的再监督，其特征是监督行为的独立性和有偿性。社会监督是以其特有的中介性和公正性而得到法律的认可，具有很强的权威性、公正性。

2. 会计工作社会监督的主体

注册会计师及其所在的会计师事务所是会计工作社会监督的主体。单位和个人检举违反《会计法》和国家统一的会计制度规定的行为，也构成会计工作社会监督的主体。

3. 注册会计师及其所在的会计师事务所业务范围

（1）依法承办下列审计业务。

① 审查企业会计报表，出具审计报告。

审计报告是指注册会计师根据中国注册会计师审计准则的规定，在实施审计工作的基础上对被审计单位财务报表发表审计意见的书面文件。

审计报告分为标准审计报告和非标准审计报告。当注册会计师出具的无保留意见的审计报告不附加说明段、强调事项段或任何修饰性用语时，该报告称为标准审计报告。标准审计报告包含的审计报告要素齐全，属于无保留意见，且不附加说明段、强调事项段或任何修饰性用语。否则，不能称为标准审计报告。

非标准审计报告，是指标准审计报告以外的其他审计报告，包括带强调事项段的无保留意见的审计报告和非无保留意见的审计报告。非无保留意见的审计报告包括保留意见的审计报告、否定意见的审计报告和无法表示意见的审计报告。

② 验证企业资本，出具验资报告。

③ 办理企业合并、分立、清算事宜中的审计业务，出具有关的报告。

④ 法律、行政法规规定的其他审计业务。

注册会计师承办的审计业务属于法定业务，非注册会计师不得承办。

（2）承办会计咨询、会计服务业务。注册会计师承办的会计咨询、服务业务属于非法定专属业务，其他社会中介机构也可以承办，如税务师事务所，记账公司等。

4. 会计工作的社会监督的相关问题

（1）委托注册会计师审计的单位应当如实提供会计资料。

（2）任何单位或个人不得以任何方式要求或者示意注册会计师及其所在的会计师事务所出具不实或者不当的审计报告。

（3）会计师事务所和注册会计师必须接受财政部和省级财政部门依法实施的监督检查，如实提供中文工作底稿以及有关资料，不得拒绝、阻挠、逃避检查，不得谎报、隐匿、销毁相关证据材料。

（4）任何单位或个人对违法会计行为都有权检举，收到检举的部门有权处理的，应当依法按照职责分工及时处理；无权处理的，应当及时移送有权处理的部门处理。收到检举的部门、负责处理的部门应当为检举人保密，不得将检举人姓名和检举材料转给被检举单位和被检举人个人。

5. 对注册会计师及其所在的会计师事务所的监督检查

（1）会计师事务所和注册会计师必须按照执业准则、规则的要求，在实施必要的审计程序后，以经过核实的审计证据为依据，形成审计意见，出具审计报告，不得有下列行为。

① 在未履行必要的审计程序，未获取充分适当的审计证据的情况下出具审计报告。

② 对同一委托单位的同一事项，依据相同的审计证据出具不同结论的审计报告。

③ 隐瞒审计中发现的问题，发表不恰当的审计意见。

④ 未实施严格的逐级复核制度，未按规定编制和保存审计工作底稿。

⑤ 违反执业准则、规则的其他行为。

（2）会计师事务所和注册会计师执行审计业务，遇到下列情形之一的，应当拒绝出具有关报告。

① 委托人示意其作不实或者不当证明的。

② 委托人故意不提供有关会计资料和文件的。

③ 因委托人有其他不合理要求，致使其出具的报告不能对财务会计的重要事项作出正确表述的。

（3）注册会计师不得有下列行为。

① 在执行审计业务期间，在法律、行政法规规定不得买卖被审计单位的股票、债券或者不得购买被审计单位或者个人的其他财产的期限内，买卖被审计单位的股票、债券或者购买被审计单位或者个人所拥有的其他财产。

② 索取、收受委托合同约定以外的酬金或者其他财物，或者利用执行业务之便，谋取其他不正当利益。

③ 接受委托催收债款。

④ 允许他人以本人名义执行业务。

⑤ 同时在两个或者两个以上的会计师事务所执行业务。

⑥ 对其能力进行广告宣传以招揽业务。

⑦ 违反法律、行政法规的其他行为。

（4）会计师事务所不得有下列行为。

① 未经批准设立分所。

② 向省级以上财政部门提供虚假材料或者不及时报送相关材料。

③ 雇用正在其他会计师事务所执业的注册会计师，或者明知本所的注册会计师在其他会计师事务所执业而不予制止。

④ 允许本所注册会计师只在本所挂名而不在本所执行业务，或者明知本所注册会计师在其他单位从事获取工资性收入的工作而不予制止。

⑤ 允许其他单位或者个人以本所名义承办业务。

⑥ 采取强迫、欺诈等不正当方式招揽业务。

⑦ 承办与自身规模、执业能力、承担风险能力不匹配的业务。

⑧ 违反法律、行政法规的其他行为。

（5）会计责任与审计责任。被审计单位接受注册会计师审计的，应当区分会计责任和审计责任。

会计责任是指被审计单位对建立健全和有效执行本单位的内部控制制度，保证本单位提交的会计资料的真实性、合法性和完整性，保证本单位资产的安全与完整等负有责任。

审计责任是指注册会计师对委托人和被审计单位应尽的义务。如要求注册会计师依法独立实施审计程序，获取充分适当的审计证据，依法出具审计报告，清楚地表达被审计单位会计报表整体的意见，并对出具的审计报告负责等。

会计责任与审计责任不能相互替代、减轻和免除。

6. 注册会计师审计与内部审计的关系

内部审计是由各部门、各单位内部设置的专门机构或人员实施的审计。

内部审计与注册会计师审计一样，都是现代审计体系的组成部分。从我国情况看，注册会计师审计与内部审计在许多方面存在很大区别。

（1）两者的审计目标不同。内部审计主要是对内部控制的有效性、财务信息的真实性和完整性以及经营活动的效率和效果所开展的一种评价活动；注册会计师审计主要是对被审计单位财务报表的真实性（或合法性）和公允性进行审计。

（2）两者独立性不同。内部审计为组织内部服务，接受总经理或董事会的领导，独立性较弱；注册会计师审计为需要可靠信息的第三方提供服务，不受被审计单位管理层的领导和制约，独立性较强。

（3）两者接受审计的自愿程度不同。内部审计是代表总经理或董事会实施的组织内部监督，是内部控制制度的重要组成部分，单位内部的组织必须接受内部审计人员的监督；注册会计师审计是以独立的第三方对被审计单位进行的审计，委托人可自由选择会计师事务所。

（4）两者遵循的审计标准不同。内部审计人员遵循的是内部审计准则；而注册会计师遵循的是注册会计师审计准则。

（5）两者审计的时间不同。内部审计通常对单位内部组织采用定期或不定期审计，时间安排比较灵活；而注册会计师审计通常是定期审计，每年对被审计单位的财务报表审计一次。

7. 财政部门对社会监督的再监督

（1）财政部和省级财政部门依法对下列事项实施监督检查。

① 会计师事务所保持设立条件的情况。

② 会计师事务所应当向财政部和省级财政部门备案事项的报备情况。

③ 会计师事务所和注册会计师的执业情况。

④ 会计师事务所的质量控制制度。

⑤ 法律、行政法规规定的其他监督检查事项。

（2）会计师事务所和注册会计师存在下列情形之一的，财政部和省级财政部门应当进行重点监督检查。

① 被投诉或者举报的。

② 未保持设立条件的。

③ 在执业中有不良记录的。

④ 采取不正当竞争手段承接业务的。

（3）财政部应当加强对省级财政部门监督、指导注册会计师、会计师事务所工作的监督检查。

省级财政部门应当建立信息报告制度，对会计师事务所、注册会计师发生的重大违法违规案件及时上报财政部。

1.4.4 内部会计监督与政府监督和社会监督的关系

1. 单位内部会计监督与政府监督、社会监督的联系

内部会计监督与政府监督、社会监督的联系主要表现为以下 3 个方面。

（1）单位内部会计监督是政府监督、社会监督有效进行的基础。

（2）政府监督、社会监督是对内部会计监督的一种再监督。

（3）政府监督是社会监督有效进行的重要保证。

2. 内部会计监督与政府监督、社会监督的区别

内部会计监督与政府监督、社会监督的区别主要表现为以下4个方面。

（1）监督的主体不同，如表1-2所示。

表1-2　监督主体不同

监督类别	监督主体
单位内部会计监督	单位的会计机构、会计人员
政府监督	财政部门、审计部门、税务部门、人民银行、证券监管部门、保险监管部门和国家规定的其他有关部门
社会监督	社会审计组织和广大社会公众

（2）监督的性质不同，如表1-3所示。

表1-3　监督性质不同

监督类别	监督性质
单位内部会计监督	单位内部的一种自我约束机制
政府监督	政府有关部门依照有关法律法规对会计主体的会计行为进行的管理与监督
社会监督	通过审计、鉴证职能的发挥及单位、个人的检举来实施

（3）监督的时间不同，如表1-4所示。

表1-4　监督时间不同

监督类别	监督时间
单位内部会计监督	可以是事前监督，也可以是事中和事后的监督
政府监督	事后监督
社会监督	事后监督

（4）监督的内容不同，如表1-5所示。

表1-5　监督内容不同

监督类别	监督内容
单位内部会计监督	不仅包括对不合法的收支予以制止、纠正和检举等内容，而且包括为加强经济管理、提高经济效益服务的内容
政府监督	监督会计主体的行为是否合法
社会监督	主要是会计师事务所对被监督单位财务会计报告的真实性发表意见，以提高被监督单位财务会计报告的公信力

1.5　会计机构和会计人员

会计机构，是指各单位办理会计事务的职能部门；会计人员，是指直接从事会计工作的人员。建立健全会计机构，配备与工作要求相适应的、具有一定素质和数量的

会计人员，是做好会计工作，发挥会计职能作用的重要保证。

1.5.1 会计机构的设置

1. 单位会计机构的设置

根据《会计法》的规定，各单位应当根据会计业务的需要，设置会计机构，或者在有关机构中设置会计人员并指定会计主管人员，不具备设置条件的，应当委托经批准设立从事会计代理记账业务的中介机构代理记账。一个单位是否单独设置会计机构，往往取决于以下几个因素：一是单位规模的大小；二是经济业务和财务收支的繁简；三是经营管理的要求。

根据上述要求，一般来说，大、中型企业和具有一定规模的行政、事业单位，以及财务收支数额较大、会计业务较多的社会团体和其他经济组织，应单独设置会计机构；对于不具备单独设置会计机构条件的单位，如财务收支数额不大、会计业务比较简单的企业、机关、团体、事业单位等，可以在有关机构中配备专职会计人员，也可依法委托中介机构代理记账。

2. 会计机构负责人（会计主管人员）的任职资格

（1）会计机构负责人（会计主管人员）的概念。会计机构负责人是指在一个单位内具体负责会计工作的中层领导人员。不设置会计机构的单位应设置会计人员并指定会计主管人员。会计主管人员是指在一个单位内负责组织管理会计事务、行使会计机构负责人职权的负责人。它严格区别于通常所说的“主管会计”和“主办会计”等，“主管会计”和“主办会计”只是一般的会计，并不是会计机构负责人，也不是会计主管人员。

（2）会计机构负责人（会计主管人员）的任职资格。根据《会计法》的规定，担任会计机构负责人（会计主管人员）的，除取得会计从业资格证书外，还应当具备会计师以上专业技术职务或者从事会计工作 3 年以上经历。会计机构负责人（会计主管人员）也是会计人员，所以应当同从事会计工作的其他普通人员一样，必须取得会计从业资格证书。而对专业技术等级或者工作经历提出要求，则是由会计机构负责人（会计主管人员）岗位职责所决定的。

会计机构负责人（会计主管人员）的任职资格如表 1-6 所示。

表 1-6　会计机构负责人（会计主管人员）的任职资格

情　况	必备条件	其他条件（任选一）
情况一	取得会计从业资格证书	会计师
情况二		高级会计师
情况三		从事会计工作 3 年以上经历

不得担任会计机构负责人（会计主管人员）的情况举例，如表 1-7 所示。

表 1-7　　不得担任会计机构负责人（会计主管人员）的情况举例

情　况	条　件	不得担任会计机构负责人（会计主管人员）的理由
情况一	从业+助理会计师	专业资格没有达到会计师
情况二	从业+CPA	CPA 不属于会计专业技术职务资格
情况三	从业+15 年的内部审计工作	内部审计不属于会计工作

除此之外，会计机构负责人（会计主管人员）还应具备下列基本条件。

① 坚持原则，廉洁奉公。

② 熟悉国家财经法律、法规、规章和方针、政策，掌握本行业业务管理的有关知识。

③ 有较强的组织能力。

④ 身体状况能够适应本职工作的要求。

以上 4 方面基本条件的要求，也是会计机构负责人（会计主管人员）履行岗位职责、胜任本职工作的重要保证。

3. 会计人员回避制度

（1）回避制度的概念。回避制度是指为了保证执法或者执业的公正性，对可能影响其公正性的执法或者执业的人员实行职务回避和业务回避的一种制度。回避制度已成为我国人事管理的一项重要制度。在会计工作中，由于亲情关系而共同作弊和违法违纪的案件时有发生，因此，在会计人员中实行回避制度十分必要。

（2）实行会计人员回避制度的范围。国家机关、国有企业、事业单位任用会计人员应当实行回避制度。

（3）会计人员回避制度的内容。单位负责人的直系亲属不得担任本单位的会计机构负责人（会计主管人员），会计机构负责人（会计主管人员）的直系亲属不得在本单位会计机构中担任出纳工作。

直系亲属包括夫妻关系、直系血亲关系、三代以内旁系血亲以及近姻亲关系。

4. 会计机构的内部稽核制度

（1）内部稽核的概念。会计机构的内部稽核，是在会计机构内部，对于本机构在会计流程中的会计凭证、会计账簿、财务会计报告和其他会计资料，进行自我检查或者审核的一项工作。

（2）会计机构内部稽核制度的内容。会计机构内部稽核制度的内容包括：稽核工作的组织形式和具体分工；稽核工作的职责、权限；审核会计凭证和复核会计账簿、会计报表的方法等。从会计工作实际情况看，会计机构内部稽核工作一般包括以下主要内容。

① 在会计业务发生之前，对财务收支、成本、费用、利润、合同等有关项目的计划指标项目是否齐全，编制依据是否可靠，计算是否正确，相关指标之间能否衔接进行审核。

② 对已经发生的财务收支或者经营活动是否符合有关法律、法规、规章及国家统一的会计制度的规定进行审核。

③ 对已经进行了会计处理的会计凭证、会计账簿、财务会计报告和其他会计资料的内容是否合法、真实、完整、正确进行审核。

④ 审核各项财产物资的增减变动和结存情况，并进行账实核对，确定是否相符。对账实不符的情况应查明账实不符的原因。

（3）内部稽核制度与内部审计制度的区别。内部稽核制度不同于审计制度。稽核是会计工作流程中的一个阶段，是在会计机构内部进行的自我检查与审核，稽核人员是会计人员，在会计机构负责人或者会计主管人员的领导下工作，因此，内部稽核制度是会计机构内部的一种工作制度；内部审计是本单位在会计机构之外另行设立审计机构，由审计人员对本单位的会计活动进行监督，内部审计机构及其工作人员是对本单位的行政领导人或者监督机构负责的。

1.5.2 代理记账

1. 代理记账的概念

代理记账是指从事代理记账业务的社会中介机构接受委托人的委托办理会计业务。委托人是指委托代理记账机构办理会计业务的单位。代理记账机构是指从事代理记账业务的中介机构。财政部于 2005 年 1 月 22 日发布了《代理记账管理办法》，对代理记账机构设置的条件、代理记账的业务范围、代理记账机构与委托人的关系、代理记账人员应遵循的道德准则等作了具体的规定。

2. 申请设立代理记账机构的条件

申请设立除会计师事务所以外的代理记账机构，应当经所在地的县级以上人民政府财政部门（以下简称审批机关）批准，并领取由财政部统一印制的代理记账许可证书。具体审批机关由省、自治区、直辖市、计划单列市人民政府财政部门确定。

设立代理记账机构，除国家法律、行政法规另有规定外，应当符合下列条件。

（1）3 名以上持有会计从业资格证书的专职从业人员。

（2）主管代理记账业务的负责人必须具有会计师以上专业技术资格。

（3）有固定的办公场所。

（4）有健全的代理记账业务规范和财务会计管理制度。

3. 代理记账的业务范围

代理记账机构可以接受委托，受托办理委托人的以下业务。

（1）根据委托人提供的原始凭证和其他资料，按照国家统一的会计制度的规定进行会计核算，包括审核原始凭证、填制记账凭证、登记会计账簿、编制财务会计报告等。

（2）对外提供财务会计报告。代理记账机构为委托人编制的财务会计报告，经代理记账机构负责人和委托人签名并盖章后，按照有关法律、行政法规和国家统一的会计制度的规定对外提供。

（3）向税务机关提供税务资料。

（4）委托人委托的其他会计业务。

4. 委托代理记账的委托人的义务

（1）对本单位发生的经济业务事项，应当填制或者取得符合国家统一的会计制度规定的原始凭证。

（2）应当配备专人负责日常货币收支和保管。

（3）及时向代理记账机构提供真实、完整的原始凭证和其他相关资料。

（4）对于代理记账机构退回的要求按照国家统一的会计制度规定进行更正、补充的原始凭证，应当及时予以更正、补充。

5. 代理记账机构及其从业人员的义务

（1）按照委托合同办理代理记账业务，遵守有关法律、行政法规和国家统一的会计制度的规定。

（2）对在执行业务中知悉的商业秘密应当保密。

（3）对委托人示意其作出不当的会计处理，提供不实的会计资料，以及其他不符合法律、行政法规和国家统一的会计制度规定的要求，应当拒绝。

（4）对委托人提出的有关会计处理原则问题应当予以解释。

6. 法律责任

代理记账机构及其从事代理记账业务人员在办理业务中违反会计法律、行政法规和国家统一的会计制度规定的，由县级以上人民政府财政部门依据《会计法》及相关法规的规定处理。

代理记账机构违反《代理记账管理办法》和国家有关规定造成委托人会计核算混乱、损害国家和委托人利益，委托人故意向代理记账机构隐瞒真实情况或者委托人会同代理记账机构共同提供不真实会计资料的，应当承担相应法律责任。

对于未经批准从事代理记账业务的，由县级以上人民政府财政部门责令其改正，并予以公告。

1.5.3　会计从业资格

会计从业资格是指进入会计职业、从事会计工作的一种法定资质，是进入会计职业的“门槛”。从事会计工作的人员必须取得会计从业资格证书，才能上岗工作，未取得会计从业资格证书的人员，不得从事会计工作。

1. 会计从业资格证书的适用范围

会计从业资格证书是具备会计从业资格的证明文件，在全国范围内有效。

国家机关、社会团体、公司、企业、事业单位和其他组织从事下列会计工作的人员（包括香港特别行政区、澳门特别行政区、台湾地区人员，以及外籍人员在中国大陆境内从事会计工作的人员），必须取得会计从业资格，持有会计从业资格证书。

（1）会计机构负责人（会计主管人员）。

（2）出纳。

（3）稽核。

（4）资本、基金核算。

（5）收入、支出、债权债务核算。

（6）工资、成本费用、财务成果核算。

（7）财产物资的收发、增减核算。

（8）总账。

（9）财务会计报告编制。

（10）会计机构内会计档案管理。

2. 会计从业资格证书的取得

（1）会计从业资格的取得实行考试制度。会计从业资格考试的大纲由财政部统一制定并公布。考试科目为：财经法规与会计职业道德、会计基础、初级会计电算化（或者珠算五级）。

（2）会计从业资格报名条件。申请参加会计从业资格考试的人员，应当符合下列基本条件。

① 遵守会计和其他财经法律、法规。

② 具备良好的道德品质。

③ 具备会计专业基本知识和技能。

（3）5 年内不得参加会计从业资格考试的情形。被依法吊销会计从业资格证书的人员，自被吊销之日起 5 年内（含 5 年）不得参加会计从业资格考试。

（4）终身不得申请会计从业资格证书的情形。因有提供虚假财务会计报告，做假账，隐匿或者故意销毁会计凭证、会计账簿、财务会计报告，被依法追究刑事责任的人员，不得参加会计从业资格考试，不得取得或者重新取得会计从业资格证书。

（5）会计从业资格部分考试科目免试条件。申请人符合基本报名条件且具备国家教育行政主管部门认可的中专以上（含中专，下同）会计类专业学历（或学位）的，在毕业之日起 2 年内（含 2 年），免试会计基础、初级会计电算化（或者珠算五级）。

会计类专业包括：会计学、会计电算化、注册会计师专门化、审计学、财务管理、理财学。

（6）会计从业资格证书的申请。申请人申请领取会计从业资格证书时，应当填写“会计从业资格证书申请表”，并持考试成绩合格证明、有效身份证件原件和近期同一底片一寸免冠证件照两张。符合免试规定条件的，且财经法规与会计职业道德考试成绩合格的申请人，还需持学历或学位证书原件（中国香港特别行政区、澳门特别行政区、台湾地区居民及外国居民的学历或学位须经中华人民共和国教育行政主管部门认可）。

（7）会计从业资格证书的取得。会计从业资格管理机构能够当场作出决定的，应当当场作出颁发会计从业资格证书的书面决定；不能当场作出决定的，应当自受理之日起 20 日内对申请人提交的申请材料进行审查，并作出是否颁发会计从业资格证书的决定；20 日内不能作出决定的，经会计从业资格管理机构负责人批准，可以延长10日，并应当将延长期限的理由告知申请人。

会计从业资格管理机构作出准予颁发会计从业资格证书的决定，应当自作出决定之日起 10 日内向申请人颁发会计从业资格证书。

会计从业资格管理机构作出不予颁发会计从业资格证书的决定，应当说明理由，并告知申请人享有依法申请行政复议或者提起行政诉讼的权利。

3. 会计从业资格证书的管理

（1）上岗注册登记。持证人员从事会计工作，应当自从事会计工作之日起 90 日内，填写注册、离岗备案登记表，并持会计从业资格证书和所在单位出具的从事会计工作的证明，向单位所在地或所属部门、系统的会计从业资格管理机构办理注册登记。

（2）离岗备案。持证人员离开会计工作岗位超过 6 个月的，应当填写注册、离岗备案登记表，并持会计从业资格证书，向原注册登记的会计从业资格管理机构备案。

（3）调转登记。持证人员调转工作单位，且继续从事会计工作的，应当按规定要求办理调转登记。属于在同一会计从业资格管理机构管辖范围内调动，持证人员应当自离开原工作单位之日起 90 日内，填写调转登记表，持会计从业资格证书及调入单位开具的从事会计工作的证明，办理调转登记；属于不同会计从业资格管理机构管辖范围调动，持证人员应当向原注册登记的会计从业资格管理机构办理调出手续，填写调转登记表，并自办理调出手续之日起 90 日内，持会计从业资格证书、调转登记表及调入单位开具的从事会计工作的证明，向调入单位所在地的会计从业资格管理机构办理调入手续。

（4）变更登记。持证人员的学历或学位、会计专业技术职务资格等发生变更的，应向所属会计从业资格管理机构办理从业档案信息变更登记。会计从业资格管理机构应当建立持证人员从业档案信息系统，及时记载、更正持证人员的有关信息。

4. 会计人员继续教育

（1）会计人员继续教育的概念。会计人员继续教育，是指取得会计从业资格的人员持续接受一定形式的、有组织的理论知识、专业技能和职业道德的教育和培训活动，不断提高和保持其专业胜任能力和职业道德水平。

（2）会计人员继续教育管理部门。

① 财政部负责全国会计人员继续教育的管理。各省、自治区、直辖市、计划单列市财政厅（局）负责本地区的会计人员继续教育的组织管理工作。

② 会计人员所在单位负责组织和督促本单位的会计人员参加继续教育。会计人员所在单位应当遵循教育、考核、使用相结合的原则，支持、督促并组织本单位会计人员参加继续教育，保证学习时间，提供必要的学习条件。

（3）会计人员继续教育的对象。会计人员继续教育的对象为持有会计从业资格证书人员，具体包括在国家机关、社会团体、企业、事业单位和其他组织从事会计工作并已取得会计从业资格的会计人员和取得会计从业资格但不在会计岗位的其他人员。

会计人员享有参加继续教育的权利和接受继续教育的义务。会计人员继续教育分为高级、中级、初级 3 个级别。

① 高级会计人员继续教育的对象为取得或者受聘高级会计专业技术资格（职称）及具备相当水平的会计人员。

② 中级会计人员继续教育的对象为取得或者受聘中级会计专业技术资格（职称）及具备相当水平的会计人员。

③ 初级会计人员继续教育的对象为取得或者受聘初级会计专业技术资格（职称）的会计人员，以及取得会计从业资格证书但未取得或者受聘初级会计专业技术资格（职称）的会计人员。

（4）会计人员继续教育的特点。

一是针对性，即针对不同对象确定不同的教育内容，采取不同的教育方式，解决实际问题。

二是适应性，即联系实际工作需要，学以致用。

三是灵活性，即继续教育培训内容、方法、形式等方面具有灵活性。

（5）会计人员继续教育的时间要求。会计人员每年接受培训（面授）的时间累计不应少于 24 小时。

会计人员由于病假、在境外工作、生育等原因，无法在当年完成接受培训时间的，可由本人提供合理证明，经归口管理的当地财政部门或中央主管单位审核确认后，其参加继续教育时间可以顺延至以后年度完成。

（6）会计人员继续教育的内容。会计人员继续教育的内容主要包括会计理论、政策法规、业务知识、技能训练和职业道德等。

① 会计理论继续教育，重点加强会计基础理论和应用理论的培训，提高会计人员用理论指导实践的能力。

② 政策法规继续教育，重点加强会计法规制度及其他相关法规制度的培训，提高会计人员依法理财的能力。

③ 业务知识培训和技能训练，重点加强履行岗位职责所必备的专业知识和经营管理、内部控制、信息化等方面的培训，提高会计人员的实际工作能力和业务技能。

④ 职业道德继续教育，重点加强会计职业道德的培训，提高会计人员职业道德水平。

（7）会计人员继续教育的形式。

① 会计人员继续教育的形式以接受培训为主。

a. 参加在继续教育主管部门备案并予以公布的会计人员继续教育机构组织的会计培训。

b. 参加继续教育主管部门组织的会计人员继续教育师资培训和会计培训。

c. 参加会计人员所在单位组织的会计类脱产培训。

d. 参加会计、审计、统计、经济专业技术资格考试，以及注册会计师、注册资产评估师、注册税务师考试。

e. 继续教育主管部门认可的其他形式。

② 在职自学是会计人员继续教育的重要补充。

a. 参加普通院校或成人院校会计、审计、财务管理、理财学、会计电算化、注册会计师专门化、会计硕士专业学位（MPAcc）等国家承认的相关专业学历教育。

b. 独立完成通过地（市）级以上（含地、市级）财政部门或会计学术团体认可的会计类研究课题或在省级以上（含省级）经济类报刊上发表会计类论文。

c. 系统地接受会计业务相关的远程教育和网上培训。

d. 其他在职自学形式。

会计人员所在单位应当对会计人员在职自学提出要求，并提供必要的条件。

（8）会计人员继续教育的要求。

① 继续教育主管部门应加强会计人员继续教育机构和教材的建设，规范不同继续教育对象的师资要求。

② 继续教育主管部门应当加强对会计人员参加继续教育情况的考核，并将考核结果作为评选先进会计工作者、颁发会计人员荣誉证书等的依据之一。

对未按规定参加继续教育或者未完成接受培训时间的会计人员，继续教育主管部门应当督促其接受继续教育；对无正当理由仍不参加继续教育的，可采取适当方式向社会公布。

（9）会计人员继续教育的管理。

① 会计人员所在单位应当将会计人员参加继续教育情况作为会计人员任职、晋升的依据之一。

② 会计人员继续教育实行登记管理。会计人员按照要求接受培训，考核合格并取得相关证明后，应在 90 天内持会计人员从业资格证书及相关证明向继续教育主管部门办理继续教育事项登记。

③ 继续教育主管部门应当加强会计人员业务档案、诚信档案建设，如实记载会计人员接受继续教育情况。

④ 继续教育主管部门应当将各单位会计人员继续教育情况列入《会计法》执行情况检查、会计从业资格情况检查的内容。

5. 会计从业资格管理机构实施监督检查的内容

（1）从事会计工作的人员持有会计从业资格证书并注册登记情况。

（2）持证人员从事会计工作和执行国家统一的会计制度情况。

（3）持证人员遵守会计职业道德情况。

（4）持证人员接受继续教育情况。

会计从业资格管理机构在实施监督检查时，持证人员应当如实提供有关情况和材料，各有关单位应当予以配合。

1.5.4 会计专业职务及会计专业技术资格

会计工作的专业性要求会计人员应具备一定的专业知识和专业技能。

1. 会计专业职务

会计专业职务是区别会计人员业务技能的技术等级。会计专业职务分为高级会计师、会计师、助理会计师和会计员。高级会计师为高级职务，会计师为中级职务，助理会计师和会计员为初级职务。

目前我国部分省份实行正高级会计师职务评审试点工作，该职务也属于高级职务。

2. 会计专业技术资格

（1）会计专业技术资格的考试级别。会计专业技术资格，是指担任会计专业职务的任职资格，分为初级资格、中级资格和高级资格 3 个级别。初级、中级会计资格考试实行全国统一组织、统一考试时间、统一考试大纲、统一考试命题、统一合格标准的考试制度。高级会计师资格实行考试与评审相结合制度。

2008 年起，江苏省开展正高级会计师评审试点工作。正高级会计师资格申报评审范围只限于本省范围内已实行预算管理、内部控制等现代企业财务管理方法的大型企业或大型企业集团、上市公司。凡 2007 年 12 月 31 日前符合《江苏省会计专业正高级会计师资格条件（试行）》的上述企业的财务会计部门负责人、总会计师、财务总监均可申报正高级会计师。

（2）会计专业技术资格考试报名条件。报名参加会计专业技术资格考试的人员，应具备以下基本条件。

① 坚持原则，具备良好的职业道德品质。

② 认真执行《会计法》和国家统一的会计制度，以及有关财经法律、法规、规章制度，无严重违反财经法律的行为。

③ 履行岗位职责，热爱本职工作。

④ 具备会计从业资格，持有会计从业资格证书。

报考初级会计资格考试的人员除具备上述基本条件外，还必须具备教育部门认可的高中以上的学历。报考中级会计资格考试的人员除具备上述基本条件外，还必须具备下列条件之一。

① 取得大学专科学历，从事会计工作满5年。

② 取得大学本科学历，从事会计工作满4年。

③ 取得双学士学位或研究生班毕业，从事会计工作满2年。

④ 取得硕士学位，从事会计工作满1年。

⑤ 取得博士学位。

上述考试报名条件中所说的学历是指国家教育部门承认的学历；会计工作年限是指取得相应学历前、后从事会计工作时间的总和。

（3）会计专业技术资格考试科目。初级会计资格考试科目为《初级会计实务》和《经济法基础》；中级会计资格考试科目为《中级会计实务》、《财务管理》和《经济法》。中级会计资格考试成绩以两年为一个周期，单科成绩采取滚动计算的方法；初级会计资格考试未实行单科成绩滚动的方法，而实行一年内一次通过全部科目考试的方法。会计专业技术资格考试科目及方法如表1-8所示。

表1-8　会计专业技术资格考试科目及方法

	初级	中级	高级
制度	考试	考试	考试与评审相结合
考试科目	《初级会计实务》、《经济法基础》	《中级会计实务》、《财务管理》、《经济法》	《高级会计实务》
开、闭卷	闭卷	闭卷	开卷
方法	未实行单科成绩滚动的方法，而实行一年内一次通过全部科目考试的方法	成绩以两年为一个周期，单科成绩采取滚动计算的方法	考试合格证在全国范围有效，还需要评审

（4）会计专业技术资格证书的管理。会计专业技术资格考试合格者，由省级人事部门颁发由人事部、财政部统一印制的会计专业技术资格证书。该证书在全国范围内

有效。

对于伪造学历、会计从业资格证书和资历证明，或者在考试期间有违纪行为的，由会计专业技术资格考试管理机构吊销其会计专业技术资格，由发证机关收回其会计专业技术资格证书，两年内不得再参加会计专业技术资格考试。

（5）会计专业职务的评聘。通过全国通一考试，取得会计专业技术资格的会计人员，表明其已具备担任相应级别会计专业技术职务的任职资格。用人单位可根据工作需要和德才兼备的原则，从获得会计专业技术资格的会计人员中择优聘任。

① 对于已取得中级会计资格并符合国家有关规定的人员，可聘任会计师职务。

② 对于已取得初级资格人员，大专毕业担任会计员职务满 2 年；中专毕业担任会计员职务满 4 年；不具备规定学历，担任会计员职务满 5 年，并符合国家有关规定的，可聘任助理会计师职务。

③ 不符合上述条件的人员，只可聘任会计员职务。

1.5.5 会计工作岗位设置

会计工作岗位是指一个单位会计机构内部根据业务分工而设置的职能岗位。在会计机构内部设置会计工作岗位，是建立岗位责任制的前提，是提高会计工作效率和会计工作质量的重要保证。

1. 会计工作岗位设置的要求

（1）根据本单位会计业务的需要设置会计工作岗位。各单位会计工作岗位的设置应与本单位业务活动的规模、特点和管理要求相适应。会计岗位可以一人一岗、一人多岗或者一岗多人。

（2）符合内部牵制制度的要求。会计机构内部牵制制度，也称为会计责任分离，实质上是我国传统的“钱、账分管”制度。内部牵制制度，是指凡涉及款项或者财物的收付、结算以及登记工作，必须由两人或者两人以上分工办理，以相互制约的工作制度。

根据规定，会计工作岗位可以一人一岗、一人多岗或者一岗多人，但出纳人员不得兼管稽核、会计档案保管和收入、支出、费用、债权债务账目的登记工作，这是会计机构内部牵制制度最基本的要求。由于出纳人员是各单位专门从事货币资金收付业务的会计人员，根据复式记账的原则，每发生一笔货币资金收付业务，都要登记收入、费用或者债权、债务等有关账簿，如果把这些账簿登记工作都由出纳人员一人承担，将会给贪污舞弊行为以可乘之机。同样，为防止利用抽换单据、涂改记录等手段进行舞弊，稽核、会计档案保管工作当然也不得由出纳人员担任。因此，各单位应当建立内部牵制制度。

（3）对会计人员的工作岗位要有计划地进行轮岗，以促进会计人员全面熟悉业务和不断提高业务素质。

（4）建立岗位责任制。会计机构内部岗位责任制，是指明确各项具体会计工作的职责范围、具体内容和要求，并落实到每个会计工作岗位或会计人员的一种会计工作责任制度。会计岗位责任制是单位会计人员履行会计岗位职责，提高工作效率的有效保证。因此，各单位要建立会计岗位责任制。

2. 会计工作的具体岗位

会计工作的具体岗位见表 1-9。

表 1-9　　会计工作岗位与非会计工作岗位

会计工作岗位	非会计工作岗位
（1）总会计师（或行使总会计师职权）岗位；	（1）档案管理部门的会计档案管理；
（2）会计机构负责人（会计主管人员）岗位；	（2）医院门诊收费员；
（3）出纳岗位；	（3）住院处收费员；
（4）稽核岗位；	（4）药房收费员；
（5）资本、基金核算岗位；	（5）药品库房记账员；
（6）收入、支出、债权债务核算岗位；	（6）商场收费（银）员；
（7）工资核算、成本费用核算、财务成果核算岗位；	（7）单位内部审计；
（8）财产物资的收发、增减核算岗位；	（8）社会审计；
（9）总账岗位；	（9）政府审计
（10）对外财务会计报告编制岗位；	
（11）会计电算化岗位；	
（12）会计机构内会计档案管理岗位	

3. 总会计师

（1）总会计师的概念。总会计师是组织领导本单位的财务管理、成本管理、预算管理、会计核算和会计监督等方面的工作，参与本单位重要经济问题分析和决策的单位行政领导人员。总会计师的任职资格、任免程序、职责权限依照《总会计师条例》执行。

（2）总会计师的设置。《总会计师条例》规定：国有的和国有资产占控股地位或者主导地位的大中型企业必须设置总会计师。其他单位亦可根据需要自行决定是否设置总会计师。

（3）总会计师的地位。总会计师不是一种专业技术职务，也不是会计机构的负责人或会计主管人员，而是一种行政职务，是单位行政领导成员，也是单位财务会计工作的主要负责人。凡是设置总会计师的单位，不应当再设置与总会计师职责重叠的行政副职。总会计师的地位如图 1-1 所示。

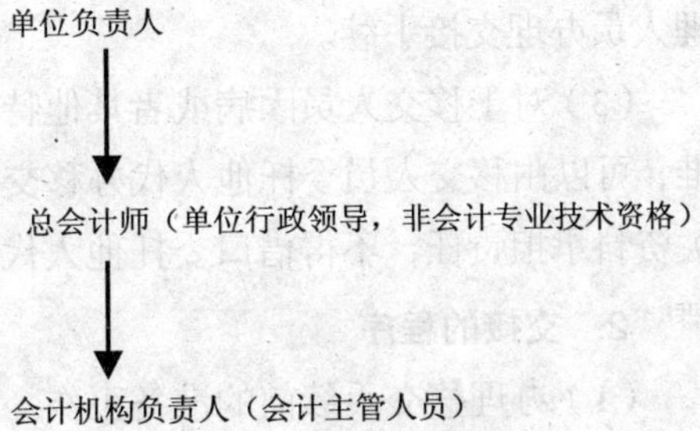

图 1-1　总会计师的地位

（4）总会计师的任职资格。

① 坚持社会主义方向，积极为社会主义建设和改革开放服务。

② 坚持原则，廉洁奉公。

③ 取得会计师任职资格，主管一个单位或者单位内一个重要方面的财务会计工作时间不少于 3 年。

④ 有较高的理论政策水平，熟悉国家财经法律、法规、方针、政策和制度，掌握现代化管理的有关知识。

⑤ 具备本行业的基本业务知识，熟悉行业情况，有较强的组织领导能力。

⑥ 身体健康，能胜任本职工作。

（5）总会计师的任免。企业的总会计师由本单位主要行政领导人提名，政府主管部门任命或者聘任；免职或者解聘程序与任命或者聘任程序相同。

（6）总会计师的权限。

① 会计人员的任用、晋升、调动、奖惩，应当事先征求总会计师的意见。

② 财会机构负责人或者会计主管人员的人选，应当由总会计师进行业务考核，依照有关规定审批。

1.5.6 会计人员的工作交接

《会计法》第四十一条第一款规定："会计人员调动工作或者离职，必须与接管人员办清交接手续。"这是一项强制性的规定，没有办理交接手续不得调动或者离职。如果不作出这种规定，调动或者离职人员迟迟不办交接手续，就会影响会计工作的正常进行。

1. 交接的范围

会计人员调动工作、离职或者因病暂时不能工作，应与接管人员办理工作交接手续。

（1）会计人员临时离职或者因病暂时不能工作需要有人接替或者代理工作的，应当按照《会计基础工作规范》的规定办理交接手续。

（2）临时离职或者因病暂时离岗的会计人员恢复工作的，也要与临时接替或者代理人员办理交接手续。

（3）对于移交人员因病或者其他特殊原因不能亲自办理移交的，经单位领导人批准，可以由移交人员委托他人代办移交手续，但委托人应当对所移交的会计工作和相关资料承担责任，不得借口委托他人代办交接而推脱责任。

2. 交接的程序

（1）办理移交手续前的准备工作。

① 已经受理的经济业务尚未填制会计凭证的，应当填制完毕。

② 尚未登记的账目，应当登记完毕，结出余额，并在最后一笔余额后加盖经办人员印章。

③ 整理应该移交的各项资料，对未了事项和遗留问题要写出书面说明材料。

④ 编制移交清册，列明移交凭证、账簿、会计报表、公章、现金、有价证券、支票簿、发票、文件、其他会计资料和物品等内容；实行会计电算化的单位，从事该项工作的移交人员应在移交清册上列明会计软件及密码、会计软件数据盘、磁带等内容。

⑤ 会计机构负责人（会计主管人员）移交时，应将财务会计工作、重大财务收支问题和会计人员的情况等向接替人员介绍清楚。

（2）按照移交清册逐项移交。移交人员离职前，必须将经管的会计工作在规定的期限内全部向接替人员移交清楚，接替人员应认真按照移交清册逐项点收。具体要求如下。

① 现金要根据会计账簿记录余额进行当面点交，不得短缺。接管人员发现不一致或者“白条顶库”现象时，移交人员在规定期限内负责查清处理。

② 有价证券的数量要与会计账簿记录一致。有价证券面额与发行价不一致时，按照会计账簿余额交接。

③ 会计凭证、账簿、报表和其他会计资料必须完整无缺，不得遗漏。发现有短缺，必须查明原因，并在移交清册上注明，由移交人员负责。

④ 银行存款账户余额要与银行对账单核对一致，如有未达账项，应编制银行存款余额调节表调节相符；各种财产物资和债权债务的明细账户余额要与总账有关账户余额核对相符；对重要实物要实地盘点，对余额较大的往来账户要与往来单位、个人核对。

⑤ 公章、收据、空白支票、发票、科目印章以及其他物品等，必须交接清楚。

⑥ 实行会计电算化的单位，交接双方应在电子计算机上对有关数据进行实际操作，确认有关数字正确无误后方可交接。

（3）专人负责监交。所谓“监交”，就是监督办理会计工作交接手续。

《会计法》第四十一条规定：“一般会计人员办理交接手续，由会计机构负责人（会计主管人员）监交；会计机构负责人（会计主管人员）办理交接手续，由单位负责人监交，必要时主管单位可以派人会同监交。”

这就意味着办理交接手续的岗位不同，对监交人员的要求也不同，如表 1-10 所示。此处仅就“必要时主管单位可以派人会同监交”进行阐述。

表 1-10　　监交人员

交接手续办理人员	监 交 人 员
一般会计人员	会计机构负责人（会计主管人员）
会计机构负责人（会计主管人员）	单位负责人 注意：必要时主管单位可以派人会同监交

这里所谓的"必要时"主要包括以下几种情形。

① 单位负责人不能监交，需要由主管单位派人监交，如单位撤销、合并时的监交。

② 单位负责人不能尽快监交，需要主管单位派人督促监交，如单位负责人故意拖延，就需要主管单位派人督促监交。

③ 不宜由单位负责人单独监交，需要主管单位派人会同监交，如单位负责人与调动、离职的会计机构负责人（会计主管人员）有矛盾时。

监交人员必须依法履行职责，对交接过程中发生的各种违法行为必须及时予以纠正，以保证交接工作的顺利进行。

（4）交接后的有关事宜。

① 交接工作结束后，交接双方和监交人要在移交清册上签名或者盖章，以明确责任。

② 接管人员应继续使用移交前的账簿，不得擅自另立账簿，以保证会计记录前后衔接、内容完整。

③ 移交清册一式三份，由交接双方及单位各执一份以供备查。

3. 交接人员的责任

移交人员对移交的会计凭证、会计账簿、会计报表和其他会计资料的合法性、真实性承担法律责任。移交人员移交的会计资料是在其经办会计工作期间内所发生的，其应当对这些会计资料的真实性、完整性负责。即便接替人员在交接时因疏忽没有发现所接会计资料在合法性、真实性、完整性方面存在的问题，如事后发现，仍应由原移交人员负责，原移交人员不应以会计资料已移交而推脱责任。接替人员不对移交过来材料的真实性、完整性负法律上的责任。

1.6 法律责任

1.6.1 法律责任概述

法律责任是指违反法律规定的行为应当承担的法律后果，也就是对违法者的制裁。它是一种通过对违法行为惩罚来实施法律规则的要求。为了保证《会计法》的有效实施，《会计法》主要规定了两种责任形式：一是行政责任；二是刑事责任。违反《会计法》关于会计核算、会计监督、会计机构、会计人员的有关规定，应当承担法律责任。

1. 行政责任

行政责任是指犯有一般违法行为的单位或个人，依照法律、法规的规定应承担的法律责任。行政责任主要有行政处罚和行政处分两种方式。

（1）行政处罚。行政处罚是指特定的行政主体基于一般行政管理职权，对其认为违反行政法规定的强制性义务，违反行政管理程序的行政管理相对人所实施的一种行政制裁措施。行政处罚主要分为8种：警告；罚款；没收违法所得；没收非法财物；责令停产停业；暂扣或者吊销许可证；暂扣或者吊销执照；行政拘留。此外，还有法律、行政法规规定的其他行政处罚。行政处罚由违法行为发生地县级以上地方人民政府具有行政处罚权的行政机关管辖。

（2）行政处分。行政处分是国家工作人员违反行政法律规范所应承担的一种行政法律责任，是行政机关对国家工作人员故意或者过失侵犯行政相对人的合法权益所实施的法律制裁。行政处分的形式有：警告；记过；记大过；降级；撤职；开除等。

2. 刑事责任

刑事责任是指犯罪行为应当承担的法律责任，即对犯罪分子依照刑事法律的规定追究的法律责任。刑事责任与行政责任不同，两者的主要区别如下。

（1）追究的违法行为不同。追究行政责任的是一般违法行为，追究刑事责任的是犯罪行为。

（2）追究责任的机关不同。追究行政责任由国家特定的行政机关依照有关法律的规定决定，追究刑事责任只能由司法机关依照《中华人民共和国刑法》（以下简称）《刑法》）的规定决定。

（3）承担的法律后果不同。追究刑事责任是最严厉的制裁，可以判处死刑，比追究行政责任严厉得多。

刑事责任包括两类：一是犯罪；二是刑罚。

1.6.2　违反会计制度规定的法律责任（《会计法》第四十二条）

1. 违反会计制度规定应承担法律责任的违法行为

根据《会计法》规定，违反会计制度规定应承担法律责任的违法行为包括以下方面。

（1）不依法设置会计账簿的行为。这是指违反《会计法》和国家统一的会计制度的规定，应当设置会计账簿的单位不设置会计账簿或者未按规定的种类、形式及要求设置会计账簿的行为。

（2）私设会计账簿的行为。这是指不在依法设置的会计账簿上对经济业务事项进行统一会计核算，而另外私自设置会计账簿进行会计核算的行为，即常说的“账外账”。

（3）未按照规定填制、取得原始凭证或者填制、取得的原始凭证不符合规定的行为。

（4）以未经审核的会计凭证为依据登记会计账簿或者登记会计账簿不符合规定的

行为。

（5）随意变更会计处理方法的行为。会计处理方法的变更会直接影响会计资料的质量和可比性，因此不得违反《会计法》和国家统一的会计制度的规定，随意变更会计处理方法。

（6）向不同的会计资料使用者提供的财务会计报告编制依据不一致的行为。

（7）未按照规定使用会计记录文字或者记账本位币的行为。

（8）未按照规定保管会计资料，致使会计资料毁损、灭失的行为。

（9）未按照规定建立并实施单位内部会计监督制度，或者拒绝依法实施的监督，或者不如实提供有关会计资料及有关情况的行为。

（10）任用会计人员不符合《会计法》规定的行为。

2. 违反会计制度规定行为应承担的法律责任

根据《会计法》规定，上述违法行为应当承担以下法律责任。

（1）责令限期改正。所谓责令限期改正，是指要求违法行为人在一定期限内停止违法行为，并将其违法行为恢复到合法状态。县级以上人民政府财政部门有权责令违法行为人限期改正，停止违法行为。

（2）罚款。县级以上人民政府财政部门根据违法行为人的违法性质、情节及危害程度，在责令限期改正的同时，有权对单位并处 3 000 元以上 5 万元以下的罚款，对其直接负责的主管人员和其他直接责任人员，处 2 000 元以上 2 万元以下的罚款。

（3）给予行政处分。对上述违法行为直接负责的主管人员和其他直接责任人员中的国家工作人员，视情节轻重，由其所在单位或者其上级单位或者行政监察部门给予警告、记过、记大过、降级、撤职和开除等行政处分。

（4）吊销会计从业资格证书。会计工作人员有上述所列行为之一，情节严重的，由县级以上人民政府财政部门吊销会计从业资格证书。

（5）依法追究刑事责任。

1.6.3 伪造、变造、隐匿或者故意销毁依法应当保存会计凭证、会计账簿，编制虚假财务会计报告的法律责任

1. 伪造、变造、隐匿、故意销毁依法应当保存会计凭证、会计账簿，编制虚假财务会计报告的行为特征

（1）伪造会计凭证的行为。伪造会计凭证的行为是指以虚假的经济业务或者资金往来为前提，编造虚假的会计凭证的行为。

（2）变造会计凭证的行为。变造会计凭证的行为是指采取涂改、挖补以及其他方法改变会计凭证真实内容的行为。

（3）伪造会计账簿的行为。伪造会计账簿的行为是指违反《会计法》和国家统一会计制度的规定，根据伪造或者变造的虚假会计凭证填制会计账簿，或者不按要求登记账簿，或者对内对外采用不同的确认标准、计量方法等手段变造虚假的会计账簿的行为。

（4）变造会计账簿的行为。变造会计账簿的行为是指采取涂改、挖补或者其他手段改变会计账簿的真实内容的行为。

（5）编制虚假财务会计报告的行为。编制虚假财务会计报告的行为是指违反《会计法》和国家统一会计制度的规定，根据虚假的会计账簿记录，编制财务会计报告，或者凭空捏造虚假的财务会计报告以及对财务会计报告擅自进行没有依据的修改的行为。

（6）隐匿。隐匿是指故意转移、隐藏依法应当保存的会计凭证、会计账簿、财务会计报告的行为。

（7）故意销毁。故意销毁是指故意将依法应当保存的会计凭证、会计账簿、财务会计报告予以毁灭的行为。

2. 伪造、变造、隐匿或者故意销毁依法应当保存会计凭证、会计账簿，编制虚假财务会计报告行为应承担的刑事责任

（1）与税有关。根据《中华人民共和国刑法修正案（七）》第二百零一条，纳税人采取欺骗、隐瞒手段进行虚假纳税申报或者不申报，逃避缴纳税款税额较大并且占应纳税额10%以上的，处3年以下有期徒刑或者拘役，并处罚金；数额巨大并且占应纳税额30%以上的，处3年以上7年以下有期徒刑，并处罚金。有上述行为，经税务机关依法下达追缴通知后，补缴应纳税款，缴纳滞纳金，已受行政处罚的，不予追究刑事责任；但是，5年内因逃避缴纳税款受过刑事处罚或者被税务机关给予二次以上行政处罚的除外。

扣缴义务人采取前款所列手段，不缴或者少缴已扣、已收税款，税额较大的，依照前款的规定处罚。对多次实施前两款行为，未经处理的，按照累计数额计算。

（2）与财务会计报告有关。根据《刑法》第一百六十一条的规定，公司向股东和社会公众提供虚假的或者隐瞒重要事实的财务会计报告，严重损害股东或者其他人利益的，对其直接负责的主管人员和其他直接责任人员处3年以下有期徒刑或者拘役，并处或者单处2万元以上20万元以下罚金。

（3）与中介机构有关。根据《刑法》第二百二十九条的规定，承担资产评估、验资、验证、会计、审计、法律服务等职责的中介组织的人员故意提供虚假证明文件（包括虚假的财务会计报告），情节严重的，处5年以下有期徒刑或者拘役，并处罚金。上述人员索取他人财物或者非法收受他人财物，犯本罪的，处5年以上10年以下有期徒刑或者拘役，并处罚金。

（4）其他。如果行为人为虚报注册资本、虚假出资、抽逃出资、贪污、挪用公款、侵占企业财产、私分国有资产、私分罚没财物，实施伪造、变造会计凭证、会计账簿或者编制虚假财务会计报告的行为，应当按照《刑法》的有关规定分别定罪、处罚。

3. 伪造、变造、隐匿或者故意销毁依法应当保存会计凭证、会计账簿或者编制虚假财务会计报告行为应承担的行政责任

根据《刑法》的有关规定尚不构成犯罪的，应当按照《会计法》的规定予以处罚，具体说明如下。

（1）通报。由县级以上人民政府财政部门采取通报的方式对违法行为人予以批评、公告。

（2）罚款。县级以上人民政府财政部门对违法行为视情节轻重，在予以通报的同时，可以对单位并处5000元以上10万元以下的罚款，对其直接负责的主管人员和其他直接责任人员，可以处3000元以上5万元以下的罚款。

（3）行政处分。对上述所列违法行为直接负责的主管人员和其他直接责任人员中的国家工作人员，应当由其所在单位或者其上级单位或者行政监察部门给予撤职直至开除的行政处分。

（4）吊销会计从业资格证书。对上述所列违法行为中的会计人员，由县级以上人民政府财政部门吊销会计从业资格证书。

违法行为的法律责任如表1-11所示。

表1-11　　违法行为的法律责任

处　理		违法行为	
		《会计法》第四十二条涉及的违法行为（一般违法）	第四十三条、第四十四条涉及的违法行为（伪造、变造、隐匿或者故意销毁等违法行为）
通报或责令限期改正		责令限期改正	通报
罚款	进行罚款的单位	县级以上人民政府财政部门	
	对单位的罚款	可以对单位并处3000元以上5万元以下的罚款	可以对单位并处5 000元以上10万元以下的罚款
	对个人（直接负责的主管人员和其他直接责任人员）的罚款	对其直接负责的主管人员和其他直接责任人员，处2000元以上2万元以下的罚款	对其直接负责的主管人员和其他直接责任人员，可以处3 000元以上5万元以下的罚款
吊销会计从业资格证书		对所列违法行为中的会计人员，由县级以上人民政府财政部门吊销会计从业资格证书	
行政处分		对上述违法行为直接负责的主管人员和其他直接责任人员中的国家工作人员，视情节轻重，由其所在单位或者其上级单位或者行政监察部门给予行政处分	
追究刑事责任		构成犯罪的，依法追究刑事责任	

1.6.4 授意、指使、强令会计机构、会计人员及其他人员伪造、变造会计凭证、会计账簿，编制虚假财务会计报告，或者隐匿、故意销毁依法应当保存的会计凭证、会计账簿、财务会计报告的法律责任

所谓授意，是指暗示他人按其意思行事。所谓指使，是指通过明示方式指示他人按其意思行事。所谓强令，是指明知其命令是违反法律的而强迫他人执行其命令的行为。

1. 授意、指使、强令他人伪造、变造或者隐匿、故意销毁会计资料行为应承担的刑事责任

根据《刑法》的有关规定，授意、指使、强令会计机构、会计人员及其他人员伪造、变造会计凭证、会计账簿，编制虚假财务会计报告或者隐匿、故意销毁依法应当保存的会计凭证、会计账簿、财务会计报告的，应当作为伪造、变造会计凭证、会计账簿，编制虚假财务会计报告或者隐匿、故意销毁依法应当保存的会计凭证、会计账簿、财务会计报告的共同犯罪，定罪处罚。

2. 授意、指使、强令他人伪造、变造或者隐匿、故意销毁会计资料行为应承担的行政责任

对有上述违法行为，情节较轻，社会危害不大，不构成犯罪的，应当按照《会计法》的规定予以处罚。

（1）罚款。县级以上人民政府财政部门可以视违法行为的情节轻重，对违法行为人处以5 000元以上5万元以下的罚款。

（2）行政处分。对授意、指使、强令会计机构、会计人员及其他人员伪造、变造会计凭证、会计账簿，编制虚假财务会计报告或者隐匿、故意销毁依法应当保存的会计凭证、会计账簿、财务会计报告的国家工作人员，还应当由其所在单位或者其上级单位给予降级、撤职、开除的行政处分。

1.6.5 单位负责人对依法履行职责、抵制违反《会计法》规定行为的会计人员实行打击报复的法律责任，以及对受打击报复的会计人员的补救措施

《会计法》规定，单位负责人对依法履行职责、抵制违反《会计法》规定行为的会计人员以降级、撤职、调离工作岗位、解聘或者开除等方式实行打击报复，构成犯罪的，依法追究刑事责任；尚不构成犯罪的，由其所在单位或者有关单位依法给予行政处分。对受打击报复的会计人员，应当恢复其名誉和原有职务、级别。

1. 单位负责人打击报复会计人员应承担的刑事责任

根据《刑法》第二百五十五条规定，公司、企业、事业单位、机关、团体的领导人对依法履行职责、抵制违反《会计法》规定行为的会计人员实行打击报复，情节恶

劣的，构成打击报复会计人员罪。根据《刑法》规定，对犯打击报复会计人员罪的，处3年以下有期徒刑或者拘役。

2. 单位负责人打击报复会计人员应承担的行政责任

单位负责人对依法履行职责、抵制违反《会计法》规定行为的会计人员实行打击报复，情节轻微，危害性不大，不构成犯罪的，由其所在单位或者有关单位依法给予行政处分。

3. 对受打击报复的会计人员的补救措施

（1）恢复其名誉。受打击报复的会计人员的名誉受到损害的，其所在单位或者其上级单位及有关部门应当要求打击报复者向遭受打击报复的会计人员赔礼道歉，并澄清事实，消除影响，恢复名誉。

（2）恢复原有职位、级别。会计人员受到打击报复，被调离工作岗位、解聘或者开除的，应当在征得会计人员同意的前提下，恢复其工作；被撤职的，应当恢复其原有职务；被降级的，应当恢复其原有级别。

1.6.6 将检举人姓名和检举材料转给被检举单位和被检举人个人的法律责任

将检举人姓名和检举材料转给被检举单位和被检举人个人的，由所在单位或者有关单位依法给予行政处分。

1.6.7 对违反《会计法》同时违反其他法律规定的行为的处罚

1. 有关法律对违法会计行为及其处罚的规定

（1）根据《中华人民共和国审计法》的有关规定，审计机关进行审计时，有权检查被检查单位的会计凭证、会计账簿、会计报表以及其他与财政收支或者财务收支有关的资料和资产，被审计单位不得拒绝，不得转移、隐匿、篡改、毁弃会计凭证、会计账簿、会计报表以及其他与财政收支或者财务收支有关的资料。审计机关发现被审计单位转移、隐匿、篡改、毁弃会计凭证、会计账簿、会计报表以及其他与财政收支或者财务收支有关的资料的，有权予以制止。被审计单位有前述行为的，审计机关认为对负有直接责任的主管人员和其他直接责任人员依法应当给予行政处分的，应当提出给予行政处分的建议，被审计机关或者其上级机关、监察机关应当依法及时作出决定；构成犯罪的，由司法机关依法追究刑事责任。

（2）根据《中华人民共和国商业银行法》的有关规定，商业银行应当依照法律和国家统一会计制度以及中国人民银行的有关规定，建立、健全本行的财务会计制度，按照国家有关规定保存财务会计报表、业务合同以及其他资料。商业银行应当按照国家有关规定，真实记录并全面反映其业务活动和财务状况，编制年度财务会计报告，及时向中国人民银行和财政部门报送会计报表。商业银行不得在法定的会计账册外另立会计账册。商业银行应当定期向中国人民银行报送资产负债表、利润表以及其他财务会计报表和资料。中国人民银行有权按照规定，对商业银行的存款、贷款、结算、呆账等情况进行检查监督。商业银行应当按照中国人民银行的要求，提供财务会计资料、业务合同和有关经营管理方面的其他信息。商业银行提供虚假的或者隐瞒重要事实的财务会计报表的，由中国人民银行责令改正；有违法所得的，没收违法所得，并处以违法所得1倍以上5倍以下罚款；没有违法所得的，处以10万元以上50万元以下罚款；情节特别严重或者逾期不改正的，中国人民银行可以责令停业整顿或者吊销其经营许可证；构成犯罪的，依法追究刑事责任。

（3）根据《中华人民共和国证券法》的有关规定，股票、公司债券依法上市交易的公司，应当按照规定，向证券监督管理机构报送年度报告、中期报告、临时报告。国务院证券监督管理机构对上市公司年度报告、中期报告、临时报告以及公告的情况进行监督。国务院证券监督管理机构有权查阅、复制当事人和与被调查事件有关的单位和个人的证券交易记录、登记过户记录、财务会计资料以及其他相关文件和资料；对有可能被转移或者隐匿违法资金、证券迹象的，可以申请司法机关予以冻结。

对于经核准上市交易的证券，其发行人未按照有关规定披露信息，或者所披露的信息有虚假记载、误导性陈述或者有重大遗漏的，由证券监督管理机构责令改正，对发行人处以30万元以上60万元以下的罚款。对直接负责的主管人员和其他直接责任人员给予警告，并处以3万元以上30万元以下的罚款。构成犯罪的，依法追究刑事责任。为证券的发行、上市或者证券交易活动出具审计报告、资产评估报告或者法律意见书等文件的中介机构，就其所应负责的内容弄虚作假的，由证券监督管理机构没收违法所得，并处以违法所得1倍以上5倍以下的罚款，并由有关主管部门责令该机构停业，吊销直接责任人员的资格证书。构成犯罪的，依法追究刑事责任。

（4）根据《中华人民共和国保险法》的有关规定，金融监督管理部门有权检查保险公司的业务状况、财务状况及资金运用状况，有权要求保险公司在规定的期限内提供有关的书面报告和资料。保险公司未按照规定报送有关报告、报表、文件和资料的，由金融监督管理部门责令改正，逾期不改正的，处以1万元以上10万元以下的罚款。保险公司向金融监督管理部门提供虚假的报告、报表、文件和资料的，构成犯罪的，依法追究刑事责任；尚不构成犯罪的，由金融监督管理部门责令改正，并处10万元以上50万元以下的罚款。

（5）根据《税收征收管理法》的有关规定，纳税人必须在法律、行政法规规定或者税务机关依照法律、行政法规的规定确定的申报期限内办理纳税申报，报送纳税申报表、财务会计报表以及税务机关根据实际需要要求纳税人报送的其他纳税资料。纳税人未按照规定设置、保管账簿或者保管记账凭证和有关资料，以及未按照规定将财务、会计制度或者财务、会计处理办法报送税务机关备查的，由税务机关责令限期改正，逾期不改正的，可以处以2000元以下的罚款；情节严重的，处以2 000元以上1万元以下的罚款。纳税人采取伪造、变造、隐匿、擅自销毁账簿、记账凭证，在账簿上多列支出或者不列收入、少列收入，或者进行虚假的纳税申报的手段，不缴或者少缴应纳税款，构成犯罪的，依法追究刑事责任。偷税数额不满 1 万元或者偷税数额占应纳税额不到 10%的，由税务机关追缴其偷税款、滞纳金，并处以偷税款 50%以上 5 倍以下的罚款。

2. 违反《会计法》，同时违反其他法律规定的，由有关部门在各自职权范围内依法进行处罚

对违反《会计法》，同时违反其他法律规定的行为，除构成犯罪的，由司法机关依法追究刑事责任外，其他对会计违法行为依法享有行政处罚权的机关，对尚不构成犯罪的会计违法行为，应当按照法定职权作出相应处罚。但是，对同一违法当事人的同一违法行为，不得给予两次以上罚款的行政处罚。这是《中华人民共和国行政处罚法》规定的行政处罚的一项原则，即同一违法行为同时违反两个以上的法律规范，应当处以罚款的行政处罚时，由某一个法律规定的处罚机关依据该法律的规定进行处罚；如果某一个处罚机关已对违法行为人给予了罚款处罚，其他机关不得再对同一违法当事人的同一违法行为给予罚款处罚。

技能训练

1. 练习原始凭证的填制

（1）收料单的填制。

2009 年 12 月 12 日，东方工厂从大众面粉厂购入面粉 1 000 公斤，每公斤 2.8 元，并办理验收入库，收料人张羽，交料人张好（发票号码 23451111，编号 1201）。

收 料 单

供应单位：　　　　　　年　月　日

发票号码：　　　　　　　　　　编号：

名　称	规　格	单　位	数　量	单　价	金　额
备注					

收料人：　　　　　　　　　　交料人：

（2）产品出库单填写。

2009 年 12 月 23 日，李圆从 2 号仓库提取 A 产品 300 件（每件单价 1 000 元），发往常州纺织公司，仓库保管员李方，编号 1202。

出 库 单

发货单位：　　　　　　　　　　　　　　　　　　　　　　　　　　　　编号：
提货单位：　　　　　　　　　　　　年　月　日

名　称	规　格	单　位	数　量	单　价	总　价	备　注

负责人：　　　　　　　　　　　　　　　　　　　　　　　　　　　　经手人：

（3）收据的填写。

资料：2009年12月24日，常州纺织公司收到常州轻工公司转账支票一张，为预付机器款10 000元，会计人员王凯开具收据，出纳人员王一凡办理收款转账业务。

收 款 收 据

年　月　日　　　　　　　　　　　　第　　号

今收到＿＿＿＿＿＿＿＿＿＿＿＿＿＿＿＿＿＿＿＿
人民币合计（大写）＿＿＿＿＿＿＿＿＿＿　¥＿＿＿＿＿＿
系付＿＿＿＿＿＿＿＿＿＿＿＿＿＿＿＿＿＿＿＿
单位印章：　　　　会计主管：　　　　收款人：　　　　经手人：

（4）2010年10月10日，常州天天文具公司销售给常州五一技校文具用品一批。其中，无尘粉笔1 000盒，单价0.7元，编号001号；黑板擦50个，单价2.5元，编号004。天天文具公司李天河开出普通发票一张，并由款台收款员张旭办理现金收款手续。

江苏省商业企业专用发票

发票联

G1100000421021322　　　　　　　　　　　　　　　　　　　N0111000520098

客户名称：　　　　　　　　　支票号：＿＿＿＿＿＿　　　　苏国税

编　号	商品名称	规格	单位	数量	单价	金额						
						万	千	百	十	元	角	分
小写金额合计												
合计金额（大写）												

②付款人收执

单位（盖章有效）：　　　　　　开票人：　　　　　　年　　月　　日

2. 练习记账凭证的填制

资料：常州纺织公司2010年12月份发生如下业务，请填制记账凭证。

（1）6 日，从常州东方工厂购进乙材料 8 000 千克，每千克 20 元；向常州前进工厂购进丙材料 7 000 千克，每千克 15 元；向常州华胜工厂购进丁材料 5 000 千克，每千克 30 元，增值税税率 17%，上述材料均已验收入库，以银行存款支付乙、丙两种材料款，丁材料款尚未支付（分 3 张记账凭证分别记录）。

（2）10 日，从银行提取现金 83 000 元备发工资，现金支票票号为 10002。

（3）10 日，发放工资 83 000 元。

（4）10 日，市场一部向常州飞龙公司销售 A 产品 300 件，不含税单价 1 000 元，增值税税率 17%，款项已通过银行收讫。

（5）10 日，开出现金支票，票号 10003，以银行存款 2 500 元支付销售 A 产品的运费。

（6）20 日，市场二部向无锡市鸿昌公司销售 B 产品 400 件，不含税单价 800 元，增值税税率 17%，价款未收。

（7）21 日，通过电汇结算，收回鸿昌公司 20 000 元所欠货款。

（8）21 日，通过电汇结算，偿付华胜工厂 150 000 元货款。

（9）22 日，张毅出差回来报销差旅费 5 500 元，退回现金 500 元。

（10）31 日，计算本月应付职工薪酬。其中，生产 A 产品的生产工人工资 41 000 元，生产 B 产品的工人工资 24 000 元，车间管理人员工资 8 000 元，厂部管理人员工资 10 000 元。

（11）31 日，仓库本月发出材料汇总表，如表 1-12 所示，编制相关会计分录。

表 1-12　　仓库本月发出材料汇总表　　（单位：元）

项目 \ 材料	乙材料（单价 20）		丙材料（单价 15）		丁材料（单价 30）		金额合计
	数量	金额	数量	金额	数量	金额	
用于生产 A 产品	2 000	40 000	3 000	45 000	3 000	90 000	175 000
用于生产 B 产品	2 000	40 000	2 000	30 000	1 000	30 000	100 000
生产车间领用	1 000	20 000	1 000	15 000	1 000	30 000	65 000
合计	5 000	100 000	6 000	90 000	5 000	150 000	340 000

（12）31 日，用现金 750 元购买办公用品。

（13）31 日，经计算本月固定资产折旧费 20 000 元，其中车间负担 17 000 元，厂部负担 3 000 元。

（14）31 日，按生产工时比例结转本月制造费用（A 产品 6 000 工时，B 产品 4 000 工时）。

（15）31 日，本月投入的 A 产品 600 件，B 产品 500 件全部完工入库，结转完工产品的实际成本。

（16）31 日，结转 A、B 产品的销售成本，A 产品单位成本为 437.5 元/件，B 产品单位成本为 312.5 元/件。

（17）31 日，结转本月损益类账户到本年利润。

（18）31日，按本月实现利润的25%计提应交所得税。

（19）31日，结转所得税费用。

（20）31日，结转净利润。

（21）31日，按税后利润的10%计提盈余公积。

（22）31日，经研究决定按税后利润的40%向投资者分配利润。

（23）31日，结转利润分配明细账户。

收款凭证

字第　号

借方科目：　　　　年　月　日　　　　附件　张

摘　要	贷方科目		记　账	金　额
	总账科目	明细科目		
合计				

会计主管：　　记账：　　出纳：　　审核：　　制单：

付款凭证

字第　号

贷方科目：　　　　年　月　日　　　　附件　张

摘　要	借方科目		记　账	金　额
	总账科目	明细科目		
合计				

会计主管：　　记账：　　出纳：　　审核：　　制单：

转账凭证

字第　号

年　月　日　　　　附件　张

摘　要	会计科目		记　账	借方金额	贷方金额
	总账科目	明细科目			
合计					

会计主管：　　记账：　　审核：　　制单：

章节练习

一、单项选择题

1. 根据《会计基础工作规范》和《内部会计控制规范——基本规范(试行)》的规定,各单位的内部会计监督的主体是（　　）。

A. 本单位的会计机构和会计人员　　B. 本单位的审计机构和会计人员

C. 本单位的会计机构　　D. 本单位的审计机构

2. 不必采用订本式账簿的是（　　）。

A. 现金日记账　　B. 总账　　C. 银行存款日记账　　D. 明细账

3. 会计档案的保管期限是从（　　）算起。

A. 会计档案形成时　　B. 会计档案装订时

C. 会计档案经审计后　　D. 会计年度终了后的第一天

4. 根据《会计法》的规定，我国是以（　　）为一个会计年度。

A. 开始生产经营之日起至下一年的此日

B. 每年公历 1 月 1 日起至 12 月 31 日止

C. 领取营业执照之日起至下一年的此日

D. 申报税务登记之日起至下一年的此日

5. 根据《会计法》的规定，会计机构、会计人员审核原始凭证的具体程序、要求，应当按照国家统一的会计制度规定进行，对不真实、不合法的原始凭证有权不予受理，并向（　　）报告。

A. 会计机构负责人　　B. 总会计师

C. 上级单位负责人　　D. 单位负责人

6. 根据《会计档案管理办法》的规定，会计档案的保管期限为永久、定期两类。会计档案的定期保管期限最长的为（　　）。

A. 30 年　　B. 20 年　　C. 10 年　　D. 25 年

7. 根据《会计法》的规定，对于隐匿或者故意销毁依法应当保存的会计凭证、会计账簿、财务会计报告的行为，尚不构成犯罪的，由县级以上人民政府财政部门予以通报，对其直接负责的主管人员和其他直接责任人员，可以处（　　）的罚款。

A. 1 000 元以上 3 万元以下

B. 2 000 元以上 5 万元以下

C. 3 000 元以上 5 万元以下

D. 3 000 元以上6万元以下

8. 根据《会计档案管理办法》的规定，各级财政部门销毁会计档案时，应由(　　)。

A. 同级审计部门派人监销　　B. 档案部门和会计部门共同派人监销

C. 会计部门派人监销　　D. 上级审计部门派人监销

9. 会计主管人员的直系亲属不得在本单位会计机构中担任（　　）工作。

A. 稽核　　B. 会计档案管理

C. 会计　　D. 出纳

10. 会计人员在办理移交手续前，对已经受理的经济业务尚未填制会计凭证的，应当填制完毕；尚未登记的账目，应当登记完毕，并在最后一笔（　　）后加盖经办人员印章。

A. 累计发生额　　B. 余额　　C. 本期发生余额　　D. 期末余额

11. 持证人员在同一会计从业资格管理机构管辖范围内调转工作单位，且继续从事会计工作的，应当自离开工作单位之日起的一定期限内，填写调转登记表，持会计从业资格证书及调入单位开具的从事会计工作的证明，办理调转登记。该期限为（　　）。

A. 15日　　B. 90日　　C. 20日　　D. 60日

12. 持证人员在不同会计从业资格管理机构管辖范围调转工作单位，且继续从事会计工作的，填写调转登记表，持会计从业资格证书，及时到原注册登记的会计从业资格管理机构办理调出手续；并自办理调出手续之日起的一定期限内，持会计从业资格证书、调转登记表和调入单位开具的从事会计工作的证明，到调入单位所在地的会计从业资格管理机构办理调入手续。该期限为（　　）。

A. 20日　　B. 30日　　C. 90日　　D. 60日

13. 下列不属于会计岗位的是（　　）。

A. 出纳岗位　　B. 总账岗位

C. 药房收费员　　D. 会计电算化岗位

14. 对于伪造学历、会计从业资格证书和资历证明，或者在考试期间有违纪行为的，由会计专业技术资格考试管理机构吊销其会计专业技术资格，由发证机关收回其会计专业技术资格证书，（　　）内不得再参加会计专业技术资格考试。

A. 2年　　B. 3年　　C. 5年　　D. 4年

15. 根据《会计法》的规定,对本单位的会计工作和会计资料的真实性、完整性负责的是（　　）。

A. 会计主管人员　　B. 单位负责人

C. 总会计师　　D. 会计机构负责人

16. 在中国境内设立的外商投资企业，会计记录文字应当符合的规定是（　　）。

A. 只能使用外文
B. 只能使用中文
C. 中文和外文任选一种
D. 使用中文也可以同时使用一种外文

17. 我国的会计管理体制是（　　）。

A. 统一领导
B. 统一领导，分级管理
C. 分级管理
D. 统一领导，集中管理

18. 单位总会计师应当具备的条件之一是（　　）。

A. 主管一个单位的财务会计工作不少于 3 年
B. 主管单位内一个重要方面的财务会计工作不少于 2 年
C. 主管一个单位或者单位内一个重要方面的财务会计工作时间不少于 3 年
D. 主管一个单位或者单位内一个重要方面的财务会计工作时间不少于 2 年

19. 根据《总会计师条例》的规定，总会计师是（　　）。

A. 单位负责人
B. 会计机构负责人
C. 专业技术职务
D. 单位行政领导成员

20. 会计机构、会计人员对违反国家统一的会计制度规定的会计事项（　　）。

A. 没权拒绝办理
B. 应当向单位领导人提出书面意见，请求处理
C. 应当向主管单位或者财政、审计、税务机关报告
D. 按照职权予以纠正

二、多项选择题

1. 根据《会计基础工作规范》的规定，会计工作岗位可以一人一岗、一人多岗或者一岗多人。但出纳人员不可以兼任的工作是（　　）。

A. 稽核
B. 会计档案保管
C. 现金和银行存款日记账的登记
D. 收入、支出、费用、债权债务账目的登记

2. 根据《会计档案管理办法》的规定，会计档案销毁时，监销人员根据不同情况由相应的单位派出。对于一般企业、事业单位和组织，应当由（　　）共同派员监销。

A. 同级审计部门
B. 单位档案机构
C. 单位会计机构
D. 同级财政部门

3. 根据《会计档案管理办法》的规定，在对保管期满的会计档案进行整理以备销毁时，（　　）不得销毁。

A. 未结清的债权债务原始凭证

B. 正在建设期间的建设单位会计档案

C. 超过会计档案保管期限但尚未报废的固定资产购买凭证

D. 所有会计报表类档案

4. 根据《会计法》的规定，除财政部门外，依照有关法律、行政法规规定的职责，对有关单位的会计资料实施监督检查的部门有（　　）。

A. 审计部门　　B. 保险监管部门

C. 证券监管部门　　D. 中国人民银行

5. 代理记账的业务范围包括（　　）。

A. 根据委托人提供的原始凭证和其他资料，按照国家统一的会计制度的规定进行会计核算

B. 对外提供财务会计报告

C. 定期向税务机关提供税务资料

D. 承办委托人委托的其他会计业务

6. 根据《会计基础工作规范》的规定，单位负责人的直系亲属不得担任本单位的（　　）。

A. 会计机构负责人　　B. 会计主管人员

C. 会计　　D. 出纳

7. 根据《会计基础工作规范》的规定，下列各项中，不属于会计岗位的有（　　）。

A. 药品库房记账员所从事的工作

B. 单位内部审计工作

C. 商场收款（银）员所从事的工作

D. 住院处收费员所从事的工作

8. 根据《会计基础工作规范》的规定，移交人对自己经办且已经移交的（　　）的真实性、完整性承担法律责任。

A. 会计凭证　　B. 会计账簿　　C. 会计报表　　D. 其他会计资料

9. 根据《会计基础工作规范》的规定，会计工作交接完毕后，交接双方和监交人要在移交清册上签名盖章，并在移交清册上注明（　　）等。

A. 单位名称

B. 交接日期

C. 交接双方和监交人的职务、姓名

D. 移交清册页数及需要说明的问题和意见

10. 根据《会计法》的规定，下列关于单位内部会计监督的说法，正确的是（　　）。

A. 单位负责人负责单位内部会计监督制度的组织实施，对本单位内部会计监督

制度的建立及有效实施承担最终责任

B. 会计机构和会计人员发现会计账簿记录与实物、款项及有关资料不相符的，按照国家统一的会计制度的规定有权自行处理的，应当及时处理；无权处理的，应当立即向单位负责人报告，请求查明原因，作出处理

C. 内部会计监督的主体是各单位的会计机构、会计人员；内部会计监督的对象是本单位的会计行为

D. 记账人员与经济业务事项和会计事项的审批人员、经办人员、财物保管人员的职责权限应当明确，并相互分离、相互制约，这是机构控制和职务控制的基本要求

三、不定项选择题

1. 根据《会计法》的规定，担任单位会计机构负责人，除取得会计从业资格证书外，还应当具备（　　）。

A. 会计师以上专业技术职务资格并从事会计工作 3 年以上经历

B. 助理会计师以上专业技术职务资格并从事会计工作 3 年以上经历

C. 助理会计师以上专业技术职务资格或者从事会计工作 3 年以上经历

D. 会计师以上专业技术职务资格或者从事会计工作 3 年以上经历

2. 会计从业资格管理机构作出准予颁发会计从业资格证书的决定，应当自作出决定之日起（　　）内向申请人颁发会计从业资格证书。

A. 10 日　　B. 7 日　　C. 20 日　　D. 15 日

3. 根据《会计档案管理办法》的规定，会计档案的定期保管期限分为 3 年和（　　）。

A. 5 年　　B. 10 年　　C. 15 年　　D. 25 年

4. 报名参加会计专业技术资格考试的人员，应具备的基本条件有（　　）。

A. 坚持原则，具备良好的职业道德品质

B. 认真执行《会计法》和国家统一的会计制度，以及有关财经法律、法规、规章制度，无严重违反财经法律的行为

C. 履行岗位职责，热爱本职工作

D. 具备会计从业资格，持有会计从业资格证书

5. 一个单位是否单独设置会计机构，其决定的因素包括（　　）。

A. 单位规模的大小　　B. 经济业务和财务收支的繁简

C. 经营管理的要求　　D. 上级主管部门的要求

6. 根据《注册会计师法》的规定，注册会计师及其所在的会计师事务所依法承办的审计业务包括（　　）。

A. 审查企业财务会计报告，出具审计报告

B. 验证企业资本，出具验资报告

C. 办理企业合并、分立、清算事宜中的审计业务，出具有关报告

D. 法律、行政法规规定的其他审计业务

7. 会计人员的管理主要包括对会计人员的业务管理和专业资格管理。根据《会计法》和有关法规的规定，财政部门负责会计人员的业务管理，包括（　　）等。

A. 会计从业资格管理　　B. 会计人员专业技术资格（职务）

C. 会计人员专业教育　　D. 岗位会计人员评优表彰

8. 根据《企业会计制度》的规定，企业向外提供的会计报表包括（　　）等。

A. 资产减值准备明细表　　B. 资产负债表

C. 股东权益增减变动表　　D. 现金流量表

9. 根据《企业财务会计报告条例》的规定，企业财务会计报告按编制时间分为（　　）财务会计报告。

A. 年度　　B. 半年度　　C. 季度　　D. 月度

10. 会计报表附注的内容包括（　　）等。

A. 重要会计政策和会计估计及其变更情况、变更原因及其对财务状况和经营成果的影响

B. 或有事项和资产负债表日后事项的说明

C. 会计报表中重要项目的明细资料

D. 关联方关系及其交易的说明

四、判断题

1. 按规定，财务会计报告通常由会计报表、会计报表附注和财务情况说明书构成。（　　）

2.《会计档案管理办法》明确规定正在建设期间的建设单位的会计档案，无论其是否保管期满，都不得销毁，必须妥善保管。（　　）

3. 内部会计监督的主体是各单位的会计机构、会计人员，所以，内部会计监督仅仅是会计机构、会计人员的事情。（　　）

4. 内部会计监督制度是内部控制制度的重要组成部分。（　　）

5. 会计机构、会计人员对违反《会计法》和国家统一的会计制度的会计事项，有权拒绝办理或按职权予以纠正。（　　）

6. 会计工作的政府监督，主要是指财政部门代表国家对各单位相关人员的会计行为实施的监督检查。（　　）

7. 会计工作的社会监督，主要是指由注册会计师及其所在的会计师事务所依法

对受托单位的经济活动进行审计、鉴证的一种监督制度。（ ）

8. 代理记账，是指由社会中介机构即会计咨询、服务机构、会计师事务所代替独立核算单位办理记账、算账、报账业务。（ ）

9.《会计法》规定，不具备设置会计机构条件的单位可以委托经批准设立的从事代理记账的中介机构代理记账。（ ）

10. 担任单位会计机构负责人的，除取得会计从业资格外，还应具备会计师以上专业技术职务资格或从事会计工作 3 年以上经历。（ ）

第2章

支付结算法律制度

知识目标

- 了解支付结算的法律法规
- 掌握支付结算的流程
- 掌握现金使用的要求
- 掌握银行账户的分类和管理
- 掌握票据的结算方式
- 掌握非票据结算方式

能力目标

- 能在经济业务中正确使用现金
- 能用银行结算账户满足单位的结算需要
- 能使用银行汇票、银行本票、商业汇票、支票完成资金支付
- 能完成票据的流通转让
- 能使用汇兑、托收承付、信用卡完成资金支付

导入案例

2010 年 8 月，某企业产品转型急需外购一批原材料，供货方提出先预付材料款 30 万元。因该企业资金周转困难，会计科科长张某指令会计人员给供货方开出一张 30 万元空头转账支票。

问：哪些单位有权对该企业签发空头转账支票行为提出赔偿要求？赔偿的金额是多少？

2.1 支付结算概述

支付结算作为社会经济金融活动的重要组成部分，其主要功能是完成资金从一方当事人向另一方当事人的转移。随着社会经济金融的快速发展，单位、个人之间的经济往来日益频繁，对资金到账的及时性提出了更高的要求，与此同时，安全、快捷、高效的支付结算方式又促进了社会经济金融的发展。

2.1.1 支付结算的概念和特征

1. 支付结算的概念

支付结算，是指单位、个人在社会经济活动中使用票据、信用卡和汇兑、托收承付、委托收款等结算方式进行货币给付及其资金清算的行为。银行、城市信用合作社、农村信用合作社以及单位（含个体工商户）和个人是办理支付结算的主体。

根据《支付结算办法》的规定，票据和结算凭证是办理支付结算的工具。单位、个人和银行办理支付结算，必须使用按中国人民银行规定印制的票据凭证和统一规定的结算凭证。未使用中国人民银行统一规定格式的结算凭证，银行不予受理。支付结算凭证的任务表现为根据经济往来，准确、及时、安全地办理支付结算，并按照有关法律、法规和规章的规定管理支付结算，保障支付结算活动的正常运行。

2. 支付结算的法律特征

支付结算作为一种法律行为，具有以下法律特征。

（1）支付结算必须通过中国人民银行批准的金融机构进行。银行是支付结算和资金清算的中介机构，未经中国人民银行批准的非银行金融机构和其他单位不得作为中介机构经营支付结算业务，但法律、行政法规另有规定除外。

（2）支付结算是一种要式行为。所谓要式行为，是指法律规定必须按照一定形式进行的行为。如果该行为不符合法定的形式要件，即为无效。办理支付结算必须符合《支付结算办法》的规定。

（3）支付结算的发生取决于委托人的意志。银行在支付结算中作为中介，只要以善意且符合规定的正常操作程序审查，对伪造、变造的票据和结算凭证上的签章以及需要交验的个人有效身份证件，未发现异常而支付金额的，对出票人或付款人不再承担受托付款的责任，对持票人或收款人不再承担付款的责任。

（4）支付结算实行统一和分级管理相结合的管理体制。《支付结算办法》规定：中国人民银行总行负责制定统一的支付结算制度，组织、协调、管理、监督全国的支付结算工作，调节、处理银行之间的支付结算纠纷；中国人民银行分支行负责组织、协调、管理、监督本辖区的支付结算工作，调节、处理本辖区银行之间的支付结算纠纷；政策性银行、商业银行总行，可根据统一的支付结算制度，结合本行情况，制定具体管理实施办法，报经中国人民银行总行批准后执行，并负责组织、协调、管理本行内分支机构之间的支付结算纠纷。

（5）支付结算必须依法进行。根据《支付结算办法》的规定："银行、城市信用合作社、农村信用合作社（以下简称银行）以及单位和个人（含个体工商户），办理支付结算必须遵守国家的法律、行政法规和办法的各项规定，不得损害社会公共利益。"因此，支付结算的当事人必须严格依法进行支付结算活动。

支付结算体系是金融体系的重要组成部分，是支持经济运行和维护金融稳定的重要基础，其主要功能是完成资金从一方当事人向另一方当事人的转移。安全、高效的支付结算体系，对于加速社会资金的周转，提高资源配置的效率，密切各金融市场的联系，防范金融风险，畅通货币政策传导，推动金融工具的创新，改善金融服务以及维护公众对资金的信心，具有重要意义。

2.1.2　支付结算的基本原则

在《支付结算办法》中还规定了支付结算的基本原则，即单位、个人和银行在进行支付结算活动时所必须遵循的行为准则，包括如下内容。

1. 恪守信用，履约付款原则

根据该原则，各单位之间、单位与个人之间发生交易往来，通过银行办理结算时，应根据各自的具体条件、自行协商订约，使结算双方办理款项收付完全建立在自觉自愿、相互信任的基础上。该原则要求结算当事人必须依照双方约定的民事法律关系内容依法承担义务和行使权利，严格遵守信用，履行付款义务，特别是应当按照约定的付款金额和付款日期进行支付。

2. 谁的钱进谁的账、由谁支配原则

根据该原则，银行在办理结算时，必须按照存款人的委托，将款项支付给其指定的收款人；对存款人的资金，除国家法律另有规定外，必须由其自由支配，银行不代扣款项。这一原则主要在于维护存款人对存款资金的所有权或经营权，保证其对资金支配的自主权。

3. 银行不垫款原则

根据该原则，银行在办理结算时，只负责办理结算当事人之间的款项划拨，不承担垫付任何款项的责任。这一原则主要在于划清银行资金与存款人资金的界限，保护银行资金的所有权或经营权的安全，并促使单位和个人直接对自己的债权债务负责。

上述原则是一个有机整体，分别从不同角度强调了付款人、收款人和银行在支付结算过程中的权利和义务，从而切实保障了支付结算活动的正常、有序进行。参与支付结算活动的各方当事人，如银行、单位和个人都应严格遵守上述基本原则。

2.1.3 支付结算的主要支付工具

单位日常活动中的支付结算可分为现金支付和非现金支付两大类。严格来讲，现金支付并不是支付结算的主要形式，单位在使用现金范围和管理方面受限制较多，因此，单位在进行支付结算时主要采用非现金支付工具。

按照是否使用票据作为结算工具，支付结算方式可以分成票据结算方式和非票据结算方式。票据结算方式，是指通过《中华人民共和国票据法》(以下简称《票据法》)规定的支票、本票和汇票等工具来清结资金的结算方式，具体有支票、银行本票、银行汇票和商业汇票；非票据结算方式，是指票据结算方式之外的结算方式，一般包括汇兑、委托收款、异地托收承付和信用卡等。

按照区域分类，支付结算可以分为同城结算和异地结算两种。同城结算，是指结算双方在同一票据交换区域内的转账结算。银行本票和支票结算方式适用于同城结算。异地结算，是指结算双方不在同一票据交换区域内的转账结算，汇兑和托收承付结算方式仅限于异地结算使用。银行汇票、商业汇票、委托收款结算方式既可用于同城结算，又可用于异地结算。

2.1.4 支付结算的主要法律依据

凡是与支付结算的各种结算方式有关的法律、行政法规以及部门规章和地方性规定都是支付结算的法律依据。此外，中国人民银行颁布的有关支付结算的政策性文件亦是当事人进行支付结算必须遵守的规定。

为了规范支付结算工作，我国制定了一系列支付结算方面的法律、法规和规章，主要包括：1995 年 5 月 10 日第八届全国人民代表大会常务委员会第十三次会议通过的《票据法》(1996 年 1 月 1 日起施行、2004 年 8 月 28 日修正)、1997 年 8 月 21 日经国务院批准由中国人民银行发布的《票据管理实施办法》(1997 年 10 月 1 日起施行)、1997 年 9 月 19 日中国人民银行发布的《支付结算办法》(1997 年 12 月 1 日起施行)、1997 年 6 月 23 日中国人民银行发布的《国内信用证结算办法》(1997 年 8 月 1 日起施行) 和 1999 年 1 月 5 日中国人民银行发布的《银行卡业务管理办法》

（1999 年 3 月 1 日起施行）等。

2.1.5　办理支付结算的具体要求

1. 办理支付结算的基本要求

根据《支付结算办法》的规定，办理支付结算时应符合下列基本要求。

（1）单位、个人和银行办理支付结算，必须使用中国人民银行统一规定印制的票据凭证和统一规定的结算凭证。票据和结算凭证是办理支付结算的工具。未使用按中国人民银行统一规定印制的票据，票据无效；未使用中国人民银行统一规定格式的结算凭证，银行不予受理。

（2）单位、个人和银行应当按照《人民币银行结算账户管理办法》的规定开立、使用账户。在银行开立存款账户的单位和个人办理支付结算，账户内需有足够的资金保证支付。银行依法为单位、个人在银行开立的存款账户中的存款保密，维护其资金的自主支配权。除国家法律、行政法规另有规定外，银行不得为任何单位或个人查询账户情况，不得为任何单位或者个人冻结、扣划款项，不得停止单位、个人存款的正常支付。

（3）票据和结算凭证上的签章和其他记载事项应当真实，不得伪造、变造。所谓“伪造”，是指无权限人假冒他人或虚构人名义签章的行为。所谓“变造”，是指无权更改票据内容的人对票据上签章以外的记载事项加以改变的行为。变造票据的方法多是在合法票据的基础上对票据加以剪接、挖补、覆盖、涂改，从而非法改变票据的记载事项。伪造、变造票据属于欺诈行为，应追究其刑事责任。票据上有伪造、变造的签章的，不影响票据上其他当事人真实签章的效力。

票据和结算凭证的金额、出票或签发日期、收款人名称不得更改，更改的票据无效；更改的结算凭证，银行不予受理。对票据和结算凭证上的其他记载事项，原记载人可以更改，更改时应当由原记载人在更改处签章证明。

票据和结算凭证上的签章，为签名、盖章或者签名加盖章。单位、银行在票据上的签章和单位在结算凭证上的签章，为该单位、银行的盖章加其法定代表人或其授权的代理人的签名或盖章。个人在票据和结算凭证上的签章，为个人本名的签名或盖章。

（4）填写票据和结算凭证应当规范，做到要素齐全，数字正确，字迹清晰，不错不漏，不潦草，防止涂改。票据和结算凭证金额以中文大写和阿拉伯数字同时记载，两者必须一致，两者不一致的票据无效；两者不一致的结算凭证，银行不予受理。少数民族地区和外国驻华使领馆根据实际需要，金额大写可以使用少数民族文字或者外国文字记载。

2. 填写票据和结算凭证的基本要求

票据和结算凭证是银行、单位和个人凭以记账的会计凭证，是记载经济业务和明确经济责任的一种书面证明。因此，填写票据和结算凭证，必须做到标准化、规范化，要素齐全，数字正确，字迹清晰，不错漏，不潦草，防止涂改。根据《正确填写票据和结算凭证的基本规定》的规定，具体符合以下基本要求。

（1）中文大写金额数字应用正楷或行书填写，如壹、贰、叁、肆、伍、陆、柒、捌、玖、拾、佰、仟、万、亿、元、角、分、零、整（正）等字样。不得用一、二（两）、三、四、五、六、七、八、九、十、廿、毛、另（或0）填写。不得自造简化字。如果金额数字书写中使用繁体字，也应受理。

（2）中文大写金额数字到“元”为止的，在“元”之后应写“整”（或“正”）字，到“角”为止的，在“角”之后可以不写“整”（或“正”）字。大写金额数字有“分”的，“分”后面不写“整”（或“正”）字。

（3）中文大写金额数字前应标明“人民币”字样，大写金额数字应紧接“人民币”字样填写，不得留有空白。大写金额数字前未印“人民币”字样的，应加填“人民币”三字。在票据和结算凭证大写金额栏内不得预印固定的“仟、佰、拾、万、仟、佰、拾、元、角、分”字样。

（4）阿拉伯小写金额数字中有“0”时，中文大写应按照汉语言规律、金额数字构成和防止涂改的要求进行书写。举例如下。

① 阿拉伯数字中间有“0”时，中文大写金额要写“零”字。如¥1 409.50，应写成人民币壹仟肆佰零玖元伍角。

② 阿拉伯数字中间连续有几个“0”时，中文大写金额中间可以只写一个“零”字。如¥6 007.14，应写成人民币陆仟零柒元壹角肆分。

③ 阿拉伯数字万位或元位是“0”，或者数字中间连续有几个“0”，万位、元位也是“0”，但千位、角位不是“0”时，中文大写金额中可以只写一个“零”字，也可以不写“零”字。如¥1 680.32，应写成人民币壹仟陆佰捌拾元零叁角贰分，或者写成人民币壹仟陆佰捌拾元叁角贰分；又如¥107 000.53，应写成人民币壹拾万柒仟元零伍角叁分，或者写成人民币壹拾万零柒仟元伍角叁分。

④ 阿拉伯金额数字角位是“0”，而分位不是“0”时，中文大写金额“元”后面应写“零”字。如¥16 409.02，应写成人民币壹万陆仟肆佰零玖元零贰分；又如¥325.04，应写成人民币叁佰贰拾伍元零肆分。

（5）阿拉伯小写金额数字前面，均应填写人民币符号“¥”（或草写）。阿拉伯小写金额数字要认真填写，不得连写分辨不清。

（6）票据的出票日期必须使用中文大写。为防止变造票据的出票日期，在填写月、日时，月为壹、贰和壹拾的，日为壹至玖和壹拾、贰拾和叁拾的，应在其前加“零”；日为拾壹至拾玖的，应在其前面加“壹”。如：2月12日，应写成零贰月壹拾贰日；10月20日，应写成零壹拾月零贰拾日。

（7）票据出票日期使用小写填写的，银行不予受理。大写日期未按要求规范填写的，银行可予受理；由此造成损失的，由出票人自行承担。

2.2 现金管理

凡在银行和其他金融机构（以下简称开户银行）开立账户的机关、团体、部队、企业、事业单位和其他单位（以下简称开户单位），必须依照《现金管理暂行条例》的规定收支和使用现金，接受开户银行的监督。国家鼓励开户单位和个人在经济活动中，采取转账方式进行结算，减少使用现金。

2.2.1 开户单位使用现金的范围

开户单位可以在下列范围内使用现金。

（1）职工工资、津贴，个人劳务报酬。

（2）根据国家规定颁发给个人的科学技术、文化艺术、体育等各种奖金。

（3）各种劳保、福利费用以及国家规定的对个人的其他支出。

（4）向个人收购农副产品和其他物资的价款。

（5）出差人员必须随身携带的差旅费。

（6）结算起点以下的零星支出。

（7）中国人民银行确定需要支付现金的其他支出。

上述中结算起点定为 1 000 元。结算起点的调整，由中国人民银行确定，报国务院备案。超过使用现金限额的部分，应当以支票或者银行本票支付；确需全额支付现金的，经开户银行审核后，予以支付现金。转账结算凭证在经济往来中，具有同现金相同的支付能力。在销售活动中，不得对现金结算给予比转账结算优惠待遇；不得拒收支票、银行汇票和银行本票。

2.2.2 现金使用的限额

现金使用限额，又称库存现金限额，是指为了保证开户单位日常零星开支的需要，允许单位留存现金的最高额度。为了保证现金的安全，规范现金管理，同时又能保证开户单位的现金正常使用，按照《现金管理暂行条例》及实施细则规定，库存现金限额由开户银行和开户单位根据具体情况商定。凡在银行开户的单位，银行根据实际需要核定 3 天～5 天的日常零星开支数额作为该单位的库存现金限额。边远地区和交通不便地区的开户单位，其库存现金限额的核定天数可以适当放宽在 5 天以上，但最多不得超过 15 天的日常零星开支的需要量。

一个单位在几家银行开户的，由一家开户银行核定开户单位库存现金限额。

凡在银行开户的独立核算单位都要核定库存现金限额；独立核算的附属单位，由于没有在银行开户，但需要保留现金，也要核定库存现金限额，其限额可包括在其上级单位库存现金限额内；商业企业的零售门市部需要保留找零备用金，其限额可根据业务经营需要核定，但不包括在单位库存现金限额之内。

库存现金限额的计算公式一般是：

库存现金 = 前一个月的平均每天支付的数额（不含每月平均工资数额）×限定天数

2.2.3 现金收支的基本要求

开户单位的现金收支应当按照下列规定办理。

（1）开户单位现金收入应当于当日送存开户银行。当日送存确有困难的，由开户银行确定送存时间。

（2）开户单位支付现金，可以从本单位库存现金限额中支付或者从开户银行提取，不得从本单位的现金收入中直接支付（即坐支）。因特殊情况需要坐支现金的，应当事先报经开户银行审查批准，由开户银行核定坐支范围和限额。坐支单位必须在现金账上如实反映坐支金额，并按月向开户银行报送坐支金额和使用情况。

（3）开户单位对于符合现金使用范围规定，从开户银行提取现金的，应当写明用途，由本单位财会部门负责人签字盖章，经开户银行审核后，予以支付现金。

（4）因采购地点不确定、交通不便、生产或市场急需、抢险救灾以及其他特殊情况必须使用现金的，开户单位应当向开户银行提出申请，由本单位财会部门负责人签字盖章，经开户银行审核后，予以支付现金。

（5）开户单位不准用不符合财务制度的凭证顶替库存现金；不得谎报用途套取现金；不准利用银行账户代其他单位和个人存入或支取现金；不准将单位收入的现金以个人名义存入储蓄；不准保留账外公款；不得未经批准坐支现金或者未按开户银行核定的坐支范围和限额坐支现金等。银行对于违反上述规定的单位，将按规定予以处罚。

2.2.4 建立健全现金核算与内部控制

货币资金的内部控制是指单位内部为了保护其货币资金的安全完整和有效运用，保证货币资金收付的真实和合法，在分工基础上建立起来的相互制约的管理体系。加强货币资金的管理与核算，能保证企业生产经营活动的正常进行，提高货币资金的周转速度和使用效益，能够保障企业资产的安全完整，能有效地防止不法行为的发生。

为了加强对单位货币资金的内部控制和管理，保证货币资金的安全，财政部印发了《内部会计控制规范——货币资金（试行）》（财会[2001]41 号），对健全现金的内部控制工作提出了具体要求。

1. 货币资金的内部控制原则

对货币资金实行内部控制，应当结合企业生产经营的特点，制定相应的控制制度，并监督实施。一般来说，货币资金的管理和控制应当遵循如下原则。

（1）严格职责分工。企业应当将涉及货币资金不相容的职责分由不同的人员担任，形成严密的内部牵制制度，以减少和降低货币资金管理上舞弊的可能性。

（2）加强现金管理，实行交易分开。企业应当将现金支出和现金收入业务分开进行处理，不得直接坐支现金。

（3）实施内部稽核，加强监督检查。企业应当建立对货币资金业务的监督检查制度，设置内部稽核部门和人员，对货币资金实施经常性的检查，及时发现货币资金管理上存在的问题，并加以改进。

（4）实施定期轮岗制度。企业应当对涉及货币资金管理和控制的业务人员实行定期轮换岗位，通过轮换岗位，减少货币资金管理和控制中产生舞弊的可能性，并及时发现有关人员的舞弊行为。

2. 货币资金内部控制的有关规定

《内部会计控制规范——货币资金（试行）》（财会[2001]41 号）规定单位负责人对本单位货币资金内部控制的建立健全和有效实施以及货币资金的安全完整负责。具体规定如下。

（1）单位应当建立货币资金业务的岗位责任制，明确相关部门和岗位的职责权限，确保办理货币资金业务的不相容岗位相互分离、制约和监督。

出纳人员不得兼任稽核、会计档案保管和收入、支出、费用、债权债务账目的登记工作。单位不能由一人办理货币资金业务的全过程。

（2）单位办理货币资金业务，应当配备合格的人员，并根据单位具体情况进行岗位轮换。办理货币资金业务的人员应当具备良好的职业道德，忠于职守，廉洁奉公，遵纪守法，客观公正，不断提高会计业务素质和职业道德水平。

（3）单位应当对货币资金业务建立严格的授权批准，明确审批人对货币资金的业务的授权批准方式、权限、程序、责任和相关控制措施，规定经办人办理货币资金业务的职责范围和工作要求。

审批人应当根据货币资金授权批准制度的规定，在授权范围内进行审批，不得超越审批权限。经办人应当在职责范围内，按照审批人的批准意见办理货币资金业务。对于审批人超越授权范围审批的货币资金业务，经办人员有权拒绝办理，并及时向审批人的上级授权部门报告。

（4）单位应当按照规定的程序办理货币资金支付业务。

① 支付申请。单位有关部门或个人用款时，应当提前向审批人提交货币资金支

付申请，注明款项的用途、金额、预算、支付方式等内容，并附有效经济合同或相关证明。

② 支付审批。审批人根据其职责、权限和相应程序对支付申请进行审批。对不符合规定的货币资金支付申请，审批人应当拒绝批准。

③ 支付复核。复核人应当对批准后的货币资金支付申请进行复核，复核货币资金支付申请的批准范围、权限、程序是否正确，手续及相关单证是否齐备，金额计算是否准确，支付方式、支付单位是否妥当等。复核无误后，交由出纳人员办理支付手续。

④ 办理支付。出纳人员应当根据复核无误的支付申请，按规定办理货币资金支付手续，及时登记现金和银行存款日记账。

（5）单位对于重要货币资金支付业务，应当实行集体决策和审批，并建立责任追究制度，防范贪污、侵占、挪用货币资金等行为。

严禁未经授权的机构或人员办理货币资金业务或直接接触货币资金。

（6）单位应当加强与货币资金相关的票据的管理，明确各种票据的购买、保管、领用、背书转让、注销等环节的职责权限和程序，并专设登记簿进行记录，防止空白票据的遗失和被盗用。

（7）单位应当加强银行预留印鉴的管理。财务专用章应由专人保管，个人名章必须由本人或其授权人员保管。严禁一人保管支付款项所需的全部印章。

（8）单位应当建立对货币资金业务的监督检查制度，明确监督检查机构或人员的职责权限，定期和不定期地进行检查。

货币资金监督检查的内容主要包括以下 4 个方面。

① 货币资金业务相关岗位及人员的设置情况。重点检查是否存在货币资金业务不相容职务混岗的现象。

② 货币资金授权批准制度执行情况。重点检查货币资金支出的授权批准手续是否健全，是否存在越权审批行为。

③ 支付款项印章的保管情况。重点检查是否存在办理付款业务的所需的全部印章交由一人保管的现象。

④ 票据的保管情况。重点检查票据的购买、领用、保管手续是否健全，票据保管是否存在漏洞。

对监督检查过程中发现的货币资金内部控制的薄弱环节，应当及时采取措施，加以纠正和完善。

2.3 银行结算账户

银行结算账户是资金从一方当事人向另一方当事人转移的起点和终点，单位或个人之间的人民币转账结算离不开银行结算账户。

2.3.1 银行结算账户的概念

银行结算账户，是指银行为存款人开立的办理资金收付的人民币活期存款账户。其中，“银行”，是指在中国境内经批准经营支付结算业务的银行业金融机构；“存款人”，是指在中国境内开立银行结算账户的机关、团体、部队、企业、事业单位、其他组织（以下统称单位）、个体工商户和自然人。中国人民银行是银行结算账户的监督管理部门。

银行结算账户具有下列特点。

（1）办理人民币业务。这与外币存款账户不同，外币存款账户办理的是外币业务，其开立和使用应遵守国家外汇管理局的有关规定。

（2）办理资金收付结算业务。这与储蓄账户不同，储蓄的基本功能是存取本金和支取利息，储蓄账户不具有办理资金收付结算的功能，其开立和使用应遵守《储蓄管理条例》的规定。

（3）是活期存款账户。这与单位定期存款账户不同，单位定期存款账户不具有结算功能，该类账户的开立和使用应遵守《人民币单位存款管理办法》的规定。

2.3.2 银行结算账户的分类

（1）银行结算账户按存款人不同，分为单位银行结算账户和个人银行结算账户。

存款人以单位名称开立的银行结算账户称为单位银行结算账户。这里所说的单位包括机关、团体、部队、企业、事业单位和其他组织等。根据《人民币银行结算账户管理办法》的规定，个体工商户凭营业执照以字号或经营者姓名开立的银行结算账户纳入单位银行结算账户管理。个人银行结算账户是指存款人凭个人身份证件以自然人名称开立的银行结算账户。这里所指的个人包括中国公民（含香港、澳门、台湾居民）和外国公民。个人因投资、消费使用各种支付工具，包括借记卡、信用卡在银行开立的银行结算账户，纳入个人银行结算账户管理。

（2）单位银行结算账户按用途不同，分为基本存款账户、一般存款账户、专用存款账户和临时存款账户。

根据《人民币银行结算账户管理办法》和《人民币银行结算账户管理办法实施细则》的规定，存款人开立基本存款账户、临时存款账户（因注册验资和增资验资的除外），预算单位开立专用存款账户和 QFII 专用存款账户实行核准制，经中国人民银行核准后颁发开户登记证。其他银行结算账户的开立一般无需经中国人民银行核准，只需在中国人民银行办理备案即可。

（3）银行结算账户根据开户地的不同，分为本地银行结算账户和异地银行结算账户。

本地银行结算账户，是指存款人在注册地或住所地开立的银行结算账户；异地银行结算账户，是指存款人根据规定的条件在异地（跨省、市、县）开立的银行结算账户。根据《人民币银行结算账户管理办法实施细则》的有关解释，这里所指的“注册地”，是指存款人的营业执照等开户证明文件上记载的住所地。

2.3.3 银行结算账户管理应当遵守的基本原则

根据《人民币银行结算账户管理办法》的有关规定，银行结算账户应当遵守以下基本原则。

（1）一个基本账户原则。这是指单位银行结算账户的存款人只能在银行开立一个基本存款账户，不能多头开立基本存款账户。

（2）自主选择银行开立银行结算账户原则。这是指存款人可以自主选择银行开立账户，除国家法律、行政法规和国务院有关规定外，任何单位和个人不得强令存款人到指定银行开立银行结算账户。

（3）银行结算账户信息保密原则。这是指银行必须依法为存款人的银行结算账户信息保密。根据《人民币银行结算账户管理办法》的规定，对单位银行结算账户的存款和有关资料，除国家法律、行政法规另有规定外，银行有权拒绝任何单位或个人查询。对个人银行结算账户的存款和有关资料，除国家法律另有规定外，银行有权拒绝任何单位或个人查询。

（4）守法原则。这是指银行结算账户的开立和使用应当遵守法律、行政法规，不得利用银行结算账户进行偷逃税款、逃废债务、套取现金及其他违法犯罪活动。

2.3.4 银行结算账户的开立、变更和撤销

1．银行结算账户的开立

存款人应在注册地或住所地开立银行结算账户。符合异地（跨省、市、县）开户条件的，也可以在异地开立银行结算账户。开立银行结算账户应遵循存款人自主原则。除国家法律、行政法规和国务院另有规定外，任何单位和个人不得强令存款人到指定银行开立银行结算账户。

存款人申请开立银行结算账户时，应填制开立银行结算账户申请书。申请开立单位银行结算账户时，存款人应填写“开立单位银行结算账户申请书”，并加盖单位公章。存款人有组织机构代码、上级法人或主管单位的，应在“开立单位银行结算账户申请书”上如实填写相关信息。存款人有关联企业的，应填写“关联企业登记表”。申请开立个人银行结算账户时，存款人应填写“开立个人银行结算账户申请书”，并加其个人签章。

银行应对存款人的开户申请书填写的事项和相关证明文件的真实性、完整性、合规性进行认真审查。开户申请书填写的事项齐全，符合开立核准类账户条件的，银行应将存款人的开户申请书、相关的证明文件和银行审核意见等开户资料报送中国人民银行当地分支行，经其核准后办理开户手续。需要中国人民银行核准的账户包括基本存款账户、临时存款账户（因注册验资和增资验资开立的除外）、预算单位专用存款账户和合格境外投资者在境内从事证券投资开立的人民币特殊账户和人民币结算资金账户（简称QFII专用存款账户）。符合开立一般存款账户、其他专用存款账户和个人银行结算账户条件的，银行应办理开户手续，并于开户之日起5个工作日内向中国人民银行当地分支行备案。

中国人民银行应于2个工作日内，对银行报送的核准类账户的开户资料的合规性予以审核，符合开户条件的，予以核准，颁发基本（或临时或专用）存款账户开户许可证；不符合开户条件的，应在开户申请书上签署意见，连同有关证明文件一并退回报送银行，由报送银行转送开户申请人。

开户许可证是中国人民银行依法准予申请人在银行开立核准类银行结算账户的行政许可证件，是核准类银行结算账户合法性的有效证明。开户许可证有正本和副本之分，正本由申请人保管；副本由申请人开户银行留存。开户许可证的记载事项包括"开户许可证"字样、开户许可证编号、开户核准号、中国人民银行当地分支行账户管理专用章、核准日期、存款人名称、存款人的法定代表人或单位负责人姓名、开户银行名称、账户性质、账号。临时存款账户开户许可证还应注明临时存款账户的有效期限。

开立银行结算账户时，银行应与存款人签订银行结算账户管理协议，明确双方的权利与义务。银行应建立存款人预留签章卡片，并将签章式样和有关证明文件的原件或复印件留存归档。存款人为单位的，其预留签章为该单位的公章或财务专用章加其法定代表人（单位负责人）或其授权的代理人的签名或者盖章；存款人为个人的，其预留签章为该个人的签名或者盖章。

存款人在申请开立单位银行结算账户时，其申请开立的银行结算账户的账户名称、出具的开户证明文件上记载的存款人名称以及预留银行签章中公章或财务专用章的名称应保持一致，下列情况除外。

（1）因注册验资开立临时存款账户时，其账户名称为工商行政管理部门核发的"企业名称预先核准通知书"或政府有关部门批文中注明的名称，其预留银行签章中公章或财务专用章的名称应是存款人与银行在银行结算账户管理协议中约定的出资人名称。

（2）预留银行签章中公章或财务专用章的名称依法可使用简称的，账户名称应与其保持一致。

（3）没有字号的个体工商户开立的银行结算账户，其预留签章中公章或财务专用章应是“个体户”字样加营业执照上载明的经营者的签字或盖章。

存款人开立单位银行结算账户，自开立正式之日起3个工作日后，方可使用该账户办理付款业务，但注册验资的临时存款账户转为基本存款账户和因借款转存开立的一般存款账户除外。对于核准类银行结算账户，“正式开立之日”为中国人民银行当地分支行的核准日期；对于非核准类银行结算账户，“正式开立之日”为银行为存款人办理开户手续的日期。

2. 银行结算账户的变更

银行结算账户的变更，是指存款人的账户信息资料发生的变化或改变。根据账户管理的要求，存款人的下列账户资料变更后，应及时向开户银行办理变更手续，填写变更银行结算账户申请书。属于申请变更单位银行结算账户的，应加盖单位公章；属于申请变更个人银行结算账户的，应加其个人签章。

（1）存款人的账户名称。

（2）单位的法定代表人或主要负责人。

（3）地址等其他开户资料。

存款人更改账户名称，但不改变开户银行及账号的，应于5个工作日内向开户银行提出银行结算账户的变更申请，并出具有关部门的证明文件。

单位的法定代表人或主要负责人、住址以及其他开户资料发生变更时，应于5个工作日内书面通知开户银行并提供有关证明。

属于变更开户许可证记载事项的，存款人办理变更手续时，应交回开户许可证，由中国人民银行当地分支行换发新的开户许可证。

3. 银行结算账户的撤销

银行结算账户的撤销，是指存款人因开户资格或其他原因终止银行结算账户使用的行为。存款人申请撤销银行结算账户时，应填写撤销银行结算账户申请书。属于申请撤销单位银行结算账户的，应加盖单位公章；属于申请撤销个人银行结算账户的，应加其个人签章。银行在收到存款人撤销银行结算账户的申请后，对于符合销户条件的，应在2个工作日办理撤销手续。

存款人撤销银行结算账户，必须与开户银行核对银行结算账户存款余额，交回各种重要空白票据及结算凭证和开户许可证，银行核对无误后方可办理销户手续。

有下列情形之一的，存款人应向开户银行提出撤销银行结算账户的申请。

（1）被撤并、解散、宣告破产或关闭的。

（2）注销、被吊销营业执照的。

（3）因迁址需要变更开户银行的。

（4）其他原因需要撤销银行结算账户的。

存款人有以上第（1）、（2）条情形的，应于 5 个工作日内向开户银行提出撤销银行结算账户的申请。撤销银行结算账户时，应先撤销一般存款账户、专用存款账户、临时存款账户，将这些账户资金转入基本存款账户后，方可办理基本存款账户的撤销。银行得知存款人有以上第（1）、（2）条情形，存款人超过规定期限未主动办理撤销银行账户手续的，银行有权停止其银行结算账户的对外支付。存款人因以上第（3）、（4）条情形撤销基本存款账户后，需要重新开立基本存款账户的，应在撤销其原基本存款账户后 10 日内申请重新开立基本存款账户。

存款人尚未清偿其开户银行债务的，不得申请撤销该账户。对于按照账户管理规定应撤销而未办理销户手续的单位银行结算账户，银行应通知该单位银行结算账户的存款人自发出通知之日起 30 日内办理销户手续，逾期视同自愿销户，未划转款项列入久悬未取专户管理。存款人撤销核准类银行结算账户时，应交回开户许可证。

2.3.5　基本存款账户

1. 基本存款账户的概念

基本存款账户，是指存款人因办理日常转账结算和现金收付需要开立的银行结算账户。

可以申请开立基本存款账户的存款人主要有：企业法人；非法人企业；机关、事业单位；团级（含）以上军队、武警部队及分散执勤的支（分）队；社会团体；民办非企业组织；异地常设机构；外国驻华机构；个体工商户；居民委员会、村民委员会、社区委员会；单位设立的独立核算的附属机构，包括食堂、招待所、幼儿园；其他组织，即按照现行的法律、法规规定可以成立的组织，如业主委员会、村民小组等组织。

2. 基本存款账户的开户证明文件

根据《人民币银行结算账户管理办法》和《人民币银行结算账户管理办法实施细则》的有关规定，开立基本存款账户需提供以下证明文件。

（1）企业法人，应出具企业法人营业执照正本。

（2）非法人企业，应出具企业营业执照正本。

（3）机关和实行预算管理的事业单位，应出具政府人事部门或编制委员会的批文或登记证书和财政部门同意其开户的证明；非预算管理的事业单位，应出具政府人事部门或编制委员会的批文或登记证书。

（4）军队、武警团级（含）以上单位以及分散执勤的支（分）队，应出具军队军级以上单位财务部门、武警总队财务部门的开户证明。

（5）社会团体，应出具社会团体登记书，宗教组织还应出具宗教事务管理部门的批文或证明。

（6）民办非企业组织，应出具民办非企业登记证书。

（7）异地常设机构，应出具驻在地政府主管部门的批文。

（8）外国驻华机构，应出具国家有关主管部门的批文或证明；外资企业驻华代表处、办事处，应出具国家登记机关颁发的登记证。

（9）个体工商户，应出具个体工商户营业执照正本。

（10）居民委员会、村民委员会、社区委员会，应出具其主管部门的批文或证明。

（11）独立核算的附属机构，应出具其主管部门的基本存款账户开户许可证和批文。

（12）其他组织，应出具政府主管部门的批文或证明。

上述存款人如果为从事生产、经营活动纳税人的，还应出具税务部门颁发的税务登记证。

3. 基本存款账户的使用

基本存款账户是存款人的主办账户，一个单位只能开立一个基本存款账户。存款人日常经营活动的资金收付及其工资、资金和现金的支取，应通过基本存款账户办理。存款人通过基本存款账户提取和使用现金不得违反《现金管理暂行条例》的规定。

2.3.6 一般存款账户

1. 一般存款账户的概念

一般存款账户，是指存款人因借款或其他结算需要，在基本存款账户开户银行以外的银行营业机构开立的银行结算账户。

2. 一般存款账户的开户证明文件

存款人申请开立一般存款账户，应向银行出具其开立基本存款账户规定的证明文件、基本存款账户开户许可证和下列证明文件。

（1）存款人因向银行借款需要，应出具借款合同。

（2）存款人因其他结算需要，应出具有关证明。

3. 一般存款账户的使用

一般存款账户用于办理存款人借款转存、借款归还和其他结算的资金收付。一般存款账户可以办理现金缴存，但不得办理现金支取。

2.3.7 专用存款账户

1. 专用存款户的概念

专用存款账户，是指存款人按照法律、行政法规和规章，对其特定用途资金进行专项管理和使用而开立的银行结算账户。

2. 专用存款账户的适用范围

（1）基本建设资金。

（2）更新改造资金。

（3）财政预算外资金。

（4）粮、棉、油收购资金。

（5）证券交易结算资金。

（6）期货交易保证金。

（7）信托基金。

（8）金融机构存放同业资金。

（9）政策性房地产开发资金。

（10）单位银行卡备用金。

（11）住房基金。

（12）社会保障基金。

（13）收入汇缴资金和业务支出资金。

（14）党、团、工会设在单位的组织机构经费。

（15）其他需要专项管理和使用的资金。

3. 专用存款账户的开户证明文件

存款人申请开立专用存款账户，应向银行出具其开立基本存款账户规定的证明文件、基本存款账户开户许可证和下列证明文件。

（1）基本建设资金、更新改造资金、政策性房地产开发资金、住房基金、社会保障基金，应出具主管部门批文。

（2）财政预算外资金，应出具财政部门的证明。

（3）粮、棉、油收购资金，应出具主管部门批文。

（4）单位银行卡备用金，应按照中国人民银行批准的银行卡章程的规定出具有关证明和资料。

（5）证券交易结算资金，应出具证券公司或证券管理部门的证明。

（6）期货交易保证金，应出具期货公司或期货管理部门的证明。

（7）金融机构存放同业资金，应出具其证明。

（8）收入汇缴资金和业务支出资金，应出具基本存款账户存款人有关的证明。

（9）党、团、工会设在单位的组织机构经费，应出具该单位或有关部门的批文或证明。

（10）其他按规定需要专项管理和使用的资金，应出具有关法规、规章或政府部门的有关文件。

4. 专用存款账户的使用

（1）单位银行卡账户的资金必须由基本存款账户转账存入。该账户不得办理现金收付业务。

（2）财政预算外资金、证券交易结算资金、期货交易保证金和信托基金专用存款账户不得支取现金。

（3）基本建设资金、更新改造资金、政策性房地产开发资金、金融机构存放同业资金账户需要支取现金的，应在开户时报中国人民银行当地分支行批准。

（4）粮、棉、油收购资金，社会保障基金，住房基金和党、团、工会经费等专用存款账户支取现金应按照国家现金管理的规定办理。银行应按照国家对粮、棉、油收购资金使用管理的规定加强监督，不得办理不符合规定的资金收付和现金支取。

（5）收入汇缴资金和业务支出资金，是指基本存款账户存款人附属的非独立核算单位或派出机构发生的收入和支出的资金。收入汇缴账户除向其基本存款账户或预算外资金财政专用存款账户划缴款项外，只收不付，不得支取现金。业务支出账户除从其基本存款账户拨入款项外，只付不收，其现金支取必须按照国家现金管理的规定办理。

5. 预算单位零余额账户的设立、使用和管理

（1）预算单位使用财政性资金，应当按照规定的程序和要求，向财政部门提出设立零余额账户的申请，财政部门同意预算单位开设零余额账户后通知代理银行。

（2）代理银行根据《人民币银行结算账户管理办法》的规定，具体办理开设预算单位零余额账户业务，并将所开账户的开户银行名称、账号等详细情况书面报告财政部门和中国人民银行，并由财政部门通知一级预算单位。

（3）预算单位根据财政部门的开户通知，具体办理预留印鉴手续。印鉴卡内容如有变动，预算单位应及时通过一级预算单位向财政部门提出变更申请，办理印鉴卡更换手续。

（4）一个基层预算单位开设一个零余额账户。

（5）预算单位零余额账户用于财政授权支付，可以办理转账、提取现金等结算业务，可以向本单位按账户管理规定保留的相应账户划拨工会经费、住房公积金及提租补贴，一级财政部门批准的特殊款项，不得违反规定向本单位其他账户和上级主管单位、所属下级单位账户划拨资金。

2.3.8 临时存款账户

1. 临时存款账户的概念

临时存款账户，是指存款人因临时需要并在规定期限内使用开立的银行结算

账户。

2. 临时存款账户的适用范围

（1）设立临时机构，例如设立工程指挥部、筹备领导小组、摄制组等。

（2）异地临时经营活动，例如建筑施工及安装单位等在异地的临时经营活动。

（3）注册验资。

（4）境外（含港澳台地区）机构在境内从事经营活动等。

存款人为临时机构的，只能在其驻地开立一个临时存款账户，不得开立其他银行结算账户；存款人在异地从事临时活动的，只能在其临时活动地开立一个临时存款账户；建筑施工及安装单位在异地同时承建多个项目的，可以根据建筑施工及安装合同开立不超过项目合同数的临时存款账户。

3. 临时存款账户的开户证明文件

存款人申请开立临时存款账户，应向银行出具下列证明文件。

（1）临时机构，应出具驻在地主管部门同意设立临时机构的批文。

（2）异地建筑施工及安装单位，应出具其营业执照正本或其隶属单位的营业执照正本，以及施工及安装地建设主管部门核发的许可证或建筑施工及安装合同。

（3）异地从事临时经营活动的单位，应出具其营业执照正本以及临时经营地工商行政部门的批文。

（4）注册验资，应出具工商行政管理部门核发的企业名称预先核准通知书或有关部门的批文。

以上第（2）、（3）项，还应出具其基本存款账户开户许可证。

对于合格境外机构投资者从事证券投资开立的人民币特殊账户和人民币结算资金账户，均纳入专用存款账户管理。其开立人民币特殊账户时，应出具国家外汇管理部门的批复文件；开立人民币结算资金账户时，应出具证券管理部门的证券投资业务许可证。

4. 临时存款账户的使用

临时存款账户用于办理临时机构以及存款人临时经营活动发生的资金收付。临时存款账户应根据有关开户证明文件确定的期限或存款人的需要确定其有效期限，最长不超过 2 年。临时存款账户支取现金，应按照国家现金管理的规定办理。注册验资的临时存款账户在验资期间只收不付。

2.3.9 个人银行结算账户

1. 个人银行结算账户的概念

个人银行结算账户，是指存款人因投资、消费、结算等需要而凭个人身份证件以自然人名称开立的银行结算账户。邮政储蓄机构办理银行卡业务开立的账户纳入个人银行结算账户管理。自然人可根据需要开立个人银行结算账户，也可以在已开立的储蓄账户中选择并向开户银行申请确认为个人银行结算账户。储蓄账户仅限于办理现金存取业务，不得办理转账结算。

2. 个人银行结算账户的适用范围

使用支票、信用卡等信用支付工具的，办理汇兑、定期借记、定期贷记、借记卡等结算业务的，可以申请开立个人银行结算账户。其中，"定期借记"，是指由收款人定期对付款人的开户银行发起的，委托付款人开户银行按照约定扣划付款人的款项给收款人的资金转账业务；"定期贷记"，是指银行按照付款人的付款凭证，定期将款项划付给收款人的资金转账业务。

3. 个人银行结算账户的开户证明文件

存款人申请开立个人银行结算账户，应向银行出具下列证明文件。

（1）中国居民，应出具居民身份证或临时身份证或户口簿或护照。

（2）中国人民解放军军人，应出具军人身份证件。

（3）中国人民武装警察，应出具武警身份证件。

（4）军队（武装警察）离退休干部以及在解放军军事院校学习的现役军人，可以出具离退休干部荣誉证、军官退休证、文职干部退休证或军事院校学员证。

（5）香港、澳门特别行政区居民，应出具港澳居民来往内地通行证；中国台湾地区居民，应出具台湾居民来往大陆通行证或其他有效旅行证件。居住在境内或境外的中国籍的华侨，可出具中国护照。

（6）外国公民，应出具护照。获得在中国永久居留资格的外国人，可出具外国人永久居留证。

（7）外国边民在我国边境地区的银行开立个人银行结算账户，可出具所在国制发的"边民出入境通行证"。

（8）法律、法规和国家有关文件规定的其他有效证件。

4. 个人银行结算账户的使用

个人银行结算账户用于办理个人转账收付和现金存取。下列款项可以转入个人银行结算账户。

（1）工资、奖金收入。

（2）稿费、演出费等劳务收入。

（3）债券、期货、信托等投资的本金和收益。

（4）个人债权或产权转让收益。

（5）个人贷款转存。

（6）证券交易结算资金和期货交易保证金。

（7）继承、赠与款项。

（8）保险理赔、保费退还等款项。

（9）农、副、矿产品销售收入。

（10）其他合法款项。

单位从其银行结算账户支付给个人银行结算账户的款项，每笔超过 5 万元（不包含 5 万元）的，应向其开户银行提供下列付款依据。

（1）代发工资协议和收款人清单。

（2）奖励证明。

（3）新闻出版、演出主办等单位与收款人签订的劳务合同或支付给个人款项的证明。

（4）证券公司、期货公司、信托投资公司、奖券发行或承销部门支付或退还给自然人款项的证明。

（5）债权或产权转让协议。

（6）借款合同。

（7）保险公司的证明。

（8）税收征管部门的证明。

（9）农、副、矿产品购销合同。

（10）其他合法款项的证明。

从单位银行结算账户向个人银行结算账户支付款项，对单笔超过 5 万元人民币，付款单位在付款用途栏或备注栏注明事由的，可不再另行出具付款依据，但付款单位须对支付款项事由的真实性、合法性负责。

从单位银行结算账户支付给个人银行结算账户的款项应纳税的，税收代扣单位付款时应向其开户银行提供完税证明。

当个人持出票人为单位的支票向开户银行委托收款，将款项转入其个人银行结算账户的，或个人持申请人为单位的银行汇票和银行本票向开户银行提示付款，将款项转入其个人银行结算账户的，个人应出具上述第（1）~（10）项中规定的有关收款依据。

存款人应对其提供的收款依据或付款依据的真实性、合法性负责。

2.3.10　异地银行结算账户

异地银行结算账户，是存款人在其注册地或住所地行政区域之外（跨省、市、县）开立的银行结算账户。

1. 异地银行结算账户的适用范围

存款人有以下情形的，可以申请开立异地银行结算账户。

（1）营业执照注册地与经营地不在同一行政区域（跨省、市、县）需要开立基本存款账户的。

（2）办理异地借款和其他结算需要开立一般存款账户的。

（3）存款人因附属的非独立核算单位或派出机构发生的收入汇缴或业务支出需要开立专用存款账户的。

（4）异地临时经营活动需要开立临时存款账户的。

（5）自然人根据需要在异地开立个人银行结算账户的。

2．异地银行结算账户的开户证明文件

存款人需要在异地开立单位银行结算账户，除出具开立基本存款账户、一般存款账户、专用存款账户和临时存款账户规定的有关证明文件和基本存款账户开户许可证外，还应出具下列相应的证明文件。

（1）异地借款的存款人，在异地开立一般存款账户的，应出具在异地取得贷款的借款合同。

（2）因经营需要在异地办理收入汇缴和业务支出的存款人，在异地开立专用存款账户的，应出具隶属单位的证明。

存款人需要在异地开立个人银行结算账户，应出具在住所地开立账户所需的证明文件。

2.3.11 银行结算账户的管理

加强银行结算账户的管理是维护正常结算秩序的基础，是加强信贷、结算监督和现金管理的重要措施之一。根据《人民币银行结算账户管理办法》和《人民币银行结算账户管理办法实施细则》的规定，银行结算账户的管理包括以下内容。

1．中国人民银行的管理

中国人民银行是银行结算账户的监督管理部门，负责对银行结算账户的开立、使用、变更和撤销进行检查监督。其对银行结算账户的管理主要有以下内容。

（1）负责监督、检查银行结算账户的开立、使用、变更和撤销，并实施监控和管理。中国人民银行当地分支行通过账户管理系统与支付系统、同城票据交换系统等系统的连接，实现相关银行结算账户信息的比对，依法监测和查处未经中国人民银行核准或未向中国人民银行备案的银行结算账户。

（2）负责基本存款账户、临时存款账户和预算单位专用存款账户开户许可证的管理。中国人民银行应将开户许可证作为重要空白凭证进行管理，建立健全开户许可证的印制、保管、领用、颁发、收缴和销毁制度。任何单位及个人不得伪造、变造及私自印制开户许可证。

（3）对存款人、银行违反银行结算账户管理规定的行为予以处罚。

2. 银行的管理

银行对银行结算账户的管理主要有以下内容。

（1）负责所属营业机构银行结算账户开立和使用的管理，监督和检查其执行《人民币银行结算账户管理办法》的情况，纠正违规开立和使用银行结算账户的行为。

（2）银行应明确专人负责银行结算账户的开立、使用和撤销的审查和管理，负责对存款人开户申请资料的审查，并按照本办法的规定及时报送存款人开销户信息资料，建立健全开销户登记制度，建立银行结算账户管理档案，按会计档案进行管理。银行结算账户管理档案的保管期限为银行结算账户撤销后 10 年。

（3）对已开立的单位银行结算账户实行年检制度，检查开立的银行结算账户的合规性，核实开户资料的真实性；对不符合本办法规定开立的单位银行结算账户，应予以撤销。对经核实的各类银行结算账户的资料变动情况，应及时报告中国人民银行当地分支行。

（4）银行应对存款人使用银行结算账户的情况进行监督，对存款人的可疑支付应按照中国人民银行规定的程序及时报告。

3. 存款人的管理

（1）存款人应加强对预留银行签章的管理。单位遗失预留公章或财务专用章的，应向开户银行出具书面申请、开户许可证、营业执照等相关证明文件；更换预留公章或财务专用章时，应向开户银行出具书面申请、原预留签章的式样等相关证明文件。个人遗失或更换预留个人印章或更换签字人时，应向开户银行出具经签名确认的书面申请，以及原预留印章或签字人的个人身份证件。银行应留存相应的复印件，并凭以办理预留银行签章的变更。

（2）存款人应加强对开户许可证的管理。存款人的开户许可证遗失或毁损时，存款人应填写“补（换）发开户许可证申请书”，并加盖单位公章，比照有关开立银行结算账户的规定，通过开户银行向中国人民银行当地分支行提出补（换）发开户许可证的申请。申请换发开户许可证的，存款人应缴回原开户许可证。

（3）存款人应妥善保管其密码。存款人在收到开户银行转交的初始密码之后，应到中国人民银行当地分支行或基本存款账户开户银行办理密码变更手续。存款人遗失密码的，应持其开户时需要出具的证明文件和基本存款账户开户许可证到中国人民银行当地分支行申请重置密码。

2.3.12　违反银行结算账户管理制度的罚则

根据《人民币银行结算账户管理办法》的规定，违反银行结算账户管理制度的处罚包括以下内容。

1. 存款人违反账户管理制度的处罚

（1）存款人在开立、撤销银行结算账户过程中，有下列行为之一的，对于非经营性的存款人，给予警告并处以 1 000 元的罚款；对于经营性的存款人，给予警告并处以 1 万元以上 3 万元以下的罚款；构成犯罪的，移交司法机关依法追究刑事责任。

① 违反规定开立银行结算账户。

② 伪造、变造证明文件欺骗银行开立银行结算账户。

③ 违反规定不及时撤销银行结算账户。

（2）存款人在使用银行结算账户过程中，有下列行为之一的，对于非经营性的存款人，给予警告并处以 1 000 元罚款；对于经营性的存款人，给予警告并处以 5 000 元以上 3 万元以下的罚款。

① 违反本办法规定将单位款项转入个人银行结算账户。

② 违反本办法规定支取现金。

③ 利用开立银行结算账户逃废银行债务。

④ 出租、出借银行结算账户。

⑤ 从基本存款账户之外的银行结算账户转账存入、将销货收入或现金存入单位信用卡账户。

（3）存款人的法定代表人或主要负责人、存款人地址以及其他开户资料的变更事项未在规定期限内通知银行。给予警告并处以 1 000 元的罚款。

（4）存款人违反规定，伪造、变造、私自印制开户许可证，属非经营性的处以 1 000 元罚款；属经营性的处以 1 万元以上 3 万元以下的罚款；构成犯罪的，移交司法机关依法追究刑事责任。

2. 银行及其有关人员违反账户管理制度的处罚

（1）银行在银行结算账户的开立过程中，有下列行为之一的，给予警告，并处以 5 万元以上 30 万元以下的罚款；对该银行直接负责的高级管理人员、其他直接负责的主管人员、直接责任人员按规定给予纪律处分；情节严重的，中国人民银行有权停止对其开立基本存款账户的核准，责令该银行停业整顿或者吊销经营金融业务许可证；构成犯罪的，移交司法机关依法追究刑事责任。

① 违反《人民币银行结算账户管理办法》规定为存款人多头开立银行结算账户；

② 明知或应知是单位资金，而允许以自然人名称开立账户存储。

（2）银行在银行结算账户的使用中，有下列行为之一的，给予警告，并处以 5 000 元以上 3 万元以下的罚款；对该银行直接负责的高级管理人员、其他直接负责的主管人员、直接责任人员按规定给予纪律处分；情节严重的，中国人民银行有权停止对其开立基本存款账户的核准；构成犯罪的，移交司法机关依法追究刑事责任。

① 提供虚假开户申请资料欺骗中国人民银行许可开立基本存款账户、临时存款账户、预算单位专用存款账户。

② 开立或撤销单位银行结算账户，未按《人民币银行结算账户管理办法》的规定在其基本存款账户开户许可证上予以登记、签章或通知相关开户银行。

③ 违反《人民币银行结算账户管理办法》第四十二条规定办理个人银行结算账户转账结算。

④ 为储蓄账户办理转账结算。

⑤ 违反规定为存款人支付现金或办理现金存入。

⑥ 超过期限或未向中国人民银行报送账户开立、变更、撤销等资料。

2.4 票据结算方式

2.4.1 票据概述

1. 票据的概念和种类

票据的概念有广义和狭义之分。广义的票据包括各种有价证券和凭证，如股票、国库券、企业债券、发票、提单等；狭义的票据仅指《票据法》上规定的票据。根据《票据法》的规定，票据是由出票人依法签发的、约定自己或者委托付款人在见票时或指定的日期向收款人或持票人无条件支付一定金额并可转让的有价证券。概念中的“有价证券”，是指设定并证明持券人有权取得一定财产权利的书面凭证。在我国，票据包括汇票、本票和支票。其特征主要表现在以下几个方面。

（1）票据以支付一定金额为目的。支付“票据金额”是票据签发和转让的最终目的，票据上的权利义务关系只有在票据金额得到全部支付后才归于消灭。

（2）票据是出票人依法签发的有价证券。法律依据不同的票据种类，规定了不同的形式，出票人必须依照法律规定的要求签发相关票据，否则，即不受法律的保护。

（3）票据所表示的权利与票据不可分离。票据权利的发生必须作成票据，票据权利的转移必须交付票据，票据权利的行使必须提示票据。权利与票据融为一体。

（4）票据所记载的金额由出票人自行支付或委托他人支付。由出票人委托支付的是汇票和支票。

（5）票据的持票人只要向付款人提示付款，付款人即无条件向持票人或收款人支付票据金额。

（6）票据是一种可转让证券。《票据法》规定票据均为记名票据，必须通过背书转让或交付转让的方式予以流通转让。

2. 票据的功能

（1）支付功能，即票据可以充当支付工具，代替现金使用。对于当事人来讲，用票据支付可以消除现金携带的不便，克服点钞的麻烦，节省计算现金的时间。

（2）汇兑功能，即票据可以代替货币在不同地方之间运送，方便异地之间的支付。如果异地之间使用货币，需要运送或携带，不仅费事费力，而且不安全；大额货币的运送更是如此。如果只拿一张票据到异地支付，相对而言，既安全又方便。

（3）信用功能，即票据当事人可以凭借自己的信誉，将未来才能获得的金钱拿来使用。

（4）结算功能，即债务抵消功能。简单的结算是互有债务的双方当事人各签发一张本票，待两张本票都到到期日时可以抵消债务，如有差额，由一方以现金支付。

（5）融资功能，即融通资金或调度资金。票据的融资功能是通过票据的贴现、转贴现和再贴现实现的。

3. 票据当事人

票据当事人，是指票据法律关系中享有票据权利、承担票据义务的当事人，也称票据法律关系主体。票据当事人可分为基本当事人和非基本当事人。

（1）基本当事人。基本当事人是指在票据作成和交付时就业已存在的当事人，是构成票据法律关系的必要主体，包括出票人、付款人和收款人。在汇票及支票中有出票人、付款人与收款人。在本票中有出票人与收款人。其中，出票人，是指依法定方式签发票据并将票据交付给收款人的人；收款人，是指票据到期后有权收取票据所记载金额的人，又称票据权利人；付款人，是指由出票人委托付款或自行承担付款责任的人。付款人付款后，票据上的一切债务责任解除。

（2）非基本当事人。非基本当事人是指在票据作成并交付后，通过一定的票据行为加入票据关系而享有一定权利、义务的当事人，包括承兑人、背书人、被背书人、保证人等。票据上的非基本当事人在各种票据行为中都有自己特定的名称，所以，同一当事人可以有两个名称，即双重身份。如汇票中的付款人在承兑汇票后成为承兑人，第一次背书中的被背书人就是第二次背书中的背书人。其中，承兑人，是指接受汇票出票人的付款委托同意承担支付票据金额义务的人，又称汇票主债务人。背书人，是指在转让票据时，在票据背面或粘单上签字或盖章并将该票据交付给受让人的票据收款人或持有人；被背书人，是指被记名受让票据或接受票据转让的人；保证人，是指为票据债务提供担保的人，由票据债务人以外的他人担当，保证人在被保证人不能履行票据付款责任时，以自己的金钱履行票据付款义务，然后取得持票人的权利，向票据债务人追索。并非所有的票据当事人一定同时出现在某一张票据上，除基本当事人外，非基本当事人是否存在，完全取决于相应票据行为是否发生。不同票据上可能出现的票据当事人也有所不同。

4. 票据的权利与责任

票据权利与责任是指票据法律关系主体所享有的权利和应承担的责任，是票据法律关系的重要内容。

（1）票据权利。

① 票据权利的概念。票据权利是指票据持票人向票据债务人请求支付票据金额的权利，包括付款请求权和追索权。付款请求权，是指持票人向汇票的承兑人、本票的出票人、支票的付款人出示票据要求付款的权利，是第一顺序权利，又称主要票据权利。行使付款请求权的持票人可以是票据记载的收款人或最后的被背书人；担负付款请求权付款义务的主要是主债务人。票据追索权，是指票据当事人行使付款请求权遭到拒绝或有其他法定原因存在时，向其前手请求偿还票据金额及其他法定费用的权利，是第二顺序权利，又称偿还请求权利。行使追索权的当事人除票据记载收款人和最后被背书人外，还可能是代为清偿票据债务的保证人、背书人。

② 票据权利的时效。票据权利在下列期限内不行使而消灭：持票人对票据的出票人和承兑人的权利，自票据到期日起 2 年；见票即付的汇票、本票，自出票日起 2 年；持票人对支票出票人的权利，自出票日起 6 个月；持票人对前手的追索权，自被拒绝承兑或者被拒绝付款之日起 6 个月；持票人对前手的再追索权，自清偿或者被提起诉讼之日起 3 个月。持票人因超过票据权利时效或者因票据记载事项欠缺而丧失票据权利的，仍享有民事权利，可以请求出票人或者承兑人返还其与未支付的票据金额相当的利益。

③ 票据权利的行使。票据权利的行使，是指持票人请求票据的付款人支付票据金额的行为。不同的票据种类，其权利行使有不同的程序，可包括票据的承兑、提示付款、行使追索权等程序。

提示承兑是指持票人向付款人出示汇票，并要求付款人承诺付款的行为。提示付款是指持票人在法定期限内向付款人请求付款的行为。行使追索权，指的是票据到期被拒绝付款的，持票人可以对背书人、出票人以及票据的其他债务人行使追索权；在票据到期日前，如汇票被拒绝承兑或被拒绝付款的，承兑人或者付款人死亡、逃匿的，承兑人或者付款人被依法宣告破产的以及因违法被责令终止业务活动的，持票人也可以行使追索权。

④ 票据权利行使的时间和地点。由于票据具有流通性，法律对票据责任的兑现场所和时间有所规定，以便持票人行使票据权利。票据权利的行使场所一般是银行营业点，其时间就是银行营业的时间，即票据时效的最后期限是以银行的营业结束时间为限，而不能以当日的 24 小时为限。票据当事人无营业场所的，应当在其住所进行。

⑤ 票据权利的保全。票据权利的保全是指持票人为了防止票据权利丧失而采取的措施。例如，《票据法》规定，按照规定期限提示票据，要求承兑人或付款人提供

拒绝承兑或拒绝付款的证明以保全追索权等。

⑥ 票据权利的抗辩。抗辩是指票据债务人根据《票据法》的规定，对票据债权人拒绝履行义务的行为。票据债务人可以在下列情况下对持票人行使抗辩权：与票据债务人有直接债权债务关系并且不履行约定义务的；以欺诈、偷盗或者胁迫等非法手段取得票据，或者明知有前列情形，出于恶意取得票据的；明知票据债务人与出票人或者持票人的前手之间存在抗辩事由而取得票据的；因重大过失取得票据的；其他依法不得享有票据权利的。

（2）票据责任。票据责任是指票据债务人向持票人支付票据金额的责任。它是基于债务人特定的票据行为（如出票、背书、承兑等）而应承担的义务，不具有制裁性质，主要包括付款义务和偿还义务。实务中，票据债务人承担票据义务一般有4种情况：一是汇票承兑人因承兑而应承担付款义务；二是本票出票人因出票而承担自己付款的义务；三是支票付款人在与出票人有资金关系时承担付款义务；四是汇票、本票、支票的背书人，汇票、支票的出票人、保证人，在票据不获承兑或不获付款时的付款清偿义务。

5. 票据行为

票据行为是指能够产生票据权利与义务关系的法律行为。《票据法》规定的票据行为则是指票据当事人以发生票据债务为目的的，以在票据上签名或盖章为权利义务成立要件的法律行为，包括出票、背书、承兑和保证4种。

出票，是指出票人签发票据并将其交付给收款人的行为。出票包括两个行为：一个是出票人依照《票据法》的规定作成票据，即在原始凭证上记载法定事项并签章；二是交付票据，即将作成的票据交付给他人占有。这两者缺一不可。

背书，是指收款人或持票人为将票据权利转让给他人或者将一定的票据权利授予他人行使而在票据背面或者粘单上记载有关事项并签章的行为。背书按照目的不同分为转让背书和非转让背书。转让背书是以持票人将票据权利转让给他人为目的；非转让背书是将一定的票据权利授予他人行使，包括委托收款背书和质押背书。无论何种目的，都应当记载背书事项并交付票据。

委托收款背书是委托他人代替自己行使票据权利、收取票据金额的背书，被背书人有权代背书人行使被委托的票据权利。但是，被背书人不得再以背书转让票据权利。

质押背书是以设定质权、提供债务担保为目的而进行的背书。被背书人依法实现其债权时，可以行使票据权利。在质押背书中，背书人为出质人，被背书人为质权人。

以背书转让的汇票，背书应当连续。背书连续是指在票据转让中，转让汇票的背书人与受让汇票的被背书人在汇票上的签章依次前后衔接，即第一次背书的背书人为票据的收款人；第二次背书的背书人为第一次背书的被背书人；以此类推。

承兑，是指汇票付款人承诺在汇票到期日支付汇票金额并盖章的行为。保证，是指票据债务人以外的人，为担保特定债务人履行票据债务而在票据上记载有关事项并盖章的行为。保证人对合法取得票据的持票人所享有的票据权利承担担保责任。被保证的票据，保证人应当与被保证人对持票人承担连带责任。保证人为两人以上的，保证人之间承担连带责任，票据到到期日后得不到付款的，持票人有权向保证人请求付款，保证人应当足额付款。保证人清偿票据债务后，可以行使持票人对被保证人及其前手的追索权。

6. 票据签章

票据签章，是指票据有关当事人在票据上签名、盖章或签名加盖章的行为。票据签章是票据行为生效的重要条件，也是票据行为表现形式中必须记载的事项。如果票据缺少当事人的签章，将导致票据无效或该票据行为无效。票据上的签章因票据行为的性质不同，签章当事人也不相同。票据签发时，由出票人签章；票据保证时，由保证人签章；持票人行使票据权利时，由持票人签章。一般来讲，出票人在票据上的签章不符合法律规定的，票据无效；背书人在票据上的签章不符合法律规定的，其签章无效，但不影响其前手符合规定签章的效力；承兑人、保证人在票据上的签章不符合法律规定的，其签章无效，但不影响其他符合规定签章的效力。

7. 票据记载事项

票据记载事项，是指依法在票据上记载票据相关内容的行为。票据记载事项一般分为绝对记载事项、相对记载事项和任意记载事项等。绝对记载事项，是指《票据法》明文规定必须记载的，如不记载，票据即为无效的事项。如表明票据种类的事项，必须记明“汇票”、“本票”、“支票”，否则票据无效。相对记载事项，是指《票据法》规定应该记载而未记载，适用法律的有关规定而不使票据失效的事项。如票据上未记载付款日期的，为见票即付等属于相对记载事项。任意记载事项，是指《票据法》不强制当事人必须记载而允许当事人自行选择，不记载时不影响票据效力，记载时则产生票据效力的事项。如出票人在汇票记载“不得转让”字样的，汇票不得转让。其中的“不得转让”事项即为任意记载事项。

8. 票据丧失的补救

票据丧失，是指票据因灭失、遗失、被盗等原因而使票据权利人脱离其对票据的占有。票据一旦丧失，票据的债权人不通过一定的方法就不能阻止债务人向拾获者履行义务，从而造成正当票据权利人经济上的损失。因此，需要进行票据丧失的补救。票据丧失后，可以采取挂失止付、公示催告、普通诉讼 3 种形式进行补救。

挂失止付，是指失票人将丧失票据的情况通知付款人或代理付款人，由接受通知的付款人或代理付款人审查后暂停支付的一种方式。只有确定付款人或代理付款人的票据丧失时，才可以进行挂失止付，具体包括商业汇票、支票、填明“现金”字样的银行汇票和银行本票 4 种。挂失止付并不是票据丧失后采取的必经措施，而只是一种暂时的预防措施，最终要通过申请公示催告或提起普通诉讼进行补救。

公示催告是一种民事诉讼的程序，是票据丧失后失票人保全和恢复其票据权利的重要补救措施。公示催告程序，是指人民法院根据申请人的申请，以公示的方法，告知并催促不明确的利害关系人在一定期限内申报权利，到期无人申报权利的，则根据申请人的申请依法作出除权判决的程序。根据《票据法》的规定，失票人应当在通知挂失止付后的3日内，也可以在票据丧失后，依法向人民法院申请公示催告，或者向人民法院提起诉讼。申请公示催告的主体必须是可以背书转让的票据的最后持票人，失票人不知道票据的下落，利害关系人也不明确。

普通诉讼，是指丧失票据的人为原告，以承兑人或出票人为被告，请求法院判决其向失票人付款的诉讼活动，如果与票据上权利有利害关系的人是明确的，无须公示催告，可按一般的票据纠纷向法院提起诉讼。

2.4.2 支票

1. 支票的概念和种类

支票是出票人签发的、委托办理支票存款业务的银行在见票时无条件支付确定的金额给收款人或者持票人的票据。支票的基本当事人包括出票人、付款人和收款人。出票人即存款人，是在经中国人民银行当地分支行批准办理支票业务的银行机构开立可以使用支票的存款账户的单位和个人；付款人是出票人的开户银行；持票人是票面上填明的收款人，也可以是经背书转让的被背书人。

依不同的分类标准，可以对支票作不同的分类。《票据法》按照支付票款方式，将支票分为普通支票、现金支票和转账支票。支票上印有“现金”字样的为现金支票，现金支票只能用于支取现金。支票上印有“转账”字样的为转账支票，转账支票只能用于转账。支票上未印有“现金”或“转账”字样的为普通支票，普通支票既可以用于支取现金，也可以用于转账。在普通支票左上角划两条平行线的，为划线支票，划线支票只能用于转账，不得支取现金。

2. 支票的使用范围

单位和个人在同一票据交换区域的各种款项结算，均可以使用支票。

3. 支票的记载事项

（1）支票的绝对记载事项。根据《票据法》的规定，支票的绝对记载事项共有6项内容。

① 表明“支票”的字样。这是支票文句的记载事项，无此内容即为无效。

② 无条件支付的委托。这是支票有关支付文句的记载事项。我国现行使用的支票记载支付的文句，一般是支票上已印好的“上列款项请从我账户内支付”的字样。

③ 确定的金额。

④ 付款人名称。

⑤ 出票日期。

⑥ 出票人签章。

为了发挥支票灵活便利的特点，《票据法》规定了两项绝对记载事项可以通过授权补记的方式记载：一是关于支票金额的授权补记；二是关于收款人名称的授权补记。

（2）支票的相对记载事项。根据《票据法》的规定，支票的相对记载事项包括两项内容。

① 付款地。根据《票据法》的规定，支票上未记载付款地的，付款人的营业场所为付款地。

② 出票地。根据《票据法》的规定，支票上未记载出票地的，出票人的营业场所、住所或者经常居住地为出票地。此外，根据《票据法》的规定，支票上可以记载非法定记载事项，但这些事项并不发生支票的效力。

4. 支票的提示付款期限

支票的提示付款期限为自出票日起 10 日内，但中国人民银行另有规定除外。超过提示付款期限提示付款的，持票人开户银行不予受理，付款人不予付款。

5. 支票的办理和使用要求

（1）签发支票应使用碳素墨水或墨汁填写，中国人民银行另有规定的除外。

（2）签发现金支票和用于支取现金的普通支票，必须符合国家现金管理的规定。

（3）支票的出票人签发支票的金额不得超过付款时在付款人处实有的存款金额。禁止签发空头支票。

（4）支票的出票人预留银行签章是银行审核支票付款的依据。银行也可以与出票人约定使用支付密码，作为银行审核支付支票金额的条件。

（5）出票人不得签发与其预留银行签章不符的支票；使用支付密码的，出票人不得签发支付密码错误的支票。

（6）出票人签发空头支票、签章与预留银行签章不符的支票，以及在使用支付密码地区支付密码错误的支票，银行应予退票，并按票面金额处以 5%但不低于 1 000 元的罚款；持票人有权要求出票人赔偿支票金额 2%的赔偿金。对于屡次签发的，银行应当停止签发支票。

（7）持票人可以委托开户银行收款或直接向付款人提示付款。用于支取现金的支票仅限于收款人向付款人提示付款。

持票人委托开户银行收款的支票，银行应通过票据交换系统收妥后入账。

持票人委托开户银行收款时，应作委托收款背书，在支票背面背书人签章栏签章，记载“委托收款”字样、背书日期，在被背书人栏记载开户银行名称，并将支票和填制的进账单送交开户银行。持票人持用于转账的支票向付款人提示付款时，应在支票背面背书人签章栏签章，并将支票和填制的进账单送交出票人开户银行。收款人持用于支取现金的支票向付款人提示付款时，应在支票背面“收款人签章”处签章，持票人为个人的，还需交验本人身份证件，并在支票背面注明证件名称、号码及发证机关。

（8）出票人在付款人处的存款足以支付支票金额时，付款人应当在见票当日足额付款。

（9）存款人领购支票时，必须填写“票据和结算凭证领用单”并签章，签章应与预留银行的签章相符。存款账户结清时，必须将全部剩余空白支票交回银行注销。

6. 支票结算流程

支票结算流程如图 2-1 所示。

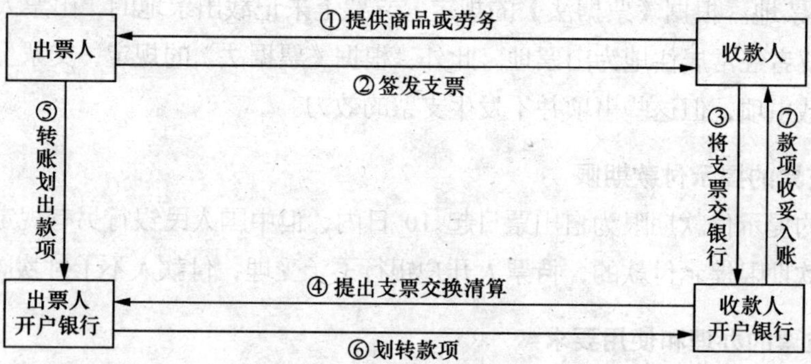

图 2-1　支票结算流程图

2.4.3 银行汇票

1. 银行汇票的概念

银行汇票是汇款人将款项交存当地出票银行，由出票银行签发的，由其在见票时，按照实际结算金额无条件支付给收款人或持票人的票据。

银行汇票的特点是：适用范围广泛，单位和个人向异地支付各种款项都可以使用；票随人到，有利于单位和个人的急需用款和及时采购，使用灵活和兑现性强等。

单位和个人的各种款项结算，均可使用银行汇票。提示付款自出票日起 1 个月（不分大月、小月，按次月对日计算，到期日遇节假日顺延）。银行汇票的收款人也可以将银行汇票背书转让给他人。银行汇票可以用于转账，填明“现金”字样的银行汇票也可以用于支取现金。

2. 银行汇票的办理和使用要求

（1）办理银行汇票的程序。

① 申请人使用银行汇票，应向出票银行填写“银行汇票申请书”，填明收款人名称、汇票金额、申请人名称、申请日期等事项并签章。其签章为预留银行的签章。

申请人和收款人均为个人，需要使用银行汇票向代理付款人支取现金的，申请人须在“银行汇票申请书”上填明代理付款人名称，在“汇票金额”栏先填写“现金”字样，后填写汇票金额。

申请人或收款人为单位的，不得在“银行汇票申请书”上填明“现金”字样。

② 出票银行受理“银行汇票申请书”，收妥款项后签发银行汇票，并用压数机压印出票金额，将银行汇票和解讫通知一并交给申请人。

签发转账银行汇票，不得填写代理付款人名称，但由中国人民银行代理兑付银行汇票的商业银行，向设有分支机构地区签发转账银行汇票的除外。

签发现金银行汇票，申请人和收款人必须均为个人，收妥申请人交存的现金后，在银行汇票“出票金额”栏先填写“现金”字样，后填写出票金额，并填写代理付款人名称。申请人或者收款人为单位的，银行不得为其签发现金银行汇票。

③ 申请人应将银行汇票和解讫通知一并交付给汇票上记明的收款人。

（2）银行汇票兑付的基本要求。

① 收款人受理银行汇票时，应审查下列事项：银行汇票和解讫通知是否齐全、汇票号码和记载的内容是否一致；收款人是否确为本单位或本人；银行汇票是否在提示付款期限内；必须记载的事项是否齐全；出票人签章是否符合规定；是否有压数机压印的出票金额，并与大写出票金额一致；出票金额、出票日期、收款人名称是否更改，更改的其他记载事项是否由原记载人签章证明。

② 收款人受理申请人交付的银行汇票时，应在出票金额以外，根据实际需要的款项办理结算，并将实际结算金额和多余金额准确、清晰地填入银行汇票和解讫通知的有关栏内。未填明实际结算金额和多余金额或实际结算金额超过出票金额的，银行不予受理。

③ 银行汇票的实际结算金额不得更改，更改实际结算金额的银行汇票无效。

④ 收款人可以将银行汇票背书转让给被背书人。银行汇票的背书转让以不超过出票金额的实际结算金额为准。未填写实际结算金额或实际结算金额超过出票金额的银行汇票不得背书转让。

被背书人受理银行汇票时，除审查上述收款人受理银行汇票时应审查的事项外，还应审查：银行汇票是否记载实际结算金额，有无更改，其金额是否超过出票金额；背书是否连续，背书人签章是否符合规定，背书使用粘单的是否按规定签章；背书人为个人的，应验证其个人身份证件。

⑤ 持票人向银行提示付款时，必须同时提交银行汇票和解讫通知，缺少任何一联，银行不予受理。

⑥ 在银行开立存款账户的持票人向开户银行提示付款时，应在汇票背面“持票人向银行提示付款签章”处签章，签章须与预留银行签章相同，并将银行汇票和解讫通知、进账单送交开户银行。银行审查无误后办理转账。

⑦ 未在银行开立存款账户的个人持票人，可以向选择的任何一家银行机构提示

付款。提示付款时，应在汇票背面“持票人向银行提示付款签章”处签章，并填明本人身份证件名称、号码及发证机关，由其本人向银行提交身份证件及其复印件，银行审核无误后，将其身份证件复印件留存备查，并以持票人的姓名开立应解汇款及临时存款账户，严禁转入储蓄和银行卡账户。

支取现金的，银行汇票上必须有出票银行按规定填明的“现金”字样，才能办理。未填明“现金”字样，需要支取现金的，由银行按照国家现金管理规定审查支付。

持票人对填明“现金”字样的银行汇票，需要委托他人向银行提示付款的，应在银行汇票背面背书栏签章，记载“委托收款”字样，被委托人姓名和背书日期以及委托人身份证件名称、号码、发证机关。被委托人向银行提示付款时，也应在银行汇票背面“持票人向银行提示付款签章”处签章，记载身份证件名称、号码及发证机关，并同时向银行交验委托人和被委托人的身份证件及其复印件。

⑧ 银行汇票的实际结算金额低于出票金额的，其多余金额由出票银行退交申请人。持票人超过期限向代理付款银行提示不获付款的，必须在票据权利时效内向出票银行作出说明，并提供本人身份证件或单位证明，持银行汇票和解讫通知向出票银行请求付款。

⑨ 申请人因银行汇票超过付款提示期限或其他原因要求退款时，应将银行汇票和解讫通知同时提交到出票银行。申请人为单位的，应出具该单位的证明；申请人为个人的，应出具本人的身份证件。对于代理付款银行查询的该张银行汇票，应在汇票提示付款期满后方能办理退款。出票银行对于转账银行汇票的退款，只能转入原申请人账户；对于符合规定填明“现金”字样银行汇票的退款，才能退付现金。

申请人缺少解讫通知要求退款的，出票银行应于银行汇票提示付款期满1个月后办理。

⑩ 银行汇票丧失，失票人可以凭人民法院出具的其享有票据权利的证明，向出票银行请求付款或退款。

3. 银行汇票结算程序

银行汇票结算程序如图 2-2 所示。

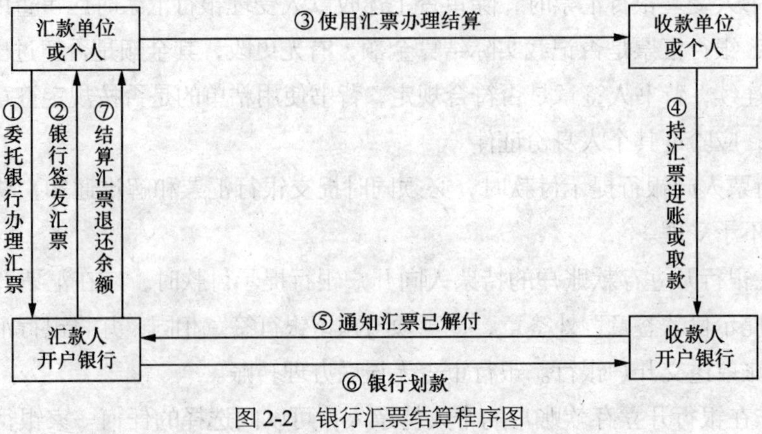

图 2-2　银行汇票结算程序图

2.4.4 商业汇票

1. 商业汇票的概念

商业汇票是出票人签发的，委托付款人在指定日期无条件支付确定的金额给收款人或者持票人的票据。商业汇票分为商业承兑汇票和银行承兑汇票。商业承兑汇票由银行以外的付款人承兑，银行承兑汇票由银行承兑。商业汇票的付款人为承兑人。

商业承兑汇票的出票人，为在银行开立存款账户的法人以及其他组织，并与付款人具有真实的委托付款关系，具有支付汇票金额的可靠资金来源。银行承兑汇票的出票人必须是在承兑银行开立存款账户的法人以及其他组织，并与承兑银行具有真实的委托付款关系，资信状况良好，具有支付汇票金额的可靠资金来源。

在银行开立存款账户的法人以及其他组织之间，必须具有真实的交易关系或债权债务关系，才能使用商业汇票。

2. 商业汇票承兑

商业汇票可以在出票时向付款人提示承兑后使用，也可以在出票后先使用再向付款人提示承兑。提示承兑，是指持票人向付款人出示汇票，并要求付款人承诺付款的行为。定日付款或者出票后定期付款的商业汇票，持票人应当在汇票到期日前向付款人提示承兑。见票后定期付款的汇票，持票人应当自出票日起 1 个月内向付款人提示承兑。汇票未按照规定期限提示承兑的，持票人丧失对其前手的追索权。

商业汇票的付款人接到出票人或持票人向其提示承兑的汇票时，应当向出票人或持票人签发收到汇票的回单，记明汇票提示承兑日期并签章。付款人应当自收到提示承兑的汇票之日起 3 日内承兑或拒绝承兑。付款人拒绝承兑，必须出具拒绝承兑的证明。付款人承兑汇票后，应当承担到期付款的责任。

3. 办理商业汇票的程序

（1）办理商业承兑汇票的程序。

① 签发汇票并将承兑后的汇票交收款人。商业承兑汇票可以由付款人签发并承兑，也可以由收款人签发交由付款人承兑。签发商业承兑汇票必须记载下列事项：表明“商业承兑汇票”的字样；无条件支付的委托；确定的金额；付款人名称；收款人名称；出票日期；出票人签章。“出票人签章”为该单位的财务专用章或者公章，加其法定代表人或其授权的代理人的签名或盖章。

② 提示付款。商业汇票的提示付款期限，为自汇票到期日起 10 日内。持票人应当在提示付款期内通过开户银行委托收款或直接向付款人提示付款。持票人未按规定期限提示付款的，在作出说明后，承兑人或者付款人仍应当继续对持票人承担付款责任。商业汇票的付款期限，最长不得超过 6 个月。

③ 持票人开户银行向付款人开户银行发出委托收款的商业承兑汇票。

④ 付款人开户银行将商业承兑汇票留存，并及时通知付款人。

⑤ 付款人收到开户银行的付款通知，应当当日通知银行付款。付款人在接到通知日的次日起 3 日内（遇法定节假日顺延，下同）未通知银行付款的，视同付款人承诺付款。付款人提前收到由其承兑的商业汇票，应通知开户银行于汇票到期日付款。付款人存在合法抗辩事由拒绝支付的，应自接到通知日的次日起 3 日内，作成拒绝付款证明送交开户银行，银行将拒绝付款证明和商业承兑汇票邮寄给持票人开户银行转交持票人。

⑥ 付款人开户银行将票款划给持票人开户银行。

⑦ 持票人开户银行将票款划给持票人。

（2）办理银行承兑汇票的程序。

① 出票并申请承兑。银行承兑汇票应由在承兑银行开立存款账户的存款人签发。银行承兑汇票必须记载的事项除表明“银行承兑汇票”的字样外，其他与商业承兑汇票相同。

② 承兑。银行承兑汇票的出票人或持票人向银行提示承兑时，银行信贷部门负责按照有关规定和审批程序，对出票人的资格、资信、购销合同和汇票记载的内容进行认真审查，必要时可由出票人提供担保。符合规定和承兑条件的，与出票人签订承兑协议。银行承兑汇票的承兑银行，应按票面金额向出票人收取万分之五的手续费。

③ 出票人将银行承兑后的商业汇票交付收款人。

④ 提示付款（程序同商业承兑汇票）。

⑤ 持票人开户银行向付款人开户银行发出委托收款的银行承兑汇票。

⑥ 付款人开户银行将银行承兑汇票留存，并及时通知出票人交存票款，出票人应于汇票到期前将票款足额交存其开户银行。银行承兑汇票的出票人于汇票到期日未能足额交存票款时，承兑银行凭票向持票人无条件付款外，对出票人尚未支付的汇票金额按照每天万分之五计收利息。

⑦ 承兑银行应在汇票到期日或到期日后的见票当日支付票款，将票款划给持票人开户银行。银行承兑汇票的承兑银行存在合法抗辩事由拒绝支付的，应自接到银行承兑汇票的次日起 3 日内，作成拒绝付款证明，连同银行承兑汇票邮寄给持票人开户银行转交持票人。

4．商业汇票贴现

（1）贴现的概念。贴现，是指票据持票人在票据未到期前为获得现金向银行贴付一定利息而发生的票据转让行为。通过贴现，贴现银行获得票据的所有权。

（2）贴现的基本规定。

① 贴现条件。商业汇票的持票人向银行办理贴现必须具备下列条件：是在银行

开立存款账户的企业法人以及其他组织；与出票人或者直接前手之间具有真实的商品交易关系；提供与直接前手之间进行商品交易的发票和商品发运单据复印件。

② 贴现利息的计算。贴现的期限从其贴现之日起至汇票到期日止。实付贴现金额按票面金额扣除贴现日至到期前 1 日的利息计算。承兑人在异地的，贴现的期限以及贴现利息的计算应另加 3 天的划款日期。

③ 贴现的收款。贴现到期，贴现银行应向付款人收取票款。不获付款的，贴现银行应向其前手追索票款。贴现银行追索票款时可从贴现申请人的存款账户直接收取票款。

5. 商业汇票的结算流程如图2–3、图2–4所示。

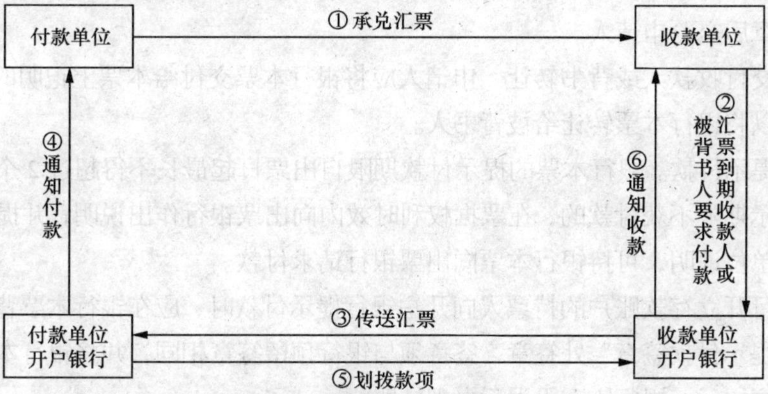

图 2-3　商业承兑汇票结算程序图

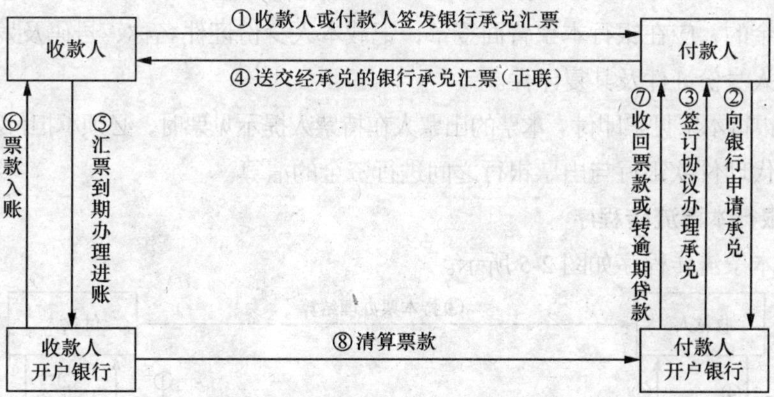

图 2-4　银行承兑汇票结算程序图

2.4.5　银行本票

1. 银行本票的概念

银行本票是银行签发的，承诺自己在见票时无条件支付确定的金额给收款人或者持票人的票据。银行本票可以用于转账，注明“现金”字样的银行本票可以用于支取现金。无论单位和个人凡需要在同一票据交换区域支付各种款项的，都可以使用银行本票；银行本票由银行签发，保证兑付，信誉高，支付功能强。申请人或收款人为单位的，银行不得为其签发现金银行本票。

2. 办理银行本票的程序

（1）申请签发本票。申请人使用银行本票，应向银行填写银行本票申请书。

（2）出票。出票银行受理银行本票申请书，收妥款项签发银行本票。签发银行本票必须记载下列事项：表明“银行本票”的字样；无条件支付的承诺；确定的金额；收款人名称；出票日期；出票人签章。

出票银行必须具有支付本票金额的可靠资金来源，并保证支付。出票银行在银行本票上签章后交给申请人。

（3）交付收款人或背书转让。申请人应将银行本票交付给本票上记明的收款人。收款人可以将银行本票转让给被背书人。

（4）提示付款。银行本票的提示付款期限自出票日起最长不得超过 2 个月。持票人超过提示期限不获付款的，在票据权利时效内向出票银行作出说明，并提供本人身份证件或单位证明，可持银行本票向出票银行请求付款。

在银行开立存款账户的持票人向开户银行提示付款时，应在银行本票背面“持票人向银行提示付款签章”处签章，签章须与银行预留签章相同，并将银行本票、进账单送交开户银行。银行审查无误后办理转账。

未在银行开立存款账户的个人持票人，凭注明“现金”字样的银行本票向出票银行支取现金的，应在银行本票背面签章，记载本人身份证件名称、号码及发证机关，并交验本人身份证件及其复印件。

（5）银行本票见票即付。本票的出票人在持票人提示见票时，必须承担付款的责任。

（6）代理付款银行与出票银行之间进行资金的清算。

3. 银行本票流转程序

银行本票流转程序如图 2-5 所示。

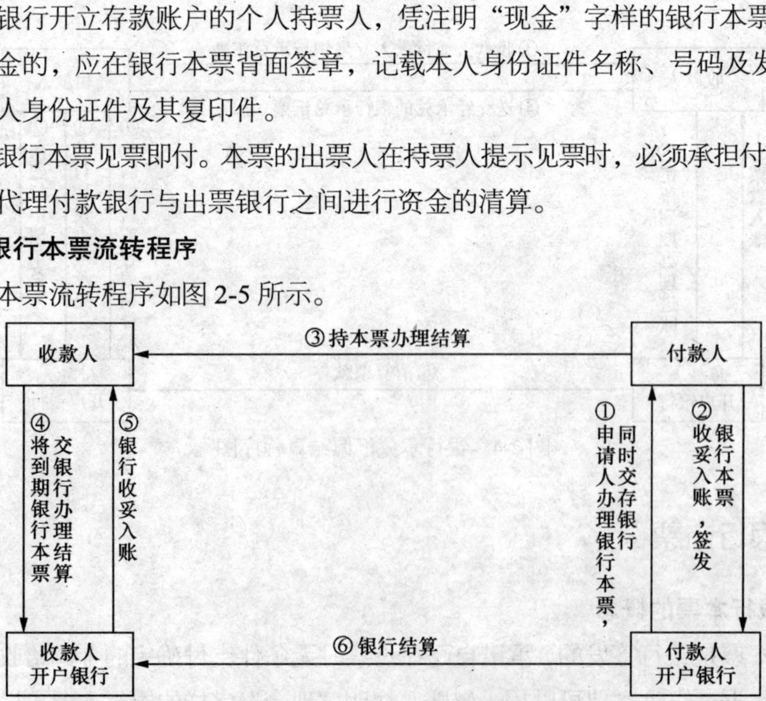

图 2-5 银行本票流转程序图

2.4.6 其他结算方式

1. 汇兑

（1）汇兑的概念和种类。汇兑，是汇款人委托银行将其款项支付给收款人的结算方式。汇兑分为信汇和电汇两种。信汇是以邮寄方式将汇款凭证转发给外地收款人指定的汇入行，而电汇是以电报方式将汇款凭证转发给收款人指定的汇入行。信汇、电汇由收款人选择使用。单位和个人各种款项的结算，均可使用汇兑结算方式。

（2）办理汇兑的程序。

① 签发汇兑凭证。签发汇兑凭证必须记载下列事项：表明“信汇”或“电汇”的字样；无条件支付的委托；确定的金额；收款人名称；汇款人名称；汇入地点、汇入行名称；汇出地点、汇出行名称；委托日期；汇款人签章。汇兑凭证记载汇款人、收款人在银行开立存款账户的，必须记载其账号。汇款人和收款人均为个人，需要在汇入银行支取现金的，应在信汇、电汇凭证的“汇款金额”大写栏，先填写“现金”字样，后填写汇款金额。

② 银行受理。汇出银行受理汇款人签发的汇兑凭证，经审查无误后，应及时向汇入银行办理汇款，并向汇款人签发汇款回单。汇款回单只能作为汇出银行受理汇款的依据，不能作为该笔汇款已转入收款人账户的证明。

③ 汇入处理。汇入银行对开立存款账户的收款人，应将汇给其的款项直接转入收款人账户，并向其发出收账通知。收账通知是汇入银行将款项确已收入收款人账户的凭据。

支取现金的，信汇、电汇凭证上必须有按规定填明的“现金”字样，才能办理。未填明“现金”字样需要支取现金的，由汇入银行按照国家现金管理规定审查支付。转账支付的，应由原收款人填制支款凭证，并由本人向银行交验其身份证件办理支付款项。

（3）汇兑的撤销和退汇。汇款人对汇出银行尚未汇出的款项可以申请撤销。申请撤销时，应出具正式函件或本人身份证件及原信、电汇回单。

汇入银行对于收款人拒绝接受的汇款，应立即办理退汇。汇入银行对于向收款人发出取款通知，经过 2 个月无法交付的汇款，应主动办理退汇。

2. 托收承付

（1）托收承付的概念。托收承付是根据购销合同由收款人发货后委托银行向异地付款人收取款项，由付款人向银行承认付款的结算方式。托收承付结算每笔的金额起点为 1 万元。新华书店系统的金额起点为 1 000 元。

办理托收承付结算的款项，必须是商品交易以及因商品交易而产生的劳务供应的款项。代销、寄销、赊销商品的款项，不得办理托收承付结算。使用托收承付结算方式的收款单位和付款单位，必须是国有企业、供销合作社以及经营管理较好，并经开户银行审查同意的城乡集体所有制工业企业。收付双方使用托收承付结算必须签有符合《中华人民共和国合同法》规定的购销合同，并在合同上订明使用托收承付结算方式。收付双方办理托收承付结算，必须重合同、守信用。收款人对同一付款人发货托收累计 3 次收不回货款的，收款人开户银行应暂停收款人向该付款人办理托收；付款人累计 3 次提出无理拒付的，付款人开户银行应暂停其向外办理托收。

收款人办理托收，必须具有商品确已发运的证件，包括铁路、航运、公路等运输部门签发的运单、运单副本和邮局包裹回执等。

（2）办理托收承付的程序。

① 签发托收凭证。签发托收凭证必须记载下列事项：表明“托收”的字样；确定的金额；付款人名称及账号；收款人名称及账号；付款人开户银行名称；收款人开户银行名称；托收附寄单证张数或册数；合同名称、号码；委托日期；收款人签章。

② 托收。收款人按照签订的购销合同发货后，委托银行办理托收。

收款人应将托收凭证附发运证件或其他符合托收承付结算要求的有关证明和交易单证送交银行。

收款人开户银行接到托收凭证及其附件后，应当按照托收的范围、条件和托收凭证记载的要求认真进行审查，必要时，还应查验收付款人签订的购销合同。

③ 承付。付款人开户银行收到托收凭证及其附件后，应当及时通知付款。付款人应在承付期内审查核对，安排资金。承付货款分为验单付款和验货付款两种，由收付双方商量选用，并在合同中明确规定。

验单付款的承付期为 3 天，从付款人开户银行发出承付通知的次日算起（承付期内遇法定节假日顺延）；验货付款的承付期为 10 天，从运输部门向付款人发出提货通知的次日算起。付款人在承付期内，未向银行表示拒绝付款，银行即视作承付，并在承付期满的次日（遇法定节假日顺延）上午银行开始营业时，将款项划给收款人。不论验单付款还是验货付款，付款人都可以在承付期内向银行表示承付，并通知银行提前付款，银行应立即办理划款。

④ 逾期付款。付款人在承付期满日银行营业终了时，如无足够资金支付，其不足部分，即为逾期未付款项，按逾期付款处理。

⑤ 拒绝付款。对下列情况，付款人在承付期内，可向银行提出全部或部分拒绝付款。

a. 没有签订购销合同或购销合同未订明托收承付结算方式的款项。

b. 未经双方事先达成协议，收款人提前交货或因逾期交货，付款人不再需要该项货物的款项。

c. 未按合同规定的到货地址发货的款项。

d. 代销、寄销、赊销商品的款项。

e. 验单付款，发现所列货物的品种、规格、数量、价格与合同规定不符，或货物已到，经查验货物与合同规定或发货清单不符的款项。

f. 验货付款，经查验货物与合同规定或与发货清单不符的款项。

g. 货款已经支付或计算有错误的款项。

⑥ 重办托收。收款人对无理拒绝付款的托收款项，在收到退回的结算凭证及其所附单证后，需要委托银行重办托收。经开户银行审查，确属无理拒绝付款可以重办托收。

3. 委托收款

（1）委托收款的概念。委托收款是收款人委托银行向付款人收取款项的结算方式。单位和个人凭已承兑商业汇票、债券、存单等付款人债务证明办理款项的结算，均可以使用委托收款结算方式。委托收款在同城、异地均可以使用。

（2）办理委托收款的程序。

① 签发委托收款凭证。签发委托收款凭证必须记载下列事项：表明“委托收款”的字样；确定的金额；付款人的名称；收款人名称；委托收款凭据名称及附寄单证张数；委托日期；收款人签章。

委托收款以银行以外的单位为付款人的，委托收款凭证必须记载付款人开户银行名称；以银行以外的单位或在银行开立存款账户的个人为收款人的，委托收款凭证必须记载收款人开户银行名称；以未在银行开立存款账户的个人为收款人的，委托收款凭证必须记载被委托银行名称。

② 委托。收款人办理委托收款应向银行提交委托收款凭证和有关的债务证明。

③ 付款。付款银行接到寄来的委托收款凭证及债务证明，审查无误后办理付款。

以付款银行为付款人的，银行应当在当日将款项主动支付给收款人。

以银行以外的单位为付款人的，付款银行应及时通知付款人，需要将有关债务证明交付给付款人的，应交付给付款人。付款人应于接到通知的当日书面通知银行付款。付款人未在接到通知日的次日起 3 日内通知银行付款的，视同付款人同意付款，银行应于付款人接到通知日的次日起第 4 日上午开始营业时，将款项划给收款人。银行在办理划款时，付款人存款账户不足支付的，应通过被委托银行向收款人发出未付款项通知书。

拒绝付款。付款人审查有关债务证明后，对收款人委托收取的款项需要拒绝付款的，可以办理拒绝付款。以银行为付款人的，应自收到委托收款及债务证明的次日起3日内出具拒绝证明，连同有关债务证明、凭证寄给被委托银行，转交收款人；以银行以外的单位为付款人的，应在付款人接到通知日的次日起3日内出具拒绝证明，持有债务证明的，应将其送交开户银行。银行将拒绝办理证明、债务证明和有关凭证一并寄给被委托银行，转交收款人。

4. 信用卡

（1）信用卡的概念和种类。信用卡，是指商业银行向个人和单位发行的，凭以向特约单位购物、消费和向银行存取现金，且具有消费信用的特制载体卡片。信用卡因其具有的携带便利、使用简单、集多功能于一体的特点，在社会经济活动中的应用日益广泛。

信用卡按使用对象不同，可分为单位卡和个人卡；按信誉等级，可分为白金卡、金卡和普通卡等；按照币种不同，可分为人民币卡、双币种卡等；按照信息载体不同，可分为磁条卡和芯片卡等。

此外，信用卡还可以按照是否向发卡银行交存备用金分为贷记卡和准贷记卡。贷记卡，是指发卡银行给予持卡人一定的信用额度，持卡人可以在信用额度内先消费、后还款的信用卡，它具有透支消费、期限内还款可免息、卡内存款不计付利息等特点。准贷记卡，是指持卡人必须先按照发卡银行要求交存一定金额备用金，当备用金余额不足支付时，可以在规定的信用额度内透支的信用卡。

（2）信用卡的申领与销户。

① 信用卡的申领。

单位或个人申领信用卡，应按规定填写申请表，连同有关资料一并送交发卡银行。发卡银行可根据申请人的资信程度，要求其提供担保，具体可采取保证、抵押或质押等方式。

凡在中国境内金融机构开立基本存款账户的单位，可凭中国人民银行核发的开户许可证申领单位卡。单位卡可申领若干张，持卡人资格由申领单位法定代表人或其委托的代理人书面指定和注销。

凡具有完全民事行为能力的公民，可凭本人有效身份证件及发卡银行规定的相关证明文件申领个人卡。个人卡的主卡持卡人可为其配偶及年满18周岁的亲属申领附属卡，申领的附属卡最多不得超过2张，也有权要求注销其附属卡。

② 信用卡的销户。

持卡人在还清信用卡的全部交易款项、透支本息和有关费用后，属于下列情形之一的，开户行可以办理销户。

a. 信用卡有效期满45天后，持卡人不更换新卡的。

b. 信用卡挂失满45天后，没有附属卡又不更换新卡的。

c. 信用卡被列入止付名单，发卡银行已收回其信用卡 45 天的。

d. 持卡人死亡，发卡银行已收回其信用卡 45 天的。

e. 持卡人要求销户或担保人撤销担保，并已交回全部信用卡 45 天的。

f. 信用卡账户 2 年（含）以上未发生交易的。

g. 持卡人违反其他规定，发卡银行认为应该取消资格的。

发卡银行办理销户，应当收回信用卡。有效信用卡无法收回的，应当将其止付。

销户时，单位卡账户余额转入其基本存款账户，不得提取现金；个人卡账户可以转账结清，也可以提取现金。

持卡人丢失信用卡，应立即持有效证明并按照发卡行要求提供的相关材料，向发卡行或代办行及时申请挂失。发卡行或代办行审核后，办理相应的挂失手续。

（3）信用卡的资金来源。单位卡在使用过程中，需要向其账户结存资金的，一律从其基本存款账户转账存入，不得交存现金，不得将销货收入的款项存入其账户。

个人卡在使用过程中，需要向其账户续存资金的，只限于其持有的现金存入和工资性款项以及属于个人的劳务报酬收入转账存入。严禁将单位的款项存入个人卡账户。

（4）信用卡使用的主要规定。

① 持卡人可持信用卡在特约单位购物、消费。单位卡不得用于 10 万元以上的商品交易、劳务供应款项的结算。信用卡仅限于合法持卡人本人使用，持卡人不得出租或转借信用卡。单位卡可办理商品交易和劳务供应款项的结算，但一律不得透支，不得支取现金。

② 特约单位不得拒绝受理持卡人合法持有的、签发银行发行的有效信用卡，不得因持卡人使用信用卡而向其收取附加费用。

③ 发卡行对贷记卡的取现应当每笔授权，每卡每日累计取现不得超过规定金额。

④ 同一持卡人单笔透支发生额，单位卡不得超过 5 万元人民币（含等值外币），个人卡不得超过 2 万元人民币（含等值外币）。此外，单位卡月透支余额不得超过发卡行对该单位授信额度的 3%；无综合授信额度可参照的单位，其月透支余额不得超过 10 万元人民币（含等值外币）。

⑤ 准贷记卡的透支期限最长为 60 天。贷记卡的首月最低还款额不得低于其当月透支余额的 10%。

⑥ 持卡人使用信用卡不得发生恶意透支。恶意透支是指持卡人超过规定限额或规定期限，并且经发卡银行催收无效的透支行为。

⑦ 发卡银行对于贷记卡中的存款不计付利息。贷记卡持卡人非现金交易享受如下优惠条件。

免息还款期。银行记账日至发卡银行规定的到期还款日之间为免息还款期。免息还款期最长为 60 天。持卡人在到期还款日前偿还所使用全部银行款项即可享受免息还款期待遇，无需支付非现金交易的利息。

最低还款额待遇。持卡人还可选择发卡行规定的最低还款额待遇。贷记卡持卡人选择最低还款额方式或超过其信用额度用卡时，不再享受免息还款期待遇，应当支付未偿还部分自银行记账日起、按规定利率计算的透支利息。

贷记卡持卡人支取现金、准贷记卡透支，不享受上述免息还款期和最低还款额待遇。

发卡银行对贷记卡持卡人未偿还最低还款额和超信用额度用卡的行为，应当分别按最低还款额未还部分、超过信用额度部分的 5%收取滞纳金和超限费。

贷记卡透支按月计收复利，准贷记卡透支按月计收单利，透支利息为日利率万分之五，并根据中国人民银行的此项利率调整而调整。

⑧ 商业银行办理信用卡收单业务（指签约银行向商户提供的本外币资金结算服务）应当按照下列标准向商户收取结算手续费。

a. 宾馆、餐饮、娱乐、旅游等行业不得低于交易金额的 2%；

b. 其他行业不得低于交易金额的 1%。

技能训练

1. 数字金额大写训练

¥0.06　¥0.60　¥12.00　¥17.08　¥630.06　¥4 020.70　¥15 006.09
¥13 000.40　¥0.80　¥0.09　¥16.05　¥84.00　¥150.65　¥8 430.08　¥80 004.73
¥131 000.40　¥109 806.5

2. 出票日期大写训练

2010 年 1 月 15 日　2010 年 2 月 8 日　2010 年 10 月 30 日　2010 年 9 月 13 日
2010 年 3 月 12 日　2010 年 10 月 10 日　2010 年 10 月 9 日　2010 年 3 月 8 日

3. 银行支票的填制

资料：2009 年 10 月 28 日，东方食品厂从常州油脂厂购入植物油 300 公斤，每公斤 4.0 元，税率为 13%，以转账支票支付上述款项；同日东方食品厂开出金额 200 000 元现金支票，从银行提取现金，以备发工资。

东方食品厂开户行及账号：工行怀化路支行，124-12345678，预留印鉴为东方食品厂公章及法人代表李为的名章。

常州油脂厂开户行及账号：工行天一路支行，126-12344444。

要求：根据上述资料填制业务所需的转账支票正面、转账支票背面、现金支票正面、现金支票背面。

中国工商银行转账支票存根

支票号码：

附加信息____________

出票日期　　年　月　日

收款人：

金额：

用途：

单位主管：　　会计：

本支票付款期限十天

中国工商银行　**转账支票**　**苏**　**支票号码**

出票日期：　年　月　日　付款行名称：

收款人：　出票人账号：

人民币（大写）	亿	千	百	十	万	千	百	十	元	角	分

用途________

上列款项请从

我账户内支付　　复核：　　记账：

出票人签章：

附加信息：	被背书人	（贴粘单处）
	背书人签章： 年　月　日	

身份证件名称：	发证机关：
号码	

中国工商银行现金支票存根

支票号码：

附加信息________________

出票日期 年 月 日

收款人：

金额：

用途：

单位主管： 会计：

本支票付款期限十天

中国工商银行 **现金支票** **苏 支票号码**

出票日期： 年 月 日 付款行名称：

收款人： 出票人账号：

人民币（大写）	亿	千	百	十	万	千	百	十	元	角	分

用途________

上列款项请从

我账户内支付

出票人签章： 复核： 记账：

附加信息：

收款人签章：

年 月 日

（贴粘单处）

身份证件名称： 发证机关：

号码

4．银行汇票的填制

资料：2010 年 10 月 23 日，东方食品厂从常州粮油贸易公司购入大米 10 000 公斤，并准备以银行汇票形式结算，财务科填报“银行汇票申请书”，申请开出面额为 30 000 元的银行汇票，10 月 29 日，双方签订采购合同，大米每公斤 2.5 元，增值税税率 17%。

东方食品厂开户行及账号：工行怀化路支行，124-12345678，预留印鉴为东方食品厂公章及法人代表李为的名章。

常州粮油贸易公司开户行及账号：工行樱花路支行，124-12333333。

要求：根据上列资料以东方食品厂为主体填制"银行汇票"相关内容，以常州粮油贸易公司为主体办理收款手续，填制"银行汇票"第二联背面，反映委托收款内容。

付款期限 壹个月

××银行

银 行 汇 票（卡片） **2**

汇票号码

出票日期（大写） 年 月 日 代理付款行： 行号：

<table>
<tr><td>收款人：</td><td colspan="12">账号：</td></tr>
<tr><td>出票金额</td><td colspan="12">人民币（大写）</td></tr>
<tr><td rowspan="2">实际结算金额</td><td rowspan="2">人民币（大写）</td><td>亿</td><td>千</td><td>百</td><td>十</td><td>万</td><td>千</td><td>百</td><td>十</td><td>元</td><td>角</td><td>分</td></tr>
<tr><td></td><td></td><td></td><td></td><td></td><td></td><td></td><td></td><td></td><td></td><td></td></tr>
</table>

申请人： 账号：

出票行：______ 行号：______ 密押：

备 注：______

多余金额

千	百	十	万	千	百	十	元	角	分

复核 签章

凭票付款

出票行签章：

年 月 日

注：第一联为出票行在结清汇票时作汇出汇款借方凭证。

<table>
<tr><td colspan="4"></td><td rowspan="4">（贴粘单处）</td></tr>
<tr><td rowspan="3"></td><td colspan="2">被背书人：

背书人签章：
年 月 日</td><td>被背书人

背书人签章：
年 月 日</td></tr>
<tr><td rowspan="2">持票人向银行提示付款签章</td><td colspan="2">身份证件名称： 发证机关：</td></tr>
<tr><td colspan="2">号码</td></tr>
</table>

5. **商业承兑汇票的填制**

资料：常州机电机械厂 2010 年 8 月 25 日销售给常州余光机器厂 PVC、PP 防腐离心通风机 $10^{\#}$风机 10 台，单价 9 300 元，增值税税率 17%，双方协议采用商业承兑汇票进行结算。常州余光机器厂开出并承兑汇票，面值 108 810 元，无息，3 个月期。

常州机电机械厂开户银行为工行湖塘支行，账号 2010003333。

常州余光机器厂开户银行为农行武进支行，账号 2010008888。

要求：根据上述资料填制商业承兑汇票。

商业承兑汇票　　**2**

出票日期（大写）　　年　月　日　　　　汇票编码：

<table>
<tr><td rowspan="3">付款人</td><td colspan="3">全称</td><td rowspan="3">收款人</td><td colspan="13">全称</td><td rowspan="8">此联持票人开户行随托收凭证寄付款人开户行作借方凭证附件</td></tr>
<tr><td colspan="3">账号</td><td colspan="13">账号</td></tr>
<tr><td colspan="2">开户行</td><td>行号</td><td colspan="8">开户行</td><td colspan="5">行号</td></tr>
<tr><td colspan="2" rowspan="2">出票金额</td><td colspan="4" rowspan="2">人民币：
（大写）</td><td>亿</td><td>千</td><td>百</td><td>十</td><td>万</td><td>千</td><td>百</td><td>十</td><td>元</td><td>角</td><td>分</td></tr>
<tr><td></td><td></td><td></td><td></td><td></td><td></td><td></td><td></td><td></td><td></td><td></td></tr>
<tr><td colspan="4">票据到期日
（大写）</td><td rowspan="2">付款行</td><td colspan="12">行号</td></tr>
<tr><td colspan="4">交易合同编码</td><td colspan="12">地址</td></tr>
<tr><td colspan="4">本汇票已经本单位承兑，到期无条件支付票款。

承兑人签章：
承兑日期：　　年　月　日</td><td colspan="13">本汇票请予以承兑，到期日付款。

出票人签章：</td></tr>
</table>

章节练习

一、单项选择题

1. 存款人按照法律、行政法规和规章，对其特定用途资金进行专项管理和使用而开立的银行结算账户是（　　）。

A. 一般存款账户　B. 基本存款账户　C. 专用存款账户　D. 临时存款账户

2. 存款人因临时需要并在规定期限内使用而开立的银行结算账户是（　　）。

A. 一般存款账户　B. 基本存款账户　C. 专用存款账户　D. 临时存款账户

3. 出票人签发票据并将其交付给收款人的行为称为（　）。

A. 出票　B. 背书　C. 承兑　D. 保证

4. 收款人或持票人为将票据权利转让给他人或者将一定的票据权利授予他人行使而在票据背面或者粘单上记载有关事项并签章的行为称为（　）。

A. 出票　B. 背书　C. 承兑　D. 保证

5. 汇票付款人承诺在汇票到期日支付汇票金额并盖章的行为称为（　）。

A. 出票　B. 背书　C. 承兑　D. 保证

6. 下列不可使用现金的事项有（　）。

A. 职工工资、报酬　B. 个人劳务报酬

C. 支付给施工单位大额劳务报酬　D. 出差人员随身携带的差旅费

7. 根据《票据法》的规定，汇票上的记载事项中，可以更改的事项是（　）。

A. 票据金额　B. 出票日期　C. 付款人名称　D. 收款人名称

8. 有关现金收支的基本要求方面，下列表述正确的是（　）。

A. 开户单位现金收入应当于次日送存开户银行

B. 开户单位支付现金，可以从本单位库存现金限额中支付或者从开户银行提取，不得从本单位的现金收入中直接支付

C. 因特殊情况需要坐支现金的，应当事先报经中国人民银行审查批准，由中国人民银行核定坐支范围和限额

D. 开户单位对于符合现金使用范围规定的，从开户银行提取现金，应当写明用途，由本单位负责人签字盖章，经开户银行审核后，予以支付现金

9. 符合开立一般存款账户、其他专用存款账户和个人银行结算账户条件的，银行办理开户手续，并于开户之日起（　）个工作日内向中国人民银行当地分支行备案。

A. 3　B. 5　C. 7　D. 10

10. 银行为存款人开立一般存款账户、其他专用存款账户，应自开户之日起（　）个工作日内书面通知基本存款账户开户银行。

A. 3　B. 5　C. 7　D. 10

11. 中国人民银行应于（　）个工作日内对银行报送的基本存款账户、临时存款账户和预算单位专用存款账户的开户资料的合规性予以审核，符合开户条件的，予以核准。

A. 2　B. 3　C. 5　D. 7

12. 存款人开立单位银行结算账户，自正式开立之日起（　）个工作日后，方可使用该账户办理付款业务。

A. 2　B. 3　C. 5　D. 7

13. 银行对一年未发生收付活动且未欠开户银行债务的单位银行结算账户，应通知单位自发出通知之日起（　　）日内办理销户手续，逾期视同自愿销户，未划转款项列入久悬未取专户管理。

A. 10　　B. 15　　C. 20　　D. 30

14. 自然人因投资、消费、结算等而开立的可办理支付结算业务的存款账户称为（　　）。

A. 临时存款账户　　B. 个人银行结算账户

C. 专用存款账户　　D. 一般存款账户

15. 本票自出票日起（　　）内向付款人提示付款。

A. 20日　　B. 1个月　　C. 2个月　　D. 3个月

二、多项选择题

1. 下列各项中，属于支付结算方式的有（　　）。

A. 银行卡　　B. 汇兑　　C. 信用证　　D. 委托收款

2. 单位银行结算账户按用途不同，可分为（　　）。

A. 基本存款账户

B. 一般存款账户

C. 专用存款账户和临时存款账户

D. 本地银行结算账户和异地银行结算账户

3. 下列各项中，属于办理支付结算主体的有（　　）。

A. 城市信用合作社　B. 农村信用合作社　C. 单位　　D. 个体工商户

4. 根据《支付结算办法》的规定，下列各项中，符合支付结算基本要求的有（　　）。

A. 单位、个人和银行办理支付结算，必须使用按中国人民银行统一规定印制的票据和结算凭证

B. 单位、个人和银行应当按照《人民币银行结算账户管理办法》的规定开立、使用账户

C. 票据和结算凭证上的签章和其他记载事项应当真实，不得伪造、变造

D. 填写票据和结算凭证应当规范，做到要素齐全，数字正确，字迹清晰，不错不漏，不潦草，防止涂改

5. 下列关于票据签章的表述中，正确的有（　　）。

A. 票据和结算凭证上的签章，为签名、盖章或者签名加盖章

B. 单位、银行在票据上的签章和单位在结算凭证上的签章，为该单位、银行的盖章加其法定代表人或其授权的代理人的签名或盖章

C. 个人在票据和结算凭证上的签章，为个人本名的签名或盖章

D. 票据签章是票据行为生效的重要条件，也是票据行为表现形式中必须记载的事项

6. 根据《票据法》的规定，票据包括（　　）。

A. 汇票　　B. 传票　　C. 本票　　D. 支票

7. 下列关于票据特征的表述中，正确的有（　　）。

A. 票据是出票人依法签发的有价证券

B. 票据以支付一定金额为目的

C. 票据所表示的权利与票据不可分离

D. 票据所记载的金额由出票人自行支付

8. 下列各项中，属于汇票基本当事人的有（　　）。

A. 出票人　　B. 背书人　　C. 付款人　　D. 收款人

三、不定项选择题

1. 票据的功能包括（　　）。

A. 支付功能　　B. 汇兑功能　　C. 信用功能　　D. 融资功能

2. 由出票银行签发，由其在见票时按照实际结算金额无条件支付给收款人或者持票人的票据是（　　）。

A. 银行汇票　　B. 商业汇票　　C. 银行本票　　D. 支票

3. 由出票人签发的、委托办理支票存款业务的银行在见票时无条件支付确定的金额给收款人或者持票人的票据是（　　）。

A. 银行汇票　　B. 商业汇票　　C. 银行本票　　D. 支票

4. 下列各项中，属于银行汇票绝对记载事项的有（　　）。

A. 表明“银行汇票”的字样　　B. 确定的金额

C. 收款人名称　　D. 出票日期

5. 下列各项中，属于银行汇票相对记载事项的有（　　）。

A. 付款日期　　B. 付款地　　C. 出票地　　D. 出票人签章

6. 下列各项中，属于支票基本当事人的有（　　）。

A. 出票人　　B. 保证人　　C. 付款人　　D. 收款人

四、判断题

1. 根据《支付结算办法》的规定，未经中国人民银行批准的非银行金融机构和其他单位不得作为中介机构经营支付结算业务。（　　）

2. 根据规定，银行可以为任何单位或者个人查询账户情况，但不得为任何单位或者个人冻结、扣划款项，不得停止单位、个人存款的正常支付。（　　）

3. 根据《支付结算办法》的规定，未使用按中国人民银行统一规定印制的票据，票

据无效；未使用中国人民银行统一规定格式的结算凭证，银行不予受理。（ ）

4. 无权限人假冒他人或虚构人名义签章的行为称为变造。（ ）

5. 根据《支付结算办法》的规定，票据和结算凭证上的所有记载事项，任何人不得更改。（ ）

6. 如果实际结算金额大于汇票金额的，应以实际结算金额为付款金额。（ ）

7. 银行汇票的实际结算金额不得更改，更改实际结算金额的银行汇票无效。（ ）

8. 未填写实际结算金额或实际结算金额超过出票金额的银行汇票也可以背书转让。（ ）

9. 《票据法》按照支付票款方式，将支票分为现金支票和转账支票。（ ）

10. 根据《票据法》的规定，支票上未记载付款地的，付款人的营业场所为付款地。（ ）

11. 根据《票据法》的规定，支票上未记载出票地的，出票人的营业场所、住所或者经常居住地为出票地。（ ）

12. 根据《票据法》的规定，支票上可以记载非法定记载事项，并发生支票的效力。（ ）

13. 支票的出票人签发支票的金额不得超过付款时在付款人处实有的存款金额。（ ）

14. 出票人签发空头支票，银行应予退票，并按票面金额处以5%但不低于1 000元的罚款。（ ）

15. 汇票上记载有实际结算金额的，以实际结算金额为汇票金额。（ ）

第3章

税收法律制度

知识目标

- 了解税收的概念和分类、税法及构成要素
- 掌握主要税种的概念、计算及管理
- 熟悉各种税务登记的管理办法以及纳税申报的对象、方式
- 掌握税收征收方式及违反税收征收管理规定的法律责任
- 熟悉发票的种类及发票的印制、领购、开具和保管

能力目标

- 能熟练进行主要税种的计算及纳税申报
- 能进行各种税务登记的办理
- 能进行各种方式的税收征收
- 能熟练使用各种发票

导入案例

某市新区某私营企业，2009年5月，税务机关在进行税务检查时发现该企业存在

以下情况。

1. 2009 年 3 月份该企业将经营地点从原来的街道搬至距离不远的另一街道，仍属原主管税务机关管辖，但是没有按规定时间到主管税务机关办理变更税务登记，该企业理由是自己虽然搬家，却仍属原主管税务机关管辖，没有必要办理变更税务登记。

2. 该企业上年度未向税务机关申报企业所得税，该企业负责人高某解释是由于上年度亏损了 10 万元，没有利润就没必要纳税申报。

3. 该公司业务员到外省出差时，因业务需要，经常携带空白发票到对方单位。

问题：请指出该企业的上述情况是否符合税务管理的相关规定，并简述理由。

3.1 税收概述

3.1.1 税收的概念

1. 税收概念

税收是国家为实现国家职能，凭借政治权力，按照法律规定的标准，无偿取得财政收入的一种特定分配方式。它体现了国家与纳税人在征税、纳税的利益分配上的一种特殊关系，是一定社会制度下的一种特定分配关系。

2. 税收的重要作用

（1）税收是国家组织财政收入的主要形式。税收组织财政收入的作用主要表现在 3 个方面：一是由于税收具有强制性、无偿性和固定性，因而能保证其收入的稳定；二是税收是按年、按季、按月征收，均匀入库，有利于财力调度，满足日常财政支出；三是税收的源泉十分广泛，多税种、多科目、多层次、全方位的课税制度，能从多方面筹集财政收入。

（2）税收是国家调控经济运行的重要手段。经济决定税收，税收反作用于经济。国家通过税种设置，以及加成征收或减免等手段来影响社会成员的经济利益，改变社会财富分配状况，对资源配置和社会经济发展产生影响，调节生产、交换、分配和消费，从而达到调控经济运行的目的，促进社会经济健康发展。

（3）税收具有维护国家政权的作用。国家政权是税收产生和存在的必要条件，而国家政权的存在又有赖于税收的存在。没有税收，国家机器就不可能有效运转。同时，税收分配不是按照等价原则和所有权原则分配的，而是凭借政治权力，对物质利益进行调节，体现国家政权的政治目的。

（4）税收是国际经济交往中维护国家利益的可靠保证。在国际经济交往中，任何国家对本国境内从事生产经营的外国企业或个人都拥有税收管辖权，这是国家权益的具体体现。随着改革开放、经济全球一体化进程进一步深入，国际交流与合作越来越频繁，建立和完善涉外税法，既维护国家的权益，又为鼓励外商投资，保护国外企业和个人在华合法经营，发展国家间平等互利的经济技术合作，提供了可靠的法律保障。

3.1.2 税收的特征

税收与其他财政收入形式相比，具有“三性”，即强制性、无偿性和固定性 3 个特征。这是税收本身所固有的。

1. 强制性

强制性是指国家以社会管理者的身份，凭借国家权力，通过颁布法律或法规，按照一定的征收标准进行强制征税。负有纳税义务的社会集团和社会成员，都必须遵守国家强制性的税收法律制度，依法纳税，否则就要受到法律制裁。

2. 无偿性

无偿性是指国家凭借国家权力强制征收的税收，既不需要向纳税人直接偿还，也不需要付出任何形式的直接报酬。税收的无偿性特征，是与税收是国家凭借政治权力进行收入分配的本质相关联的。它既不是凭借财产所有权取得的收入，也不像商品交换那样，需要用使用价值的转换或提供特定服务取得收入。税收的无偿性特征是区别于其他财政收入形式的最本质的特征，它是税收“三性”的核心。

3. 固定性

固定性是指国家征税以法律形式预先规定征税范围和征收比例，便于征纳双方共同遵守。税收的固定性既包括时间上的连续性，又包括征收比例的固定性。税收是按国家法律制度规定的标准征收的，在征税之前就以法律形式将课税对象、征收比例或数额等公布于众，然后按事先公布的标准征收。课税对象、征收比例或数额等制定公布后，在一定时期内保持稳定不变，未经严格的立法程序，任何单位和个人对征税标准都不得随意变更或修改，因此，税收是一种固定的连续性收入。

3.1.3 税收的分类

税收的分类是指按照一定的标准对不同税种进行归类。我国对税收的分类，依据不同的标准，通常有以下几种主要分类方法。

1. 按征税对象分类

按征税对象分类，可将全部税收划分为流转税类、所得税类、财产税类、资源税类和行为税类 5 种类型。

（1）流转税类，是以商品生产、商品流通和劳动服务的流转额为征税对象的一类税收。流转额包括两种：一是商品流转额，即商品交易的金额或数量；二是非商品流转额，即各种劳务收入或服务性收入的金额。流转税类税收以商品流转额或非流转额为计税依据，在生产经营及销售环节，收入不受成本费用变化的影响，而对价格变化较为敏感。我国现行的增值税、消费税、营业税、关税等都属于流转税类。

（2）所得税类，也称收益税类，是以纳税人的各种收益额为征税对象的一类税收。所得税类税收属于终端税种，它体现了量能负担的原则，即所得多征得多，所得少征得少，无所得不征。所得税类税收的特点是：征税对象不是一般收入，而是总收入减去准予扣除项目后的余额，即应纳税所得额，征税数额受成本、费用、利润的高低的影响较大。对纳税人的应纳税所得额征税，便于调节国家与纳税人之间的利益分配关系，使国家、企业、个人三者利益分配关系较好地结合起来。我国所得税主要包括企业所得税和个人所得税等。

（3）财产税，是以纳税人拥有的财产数量或财产价值为征税对象的一类税收。其特点是税收负担与财产价值、数量关系密切，体现调节财富、合理分配等原则。我国现行的房产税、车船税、城镇土地使用税等属于财产税类。

（4）资源税类，是以自然资源和某些社会资源为征税对象的税收。其特点是：税负高低与资源级差水平关系密切，征税范围的选择比较灵活。我国现行资源税属于此类。

（5）行为税类，也称特定行为目的税类，它是国家为了实现某种特定目的，以纳税人的某些特定行为为征税对象的一类税收。其特点是：征税的选择性较为明显，税种较多，具有较强的时效性。我国现行的印花税、车辆购置税、城市维护建设税、契税、耕地占用税等都属于行为税类。

2. 按征收管理的分工体系分类

按征收管理的分工体系分类，税收可分为工商税类、关税类。

（1）工商税类，是指以工业品、商业零售、交通运输、服务性业务的流转额为征税对象的各种税收的总称，是我国现行税制的主体部分。该类税收由税务机关负责征收管理。工商税类主要包括：增值税、消费税、营业税、资源税、企业所得税、个人所得税、城市维护建设税、房产税、城市房地产税、车船税、车船使用牌照税、土地增值税、城镇土地使用税、印花税、车辆购置税等税种。

（2）关税类，是指对进出境货物、物品征收的税收总称，主要包括：进出口关税、由海关代征的进口环节增值税、消费税和船舶吨税。该类税收由海关负责征收管理。

3. 按税收征收权限和收入支配权限分类

按税收征收权限和收入支配权限分类，税收可分为中央税、地方税和中央地方共享税。

（1）中央税是指由中央立法、收入划归中央并由中央政府征收管理的税收，如关税，海关代征的进口环节消费税和增值税，消费税，铁道部门、各银行总行、各保险总公司集中缴纳的营业税和城市维护建设税等。

（2）地方税是指由中央统一立法或授权立法、收入划归地方并由地方负责征收管理的税收，如营业税、城市维护建设税、房产税、车船税、契税、土地增值税等。

（3）中央地方共享税，是指税收收入支配由中央和地方按比例或法定方式分享的税收，如增值税、企业所得税、资源税、对证券（股票）交易征收的印花税等。

4. 按计税标准分类

按计税标准分类，税收可分为从价税、从量税和复合税。

（1）从价税是指以征税对象的价值或价格为计税依据征收的一种税，一般采用比例税率和累进税率，如我国的增值税、营业税等都采用从价计征形式。

（2）从量税是指以征税对象的实物量作为计税依据征收的一种税，一般采用定额税率，我国的资源税、耕地占用税均实行从量计征形式。

（3）复合税是指对征税对象采用从价和从量相结合的复合计税方法征收的一种税，如对卷烟、白酒征收的消费税采取从价和从量相结合的复合计税方法。

3.1.4　税法的分类

1. 按税法的功能作用划分

按照税法的功能作用的不同，税法可分为税收实体法和税收程序法。

税收实体法主要是指确定税种立法，具体规定各税种的征收对象、征收范围、科目、税率、纳税地点等内容。例如《中华人民共和国企业所得税法》（以下简称《企业所得税法》）、《中华人民共和国个人所得税法》（以下简称《个人所得税法》）就属于实体法。税收程序法是指税务管理方面的法律，具体规定税收征收管理、纳税程序、发票管理、税务争议处理等内容。如《税收征收管理法》、《中华人民共和国海关法》、《中华人民共和国进出口关税条例》就属于税收程序法。

2. 按主权国家行使税收管辖权划分

按照主权国家行使税收管辖权的不同，税法可分为国内税法、国际税法、外国税法。

国内法一般是按照属人或属地原则，规定一个国家的内部税收制度。国际税法是指国家间形成的税收制度，主要包括双边或多边国家间的税收协定、条约和国际惯例。外国税法是指外国各个国家制定的税收制度。

3. 按税法法律级次划分

按照税法法律级次划分，税法可分为税收法律、税收行政法规、税收规章和税收规范性文件。

税收法律有《税收征收管理法》、《个人所得税法》等；税收行政法规主要有《中华人民共和国增值税暂行条例》(2008 年 11 月 10 日国务院令第 538 号发布)；《中华人民共和国增值税暂行条例实施细则》(中华人民共和国财政部 国家税务总局令第 50 号)为税收规章；《增值税专用发票使用规定》(2006 年 10 月 17 日 国税发[2006]156 号)为税收规范性文件。

3.1.5 税法的构成要素

税法要素是指各种单行税法应当具备的基本因素的总称。税法的构成要素一般包括征税人、纳税义务人、征税对象、科目、税率、计税依据、纳税环节、纳税期限、纳税地点、减免税、法律责任等。其中，纳税义务人、征税对象、税率是构成税法的 3 个最基本要素。

1. 征税人

征税人是指代表国家行使税收征收管理职权的各级税务机关和其他征收机关。因税种不同，可能有不同的征税人。如增值税的征税人是税务机关，关税的征税人是海关。

2. 纳税义务人

纳税义务人可以是自然人也可以是法人或其他社会组织。纳税义务人是税收制度中区别不同税种的重要标志之一，因此，每个税种都应明确规定各自的纳税义务人。如营业税的纳税人是在中国境内的提供《中华人民共和国营业税暂行条例》规定的劳务、转让无形资产或销售不动产的单位和个人，而资源税的纳税人是我国境内开采《中华人民共和国资源税暂行条例》规定的矿产品或生产盐的单位和个人。

3. 征税对象

征税对象又称课税对象，是指对什么征税，是税收法律关系中权利义务所指的对象。征税对象包括物或行为，它是区别不同税种的主要标志。不同的征税对象构成不同的税种。根据征税对象的不同，可分为对流转额征税、对所得额征税、对财产征税、对资源征税、对特定行为征税等。

4. 税目

税目是指税法中规定的征税对象的具体项目，是征税的具体根据，它规定了征税对象的具体范围。凡列入税目的即为应税项目，未列入税目的，则不属于应税项目。制定税目的基本方法有两种：一是列举法，即按照每种商品或经营项目分别设置税目，必要时还可以在一个税目下设若干子目；二是概括法，即把性质相近的产品或项目归类设置税目，如按产品大类或行业设置税目等。

5. 税率

税率是对征税对象的征收比例或征收额度。税率是计算税额的尺度，也是衡量税负轻重与否的重要标志。因此，每一税种的适用税率都必须在税法中明确规定。我国现行的税率主要有以下几种。

（1）比例税率。比例税率是指同一征税对象，不论其数量多少、金额大小均按同一个比例征收的税率。我国的增值税、营业税、城市维护建设税、企业所得税等都采用比例税率。如企业所得税的税率为25%。

（2）定额税率。定额税率是指对单位征税对象规定固定的税额而不是采用百分比的形式。它适用于从量计征的税种。目前采用定额税率的有资源税、车船税等。

（3）累进税率。累进税率是按征税对象数额的大小，划分为若干等级，各定一个税率递增征税，数额越大税率越高，一般适用于对所得额征税。累进税率又分为全额累进税率、超额累进税率、超率累进税率3种。

① 全额累进税率，是把征税对象的数额分为若干级，确定不同等级的税率，征税对象的全部数额达到哪一级，就按哪一级的税率征税。这种税率计算简单，但税收负担不合理，特别是在划分级距的临界点附近，税负呈跳跃式递增，甚至会出现税额增加超过课税对象数额增加的不合理现象，不利于鼓励纳税人增加收入。

② 超额累进税率，是把征税对象按数额的大小划分为若干个等级，每一等级规定一个税率，税率依次提高，但每一纳税人的征税对象则依所属等级同时适用几个税率分别计算，将计算结果相加后得出应纳税款。目前采用这种税率的有个人所得税。

③ 超率累进税率，是指以征税对象数额的相对率划分若干级距，分别规定相应的差别税率，相对率每超过一个级距的，对超过的部分就按高一级的税率计算征税。目前采用这种税率的有土地增值税。

6. 计税依据

计税依据也称计税标准，是指计算应纳税额的依据或标准，即根据什么来计算纳税人应纳的税额。计税依据与征税对象虽然同样反映征税客体，但两者解决的问题不同。征税对象规定对什么征税，计税依据则在确定征税对象之后解决如何计量的问题。计税依据可以分为从价计征、从量计征、复合计征3种类型。

（1）从价计征。计税金额是从价计征应纳税额的计税依据，主要包括收入额、收益额、财产额、资金额等。其计算公式为

计税金额=征税对象的数量×计税价格

应纳税额=计税金额×适用税率

（2）从量计征。计税数量是从量计征应纳税额的计税依据。计税数量因征税对象不同，所包括的内容也不同，有重量、容量、面积等。其计算公式为

应纳税额=计税数量×单位适用税额

（3）复合计征。征税对象的价格和数量均为其计税依据。其计算公式为

应纳税额=计税数量×单位适用税额+计税金额×适用税率

7. 纳税环节

纳税环节是指税法规定的征税对象在从生产到消费的流转过程中应当缴纳税款的环节。如流转税在生产和流通环节纳税；所得税在分配环节纳税等。

8. 纳税期限

纳税期限是指纳税人发生纳税义务后，应依法缴纳税款的期限。为了保证国家税收收入的及时入库，各税种都根据具体情况和特点，规定了纳税期限。纳税期限可以分为两种：一是按期纳税。如增值税的纳税期限根据纳税人的生产和经营情况与税额的大小分别核定为 1 天、3 天、5 天、10 天、15 天、1 个月、1 个季度为一期，逐期计算缴纳。二是按次纳税。如进口商品应纳的增值税，是在纳税人发生纳税义务后按次计算缴纳。

9. 纳税地点

纳税地点是指纳税人依据税法规定向征税机关申报纳税的具体地点。它说明纳税人应向哪里的征税机关申报纳税，或哪里的征税机关有权进行税收管辖的问题。通常，在税法上规定的纳税地点主要是机构所在地、经济活动发生地、财产所在地、报关地等。如销售房地产，其营业税纳税地点则为房地产所在地。

10. 减免税

减免税是指国家对某些纳税人和征税对象给予鼓励和照顾的一种特殊规定。制定这种特殊规定，一方面是为了鼓励和支持某些行业和项目的发展；另一方面是为了照顾某些纳税人的特殊困难。减免税可以看作是对税率的补充和延伸。税率具有统一性和相对固定性，它要求有适当的灵活性与之补充，以便能灵活地处理一些特殊的征税问题。减免税就是对税率所作的一种灵活延伸。它主要包括 3 个方面的内容。

（1）减税和免税。减税是指从应征税额中减征部分税款；免税是指对按规定征收的税款全部免除。减税和免税具体又分为两种情况：一种是税法直接规定的减免税优惠，如民政部门举办的福利生产企业可以减征或免征企业所得税；另一种是依法给予的一定期限内的减免税优惠，期满后仍按规定纳税。如企业利用废水、废气、废渣等废弃物为主要材料进行生产的，符合税法规定条件的，可以在 5 年内减征或免征所得税。

（2）起征点。起征点是指对征税对象达到一定数额才开始征税的界限。征税对象的数额没有达到规定数额的不征税，征税对象的数额达到规定数额的，就其全部数额征税。

（3）免征额。免征额是指对征税对象总额中免予征税的数额。即将征税对象中

的一部分给予减免，只就减除后的剩余部分计征税款。如《个人所得税法》规定免征额制度，对工资、薪金所得，以每个月收入减除费用 3 500 元后的余额作为应纳税所得额。

11. 法律责任

法律责任是指对违反国家税法规定的行为人采取的处罚措施。一般包括违法行为和因违法而应承担的法律责任两部分内容。违法行为是指违反税法规定的行为，包括作为和不作为。因违反税法而承担的法律责任包括行政责任和刑事责任。纳税人和税务人员违反税法规定，都将依法承担法律责任。如根据《税收征收管理法》的规定，纳税人伪造、变造、隐匿、擅自销毁账簿、记账凭证，或者在账簿上多列支出或者不列、少列收入，或者经税务机关通知申报而拒不申报或进行虚假的纳税申报，不缴或者少缴应纳税款的，是偷税。对纳税人偷税的，由税务机关追缴其不缴或少缴的税款、滞纳金，并处不缴或少缴的税款 50%以上 5 倍以下的罚款；构成犯罪的，税务机关应当依法移送司法机关追究刑事责任。

3.2 主要税种

3.2.1 增值税

1. 增值税的概念

增值税是以商品（含应税劳务）在流转过程中产生的增值额作为计税依据而征收的一种流转税。按照《中华人民共和国增值税暂行条例》规定，增值税是对在我国境内销售货物或提供加工、修理修配劳务以及进口货物的企业和个人，就其货物销售或提供劳务的增值额和货物进口金额为计税依据而课征的一种流转税。

2. 增值税的分类

增值税分为生产型增值税、收入型增值税、消费型增值税 3 种类型。

（1）生产型增值税，是以纳税人的销售收入（或劳务收入）减去用于生产、经营的外购原材料、燃料、动力等物质资料价值后的余额作为法定的增值额，但对于购入的固定资产及其折旧不予扣除。

（2）收入型增值税是指对纳税人购置的用于生产、经营用的固定资产，允许将已提折旧的价值予以扣除。

（3）消费型增值税，允许纳税人将购置物质资料的价值和用于生产、经营用的固定资产价值中所含的税款，在购置当期全部一次扣除。我国从 2009 年 1 月 1 日起全面实行消费型增值税。

3. 增值税征税范围

在中国境内销售货物（销售不动产除外）或提供加工、修理修配劳务，以及进口货物的，均属于增值税的征收范围。

4. 增值税小规模纳税人

在中国境内销售货物（销售不动产除外）或提供加工、修理修配劳务，以及进口货物的单位和个人，为增值税的纳税人。纳税人按其经营规模大小，分为小规模纳税人和一般纳税人。

对于经营规模较小，年销售额在规定标准以下，并且核算不健全，不能按规定报送有关税务资料的增值税纳税人，为小规模纳税人。会计核算不健全是指不能正确核算增值税的销项税额、进项税额和应纳税额。对小规模纳税人的确认，由主管税务机关依照税法规定的标准认定。小规模纳税人的认定标准如下。

（1）从事货物生产或者提供应税劳务的纳税人，以及以从事货物生产或者提供应税劳务为主，兼营货物批发或者零售的纳税人，年应征增值税销售额（以下简称应税销售额）在 50 万元以下（含本数，下同）。

（2）其他的增值税纳税人，年应税销售额在 80 万元以下。

（3）年应税销售额超过小规模纳税人标准的其他个人按小规模纳税人纳税；非企业性单位、不经常发生应税行为的企业可选择按小规模纳税人纳税。

对于小规模纳税人，由于其经营规模小，会计核算不健全，难以按增值税税率计税和使用增值税专用发票抵扣进项税款，因此，实行按销售额与征收率计算应纳税额的简易办法。小规模纳税人增值税征收率统一为 3%。征收率的调整由国务院决定。

5. 增值税一般纳税人

增值税一般纳税人，是指年应税销售额超过小规模纳税人标准或符合税法规定情形的企业和企业性单位。

（1）增值税税率。增值税一般纳税人销售或进口货物，提供加工、修理修配劳务，除低税率适用范围和销售个别旧货适用税率外，基本税率一律为 17%。

（2）增值税应纳税额。增值税一般纳税人销售货物或提供劳务的应纳税额，等于当期的销项税额减当期进项税额的余额。计算公式为

当期应纳税额=当期销项税额−当期进项税额

=当期销售额×适用税率−当期进项税额

① 销项税额的计算。销项税额是指纳税人销售货物或者提供应税劳务，按照销售额或提供应税劳务收入和规定的税率计算并向购买方收取的增值税税额。销项税额的计算公式为

销项税额=销售额×适用税率

② 销售额。销售额是增值税的计税依据，包括纳税人销售货物或者提供应税劳务向购买方或承受应税劳务方收取的全部价款和价外费用，但是不包括向购买方收取的销项税额和其他符合税法规定的费用。如果销售货物是消费税应税产品或进口产品，则全部价款中包括消费税或关税。

为了符合增值税作为价外税的要求，一般纳税人销售货物或应税劳务取得的含税销售额，在计算销项税额时，必须将其换算为不含税销售额。对于一般纳税人销售货物或应税劳务，采用销售额和销项税额合并定价的，采用下列公式计算不含税销售额：

不含税售价=含税销售额/（1+税率）

纳税人销售货物价格或提供劳务的价格明显偏低但无正当理由的或者视同销售行为而无销售额的，由主管税务机关核定销售额。

③ 进项税额。进项税额是指纳税人购进货物或者接受应税劳务所支付或负担的增值税额。增值税的核心就是纳税人收取的销项税额抵扣其支付的进项税额，其余额为纳税人实际应缴纳的增值税额。

除税法规定不得抵扣项目外，准予抵扣的进项税额主要有如下几个方面。

a. 一般纳税人购进货物或应税劳务的进项税额，为从销售方取得的增值税专用发票上注明的增值税额。

b. 一般纳税人进口货物的进项税额，为从海关取得的完税凭证（进口增值税专用缴款书）上注明的增值税额。

c. 一般纳税人向农业生产者购买的免税农产品，或者向小规模纳税人购买的农产品，准予按照13%的扣除率计算。

d. 一般纳税人外购或销售货物所支付的运输费用（代垫运费除外），根据运费结算单据所列金额，准予按照 7%的扣除率计算进项税额。但随同运费支付的装卸费、保险费等其他杂费不得计算扣除进项税额。

6. 增值税征收管理

（1）纳税义务发生的时间。纳税人销售货物或应税劳务，其纳税义务发生的时间为收讫销售款项或取得索取款项凭据的当天，先开具发票的为开具发票的当天。纳税人进口货物，其纳税义务发生时间为报关进口的当天。增值税扣缴义务发生时间为纳税人增值税义务发生的当天。

（2）纳税期限。增值税的纳税期限分别为1日、3日、5日、10日、15日、1个月或1个季度。

（3）纳税地点。固定业户应当向其机构所在地的主管税务机构申报纳税；固定业户到外县（市）销售货物或应税劳务，应当向其机构所在地的主管税务机构申请外出经营活动税收管理证明，并向其机构所在地或劳务发生地的主管税务机关申报纳税。非固定业户销售货物或应税劳务，应当向销售地或劳务发生地的主管税务机关申报纳税。进口货物应当向报关地海关申报纳税。

3.2.2 消费税

1. 消费税的概念

消费税是指对消费品和特定的消费行为按消费流转额征收的一种商品税，一般可以分为一般消费税和特别消费税。前者是对所有消费品普遍征税；后者主要对特定的消费品征税。根据《中华人民共和国消费税暂行条例》规定，我国现行消费税是对我国境内从事生产、委托加工和进口应税消费品的单位和个人，就其应税消费品征收的一种税，属于特别消费税。

2. 消费税纳税人

在中国境内从事生产、委托加工及进口应税消费品的单位和个人，为消费税纳税人。

3. 消费税税目与税率

（1）消费税税目。根据《中华人民共和国消费税暂行条例》规定，我国消费税税目共有 14 个，即烟，酒与酒精，化妆品，贵重首饰及珠宝玉石，鞭炮，焰火，成品油，汽车轮胎，小汽车，摩托车，高尔夫球及球具，高档手表，游艇，木制一次性筷子，实木地板。

（2）消费税税率。消费税采用比例税率和定额税率两种形式，以适应不同应税消费品实际情况。消费税根据不同的税目或子目确定相应的税率或单位税额，如化妆品税率为 30%。

4. 消费税计税方法

消费税计税方法主要有：从量定额征收、从价定率征收、从价定率和从量定额复合征收 3 种方式。具体应纳税额计算方法如下。

（1）实行从价定率征税的应税消费品，其计税依据是含消费税而不含增值税的销售额（即消费税销售额与增值税销售额一致）。销售额，即应税销售额，是纳税人销售应税消费品向购买方收取的全部价款和价外费用。从价定率计税的计算公式为：

应纳税额=销售额×税率

应税消费品的销售额中未扣除增值税税款，或因不得开具增值税专用发票而发生价款和增值税合并收取的，在计算消费税时，应当换算成不含税销售额。其公式为

应税消费品的销售额=含增值税销售额/（1+增值税税率或征收率）

（2）实行从量定额征税的应税消费品，其计税依据是应税消费品的实际销售数

量。实行从量定额计税的计算公式为

应纳税额=销售量×单位税额

（3）从价从量复合计征。现行消费税的征税范围中，只有卷烟、白酒采用复合计征方法。实行从量定额和从价定率相结合的复合计税的计算公式为

应纳税额=销售额（组成计税价格）×税率+销售量×单位税额

（4）应税消费品已纳税款扣除。根据税法规定，应税消费品若是用外购（或委托加工收回）已缴纳消费税的应税消费品连续生产出来的，在对这些连续生产出来的应税消费品征税时，按当期生产领用数量计算准予扣除的外购（或委托加工收回）应税消费品已缴纳的消费税税款。

5. 消费税征收管理

（1）纳税义务发生时间。纳税人生产的应税消费品于销售时纳税，进口的消费品应于应税消费品报关进口环节纳税，贵重首饰及珠宝玉石在零售环节纳税。

（2）纳税期限。消费税的纳税期限分别为 1 日、3 日、5 日、10 日、15 日、1 个月或 1 个季度。

（3）纳税地点。纳税人销售的应税消费品、自产自用的应税消费品，应当向纳税人核算地主管税务机关申报纳税；委托个人加工的应税消费品，由委托方向其机构所在地或居住地主管税务机关申报纳税；进口的应税消费品，由进口人或其代理人向报关地海关申报纳税。纳税人销售的应税消费品，如因质量等原因由购买方退回时，经所在地主管税务机关审核批准后，可退还已征收的消费税税款，但不能自行直接抵减应纳税款。

3.2.3　营业税

1. 营业税的概念

营业税是指对提供应税劳务、转让无形资产和销售不动产的单位和个人，就其取得的营业收入额（销售额）征收的一种流转税。

营业税具有以下特点。

（1）以营业收入额为计税依据，税源广泛。除少部分项目外，大多数营业税应税项目以纳税人取得的营业收入全额为计税依据，税收收入不受成本、费用变化的影响，具有稳定性。

（2）按行业大类设计税目税率，税负公平合理。营业税根据各行业之间的盈利水平的高低，以及不同经营项目的性质和特点，按照不同行业、不同营业项目设立税目、税率，但对同一大类的行业，采用同一税率，以利于鼓励公平竞争。

（3）计征简便，便于征管。营业税在纳税人取得营业收入的环节缴纳，税率档次少，税款计算方法简单，便于申报纳税和税收征管。

2. 营业税纳税人

根据《中华人民共和国营业税暂行条例》规定，在中国境内提供应税劳务，转让无形资产或者销售不动产，从事交通运输业、建筑业、金融保险业、邮电通信业、文化体育业、娱乐业、服务业的单位和个人，为营业税的纳税人。

加工和修理修配劳务属于增值税的征税范围，因此不属于营业税的应税劳务。单位或个体经营者聘用的员工为本单位或雇主提供的劳务，也不属于营业税的应税劳务。

3. 营业税的征税范围以及税率

营业税的征收范围为从事应税行为所取得的营业额，具体可以分为3类，即：从事提供应税劳务的营业额；转让无形资产的转让额；销售不动产的销售额。营业税的税率均为比例税率，共设了9个税目，具体如下。

（1）交通运输业税率为3%。

（2）建筑业税率为3%。

（3）金融保险业税率为5%。

（4）邮电通信业税率为3%。

（5）文化体育业税率为3%。

（6）娱乐业税率为5%～20%。

（7）服务业税率为5%。

（8）转让无形资产税率为5%。

（9）销售不动产税率为5%。

4. 营业税应纳税额

营业税的计税依据是营业额。营业额是纳税人提供应税劳务、转让无形资产或销售不动产向对方收取的全部价款和价外费用。价外费用包括向对方收取的手续费、基金、集资费、代收款项、代垫款项及其他各种性质的价外收费。

营业税的计算公式为

$$营业税应纳税额=营业额\times税率$$

5. 营业税征收管理

（1）纳税义务发生时间。营业税的纳税义务发生时间为纳税人收讫营业收入款项或取得索取营业收入款项凭据的当天。

（2）纳税期限。营业税的纳税期限分为5日、10日、15日、1个月或1个季度。

（3）纳税地点。纳税人提供应税劳务应当向其机构所在地或者居住地的主管税务机关申报纳税。但是，纳税人提供的建筑业劳务以及国务院财政、税务主管部门规定的其他应税劳务，应当向应税劳务发生地的主管税务机关申报纳税。纳税人转让无形资产应当向其机构所在地或者居住地的主管税务机关申报纳税。但是，纳税人转让、出租土地使用权，应当向土地所在地的主管税务机关申报纳税。纳税人销售、出租不动产应当向不动产所在地的主管税务机关申报纳税。扣缴义务人应当向其机构所在地或者居住地的主管税务机关申报缴纳其扣缴的税款。

3.2.4　企业所得税

1．企业所得税的概念

企业所得税，是对我国境内的企业和其他取得收入的组织的生产经营所得和其他所得征收的一种税。2007年3月16日第十届全国人民代表大会第五次全体会议通过的《企业所得税法》，实现了内外资企业所得税“两法合并”，统一了内、外资企业税制，统一了税率，统一了税前扣除办法和标准，统一了税收优惠政策，为各类企业创造了公平的市场竞争环境。

根据《企业所得税法》规定，企业分为居民企业和非居民企业。居民企业是指依法在中国境内成立，或者依照外国（地区）法律成立但实际管理机构在中国境内的企业，包括国有企业、集体企业、私营企业、股份制企业、外商投资企业、外国企业，以及有生产、经营所得和其他所得的其他组织；非居民企业是指依照外国（地区）法律成立且实际管理机构不在中国境内，但在中国境内设立机构、场所的，或在中国境内未设立机构、场所，但有来源于中国境内所得的企业。

2．企业所得税征税对象

中华人民共和国境内的企业和其他取得收入的组织，均为企业所得税的纳税人。企业所得税的征税对象是企业的生产经营所得、其他所得和清算所得。

居民企业应当就其来源于中国境内、境外的所得作为征税对象。所得，包括销售货物所得、提供劳务所得、转让财产所得、股息红利所得等权益性投资所得，以及利息所得、租金所得、特许权使用费所得、接受捐赠所得和其他所得。这里的所得是企业所得税的主要纳税来源。

非居民企业在中国境内设立机构、场所的，应当就其所设机构、场所取得的来源于中国境内的所得，以及发生在中国境外但与其所设机构、场所有实际联系的所得，缴纳企业所得税。非居民企业在中国境内未设立机构、场所的，或者虽设立机构、场所但取得的所得与其所设机构、场所没有实际联系的，应当就其来源于中国境内的所得缴纳企业所得税。这里所称的实际联系，是指非居民企业在中国境内设立的机构、场所拥有据以取得所得的股权、债权，以及拥有、管理、控制据以取得所得的财产等。

3．企业所得税税率

企业所得税实行比例税率。比例税率简便易行，透明度高，不会因征税而改变企业间收入分配比例，有利于促进效率的提高。现行法律规定，企业所得税基本税率为25%，适用于居民企业和在中国境内设有机构、场所且所得与机构、场所有关联的非居民企业。小型微利企业实行的所得税税率为20%。

4. 企业所得税应纳税所得额

应纳税所得额是企业所得税的计税依据。按照《企业所得税法》规定，应纳税所得额为企业每个纳税年度的收入总额，减除不征税收入、免税收入、各项扣除，以及允许弥补的以前年度亏损后的余额，基本公式为

应纳税所得税额=收入总额-不征税收入-免税收入-各项扣除-允许弥补的以前年度亏损

企业应纳税所得额的计算，应当以权责发生制为原则。属于当期的收入和费用，不论款项是否收付，均作为当期的收入和费用；不属于当期的收入和费用，即使款项已经在当期收付，也不作为当期的收入和费用。

（1）收入总额，是指以货币和非货币形式从各种来源取得的收入。具体有：销售货物收入，提供劳务收入，转让财产收入，股息、红利等权益性投资收益，利息收入，租金收入，特许权使用费收入，接受捐赠收入等。

（2）不征税收入，是指国家为了扶持和鼓励某些特殊的纳税人和特定的项目，或者避免因征税影响企业的正常经营，对企业取得的某些收入予以不征税或免税的特殊政策，以减轻企业的负担，促进经济的协调发展。如财政拨款、依法收取并纳入财政管理的行政事业性收费、政府性基金等。

（3）免税收入，包括国债利息收入，符合条件的居民企业之间的股息、红利等权益性收益，在中国境内设立机构、场所的非居民企业从居民企业取得与该机构、场所有实际联系的股息、红利等权益性收益，符合条件的非营利组织的收入等。

（4）准予扣除的项目。根据《企业所得税法》规定，企业实际发生的与取得收入有关的、合理的支出，包括成本、费用、税金、损失和其他支出，准予在计算应纳税所得额时扣除。

成本，是指企业在生产经营活动中发生的销售成本、销货成本、业务支出以及其他耗费，即企业销售商品、提供劳务、转让固定资产、无形资产的成本。

费用，是指企业每个纳税年度为生产、经营商品和提供劳务等所发生的销售（经营）费用、管理费用和财务费用。

税金，是指企业发生的除企业所得税和允许抵扣的增值税以外的企业缴纳的各项税金及其附加，如消费税、营业税、印花税。

损失，是指企业在生产经营活动中发生的固定资产和存货的盘亏、毁损、报废损失、转让财产损失、呆账损失、坏账损失、自然灾害等不可抗力因素造成的损失以及其他损失。

（5）不得扣除的项目，包括向投资者支付的股息、红利等权益性投资收益款项，企业所得税税款，税收滞纳金、罚金、罚款和被没收的财物损失，超过规定标准的捐赠支出，与生产经营无关的各种非广告性质赞助支出，不符合国务院财政、税务主管部门规定的各项资产减值准备、风险准备等准备金支出。

公益性捐赠在年利润总额的 12%以内的部分可以扣除，超过部分及其他对外捐赠不能扣除。

（6）亏损弥补，根据税法的规定，企业某一纳税年度发生的亏损可以用下一年度的所得弥补，下一年度的所得不足以弥补的，可以逐年延续弥补，但最长不得超过 5 年。

5. 企业所得税征收管理

（1）纳税地点。居民企业以企业登记注册地为纳税地点（除税收法律、行政法规另有规定外）；登记注册地在境外的，以实际管理机构所在地为纳税地点。居民企业在中国境内设立不具有法人资格的营业机构的，应当汇总计算并缴纳企业所得税。

非居民企业在中国境内设立机构、场所的，应当就其所设机构、场所取得的来源于中国境内的所得，以及发生在中国境外的但与其所设机构、场所有实际联系的所得，以机构、场所所在地为纳税地点。非居民企业在中国境内未设立机构、场所的，或虽设立机构、场所，但取得的所得与其所设机构、场所没有实际联系的所得，以扣缴义务人所在地为纳税地点。

（2）纳税期限。企业所得税按年计征，分月或者分季预缴。年终汇算清缴，多退少补。企业所得税的纳税年度，自公历 1 月 1 日起至 12 月 31 日止。企业在一个纳税年度中间开业，或者终止经营活动，使该纳税年度的实际经营期不足 12 个月的，应当以其实际经营期为一个纳税年度。

（3）纳税申报。企业应当自月份或者季度终了之日起 15 日内，向税务机关报送预缴企业所得税纳税申报表，预缴税款。企业应当自年度终了之日起 5 个月内，向税务机关报送年度企业所得税纳税申报表，并汇算清缴，结清应缴应退税款。企业在报送企业所得税纳税申报表时，应当按照规定附送财务会计报告和其他有关资料。依法缴纳的企业所得税，以人民币计算。所得以人民币以外的货币计算的，应当折合成人民币计算并缴纳税款。

3.2.5　个人所得税

1. 个人所得税概念

个人所得税，是指对个人（即自然人）取得的各项应税所得征收的一种所得税，是政府利用税收对个人收入进行调节的一种手段。个人所得税的征税对象不仅包括个人还包括具有自然人性质的企业。

2. 个人所得税纳税义务人

根据《个人所得税法》和《中华人民共和国个人所得税法实施条例》等法律规定，个人所得税的纳税义务人是指中国境内有住所，或者无住所而在境内居住满一年的个人，以及在中国境内无住所又不居住或者无住所而在境内居住不满一年的个人，包括中国公民、个体工商户、外籍个人，香港、澳门、台湾同胞等。对个人独资企业投资者也征收个人所得税。

3. 个人所得税的应税项目和税率

（1）个人所得税应税项目。根据《个人所得税法》规定，对于居民纳税人，应就来源于中国境内和境外的全部所得征税；对于非居民纳税人，则只就来源于中国境内所得部分征税，境外所得部分不属于征税范围。

现行个人所得税共有 11 个税目：工资、薪金所得；个体工商户生产、经营所得；对企事业单位的承包经营、承租经营所得；劳务报酬所得；稿酬所得；特许权使用费所得；利息、股息、红利所得；财产租赁所得；财产转让所得（指个人转让有价证券、股票、建筑物、土地使用权、机器设备、车船及其他财产取得的所得）；偶然所得（指个人得奖、中奖、中彩以及其他偶然性质的所得）；经国务院财政部门确定征税的其他所得。

（2）个人所得税税率。

① 工资、薪金所得，适用超额累进税率，税率为 5%～45%。

② 个体工商户的生产、经营所得和对企事业单位的承包经营、承租经营所得，适用 5%～35%的超额累进税率。

③ 稿酬所得，适用比例税率，税率为 20%，并按应纳税额减征 30%。

④ 劳务报酬所得，适用比例税率，税率为 20%。对劳务报酬所得一次收入畸高的，可以实行加成征收，即个人一次取得劳务报酬收入的应纳税所得额在 2 万～5 万元的部分，按照税法规定计算应纳税额后，再按照应纳税额加征五成；超过 5 万元的部分加征十成。

⑤ 特许权使用费所得，利息、股息、红利所得，财产租赁所得，财产转让所得，偶然所得和其他所得，适用比例税率，税率为 20%。

4. 个人所得税应纳税所得额

（1）工资、薪金所得，以每月收入减除费用 3 500 元后的余额，为应纳税所得额。工资、薪金所得应纳税额的计算公式为

应纳税额=应纳税所得额×适用税率−速算扣除数

=（每月收入额−3 500）×适用税率−速算扣除数

工资、薪金所得个人所得税税率表如表 3-1 所示。

例 3-1　某企业员工 10 月份的工资所得为 30 000 元，则该员工应纳的个人所得税为

应纳税所得额=30 000−3 500=26 500 元

个人所得税应纳税额=26 500×25%−1 005=5 620 元

表 3-1　个人所得税税率表一

（工资、薪金适用）

级　数	全月应纳税所得额	税率（%）	速算扣除数
1	不超过 1 500 元	3	0
2	超过 1 500 元～4 500 元	10	105
3	超过 4 500 元～9 000 元	20	555
4	超过 9 000 元～35 000 元	25	1 005
5	超过 35 000 元～55 000 元	30	2 755
6	超过 55 000 元～80 000 元	35	5 505
7	超过 80 000 元	45	13 505

（2）个体工商户的生产、经营所得，以每一纳税年度的收入总额，减除成本、费用及损失后的余额，为应纳税所得额。其应纳税额计算公式为

应纳税额=应纳税所得额×适用税率−速算扣除数

=（全年收入总额−成本、费用及损失）×适用税率−速算扣除数

个体工商户的生产、经营所得个人所得税税率表如表 3-2 所示。

表 3-2　个人所得税税率表二

（个体工商户的生产、经营所得和对企事业单位的承包经营、承租经营所得适用）

级　数	全年应纳税所得额	税率（%）	速算扣除数
1	不超过 5 000 元	5	0
2	超过 5 000 元～10 000 元的部分	10	250
3	超过 10 000 元～30 000 元的部分	20	1 250
4	超过 30 000 元～50 000 元的部分	30	4 250
5	超过 50 000 元的部分	35	6 750

例 3-2　某个体工商户全年收入为 300 000 元，发生的费用及损失为 180 000 元，

则应缴的个人所得税为

应纳税所得额=300 000−180 000=120 000（元）

应交个人所得税=120 000×35%−6 750=35 250（元）

（3）对企事业单位的承包经营、承租经营所得，以每一纳税年度的收入总额，减除必要费用后的余额，为应纳税所得额。其应纳税额计算公式为

应纳税额=应纳税所得额×适用税率−速算扣除数

=（纳税年度收入总额−必要费用）×适用税率−速算扣除数

对企事业单位的承包经营，承租经营所得个人所得税税率表如表 3-2 所示。

（4）劳务报酬所得的应纳税额计算公式如下。

① 每次收入不足 4 000 元的：

应纳税额=应纳税所得额×适用税率

=(每次收入额−800)×20%

② 每次收入在 4 000 元以上的：

应纳税额=应纳税所得额×适用税率

=每次收入额（1−20%）×20%

③ 每次应纳税所得额超过 20 000 元的：

应纳税额=应纳税所得额×适用税率−速算扣除数

=每次收入额（1−20%）×适用税率−速算扣除数

劳务报酬所得个人所得税税率表如表 3-3 所示。

表 3-3　　个人所得税税率表三

（劳务报酬所得适用）

级　数	每次应纳税所得额	税率（%）	速算扣除数
1	不超过 20 000 元	20	0
2	超过 20 000 元～50 000 元的部分	30	2 000
3	超过 50 000 元的部分	40	7 000

（5）稿酬所得的应纳税额计算公式如下。

① 每次收入不足 4 000 元的：

应纳税额=应纳税所得额×适用税率×（1−30%）

=（每次收入额−800）×20%×（1−30%）

② 每次收入在 4 000 元以上的：

应纳税额=应纳税所得额×适用税率×（1−30%）

=每次收入额×（1−20%）×20%×（1−30%）

（6）利息、股息、红利所得的应纳税额计算公式为

应纳税额=应纳税所得额×适用税率

=每次收入额×20%

5. 个人所得税征收管理

个人所得税的纳税申报办法，有自行申报纳税和代扣代缴两种。

（1）自行申报纳税。下列人员为自行申报纳税的纳税义务人：年所得在 12 万元以上；从中国境内两处或两处以上取得工资、薪金所得的；从中国境外取得所得的；取得应税所得，没有扣缴义务人等。

（2）代扣代缴。代扣代缴是指按照税法规定负有扣缴义务的单位或个人，在向个人支付应纳税所得时，应计算应纳税额，从其所得中扣除并缴入国库，同时向税务机关报送扣缴个人所得税报告表。

凡支付个人应纳税所得的企业、事业单位、机关、社会团体、军队、驻华机构（不含依法享有外交特权和豁免的驻华使领馆、联合国及其国际组织驻华机构）、个体户等单位或个人，为个人所得税的扣缴义务人。

代扣代缴的范围包括：工资、薪金所得；对企事业单位的承包经营、承租经营所得；劳务报酬所得；稿酬所得、特许权使用费所得；利息、股息、红利所得；财产租赁所得；财产转让所得；偶然所得等。

3.3 税务登记

3.3.1 税务登记的概念和对象

1. 税务登记

税务登记又称纳税登记，是税务机关依据税法规定，对纳税人的生产、经营活动进行登记管理的一项法定制度，也是纳税人依法履行纳税义务的法定手续。

根据《税务登记管理办法》的规定，凡有法律、法规规定的应税收入、应税财产或应税行为的各类纳税人，均应当办理税务登记；扣缴义务人应当在发生扣缴义务时，到税务机关申报登记，领取扣缴税款凭证。税务登记包括：开业登记，变更登记，停业、复业登记，注销登记，外出经营报验登记等。

2. 税务登记的对象

（1）企业，企业在外地设立的分支机构和从事生产、经营的场所，个体工商户和从事生产、经营的事业单位，均应当按照《税收征收管理法》及其《实施细则》和《税务登记管理办法》的规定办理税务登记。

（2）除此以外的纳税人，除国家机关、个人和无固定生产、经营场所的流动性农村小商贩外，也应当按照规定办理税务登记。

（3）此外，根据税收法律、行政法规的规定，负有扣缴税款义务的扣缴义务人（国家机关除外），应当办理扣缴税款登记。

3.3.2 开业登记

开业登记也称设立登记，是指从事生产、经营的纳税人，经国家工商行政管理部门批准开业后办理的纳税登记。

1. 开业税务登记的对象

根据有关规定，办理开业登记的纳税人分为以下两类。

（1）领取营业执照从事生产、经营的纳税人。其包括：企业，即从事生产、经营的单位或组织，包括国有、集体、私营企业，中外合资合作企业，外商独资企业，以及各种联营、联合、股份制企业等；企业在外地设立的分支机构和从事生产、经营的场所；个体工商户；从事生产、经营的事业单位。

（2）其他纳税人。除上述以外的其他纳税人，除国家机关、个人和无固定生产、经营场所的流动性农村小商贩外，也应当按照规定办理税务登记。此外，根据税收法律、行政法规的规定，负有扣缴税款义务的扣缴义务人（国家机关除外）应当办理扣缴税款登记。

2. 开业税务登记的时间和地点

（1）从事生产、经营的纳税人，应当自领取工商营业执照（含临时工商营业执照）之日起 30 日内，向生产、经营地或者纳税义务发生地的主管税务机关申报办理税务登记，如实填写税务登记表，并按照税务机关的要求提供有关证件、资料。

（2）除上述以外的其他纳税人，除国家机关、个人和无固定生产、经营场所的流动性农村小商贩外，应当自纳税义务发生之日起 30 日内，持有关证件向所在地的主管税务机关申报办理税务登记。

以下几种情况应比照开业登记办理。

① 跨地区的非独立核算分支机构应当自设立之日起 30 日内，向所在地税务机关办理注册税务登记。

② 从事生产、经营的纳税人到外县（市）临时从事生产、经营活动的，应当持税务登记证副本和所在地税务机关填开的外出经营活动税收管理证明，向营业地税务机关报验登记，接受税务管理。

③ 从事生产、经营的纳税人外出经营，在同一地累计超过 180 天的，应当在营业地办理税务登记手续。在同一地累计超过 180 天，是指纳税人自在同一县（市）实

际经营或提供劳务之日起，在连续的 12 个月内累计超过 180 天。纳税人应当自期满之日起 30 日内，向生产经营所在地税务机关申报办理税务登记，税务机关核发临时税务登记证及副本。

④ 境外企业在中国境内承包建筑、安装、装配、勘探工程和提供劳务的，应当自项目合同或协议签订之日起 30 日内，向项目所在地税务机关申报办理税务登记，税务机关核发临时税务登记证及副本。

3. 开业税务登记的内容

（1）单位名称、法定代表人或业主姓名及其居民身份证、护照或者其他证明身份的合法证件。

（2）住所、经营地点。

（3）登记注册类型。

（4）核算方式。

（5）行业、经营范围、经营方式。

（6）注册资金（资本）、投资总额、开户银行及账号。

（7）经营期限、从业人数、营业执照号码。

（8）财务负责人、办税人员。

（9）其他有关事项。

企业在外地的分支机构或者从事生产、经营的场所，还应当登记总机构名称、地址、法人代表、主要业务范围、财务负责人。

4. 开业税务登记的程序

（1）申请。办理税务登记是为了建立正常的征纳秩序，是纳税人履行纳税义务的第一步。因此，纳税人必须严格按照规定的期限，向当地主管税务机关及时申报办理税务登记手续，实事求是地填报登记项目，并如实回答税务机关提出的问题。纳税人所属的本县（市）以外的非独立经济核算的分支机构，除由总机构申报办理税务登记外，还应当自设立之日起 30 日内，向分支机构所在地税务机关申报办理注册税务登记。

在申报办理税务登记时，纳税人应认真填写“税务登记表”。税务登记表的主要内容如表 3-4 所示。税务登记表的种类有：内资企业税务登记表，其适用于核发税务登记证的国有企业、集体企业、股份合作企业、国有联营企业、集体联营企业、国有与集体联营企业、其他联营企业、国有独资公司、其他有限责任公司、股份有限公司、私营独资企业、私营合作企业、私营有限责任公司、私营股份有限公司、其他企业填用；分支机构税务登记表，其主要适用于核发注册税务登记证的各种类型企业的非独立核算分支机构填用；个体经营税务登记表，其主要适

表 3-4　　　　税务登记表（主要部分）

<table>
<tr><td>纳税人名称</td><td colspan="5"></td></tr>
<tr><td>法定代表人</td><td></td><td>身份证件名称</td><td></td><td>证件号码</td><td></td></tr>
<tr><td>注册地址</td><td colspan="3"></td><td>邮政编码</td><td></td></tr>
<tr><td>生产经营地址</td><td colspan="3"></td><td>邮政编码</td><td></td></tr>
<tr><td colspan="2">地址所属行政街（乡）</td><td colspan="4"></td></tr>
<tr><td rowspan="2">生产经营范围</td><td>主营</td><td colspan="4"></td></tr>
<tr><td>兼营</td><td colspan="4"></td></tr>
<tr><td>所属主管单位</td><td colspan="5"></td></tr>
<tr><td rowspan="4">发照工商机关</td><td>工商机关名称</td><td colspan="4"></td></tr>
<tr><td>营业执照名称</td><td></td><td>营业执照字号</td><td colspan="2"></td></tr>
<tr><td>发照日期</td><td>年　月　日</td><td>开业日期</td><td colspan="2">年　月　日</td></tr>
<tr><td>有效期限</td><td colspan="4">年　月　日　至　年　月　日</td></tr>
<tr><td>银行种类</td><td>开户银行名称</td><td>银行账号</td><td>币种</td><td colspan="2">是否缴税账号</td></tr>
<tr><td></td><td></td><td></td><td></td><td colspan="2"></td></tr>
<tr><td></td><td></td><td></td><td></td><td colspan="2"></td></tr>
<tr><td>生产经营期限</td><td colspan="2">年　月　日至　年　月　日</td><td>从业人数</td><td colspan="2"></td></tr>
<tr><td>经营方式</td><td></td><td>登记注册类型</td><td></td><td>行业</td><td></td></tr>
<tr><td>财务负责人</td><td></td><td>办税人员</td><td></td><td>办税人证件名称</td><td></td></tr>
<tr><td>办税人证件号</td><td colspan="3"></td><td>联系电话</td><td></td></tr>
<tr><td>隶属关系</td><td colspan="2"></td><td>注册资本</td><td>注册资本币种</td><td></td></tr>
<tr><td>投资方名称</td><td>投资金额</td><td>投资币种</td><td>与美元汇率比价</td><td>所占投资比例</td><td>分配比例</td></tr>
<tr><td></td><td></td><td></td><td></td><td></td><td></td></tr>
<tr><td></td><td></td><td></td><td></td><td></td><td></td></tr>
<tr><td></td><td></td><td></td><td></td><td></td><td></td></tr>
<tr><td>会计报表种类</td><td></td><td></td><td></td><td></td><td></td></tr>
<tr><td>低值易耗品摊销方法</td><td></td><td></td><td></td><td></td><td></td></tr>
<tr><td>折旧方式</td><td></td><td></td><td></td><td></td><td></td></tr>
<tr><td>结账日期</td><td></td><td></td><td></td><td></td><td></td></tr>
<tr><td rowspan="4">所属非独立核算的分支机构</td><td>纳税人识别号</td><td colspan="2">纳税人名称</td><td>生产经营地址</td><td>负责人</td></tr>
<tr><td></td><td colspan="2"></td><td></td><td></td></tr>
<tr><td></td><td colspan="2"></td><td></td><td></td></tr>
<tr><td></td><td colspan="2"></td><td></td><td></td></tr>
<tr><td>E-mail 地址</td><td colspan="5"></td></tr>
</table>

用于核发税务登记证的个体工商户填用；其他单位税务登记表，其主要适用于除工商行政管理机关外，其他部门批准设立的纳税人填用；涉外企业税务登记表，其主要适用于中外合资经营企业、中外合作经营企业和外国企业填用。

（2）提供相关证件、资料。纳税人办理税务登记时应提供的证件、资料包括：营业执照或其他核准执业证件及工商登记表；有关机关、部门批准设立的文件；有关合同、章程、协议书；法定代表人和董事会成员名单；法定代表人（负责人）或业主居民身份证、护照或者其他证明身份的合法证件；组织机构统一代码证书；住所或经营场所证明；委托代理协议书复印件；属于享受税收优惠政策的企业，还应包括需要提供的相应证明、资料，及税务机关需要的其他资料、证件。

企业在外地的分支机构或者从事生产、经营的场所，在办理税务登记时，还应当提供由总机构所在地税务机关出具的在外地设立分支机构的证明。

（3）受理。税务机关对申请办理税务登记的单位和个人所提供的“申请税务登记报告书”，及要求报送的各种附列资料、证件进行查验，对手续完备、符合要求的，方可受理登记。

（4）审核。税务登记审核工作既是税务机关税务登记工作的开始，也是税务登记管理工作的关键。因此，加强税务登记申请的审核就显得十分必要。

税务机关对纳税人填报的“税务登记表”、提供的证件和资料，应当自收到之日起30日内审核完毕，符合规定的，予以登记；对不符合规定的不予登记，也应在30日内予以答复。

（5）核发税务登记证。根据《税收征收管理法》第十五条的规定：“税务机关应当自收到申报之日起30日内审核并发给税务登记证件。”即税务机关对纳税人填报的税务登记表及附送资料、证件审核无误的，应在30日内发给税务登记证件。

具体规定如下：对从事生产、经营并经工商行政管理部门核发营业执照的纳税人，核发税务登记证及其副本；对未取得营业执照或工商登记核发临时营业执照从事生产、经营的纳税人，核发临时税务登记证及副本；对纳税人非独立核算的分支机构及非从事生产、经营的纳税人（除临时取得应税收入或发生应税行为以及只缴纳个人所得税、车船使用税的之外），核发注册税务登记证及其副本。

税务登记证件的主要内容包括：纳税人名称、税务登记代码、法定代表人或负责人、生产经营地址、登记类型、核算方式、生产经营范围（主营、兼营）、发证日期、证件有效期等。

税务机关对税务登记证件实行定期验证和换证制度。纳税人应当在规定的期限内持有关证件到主管税务机关办理验证或者换证手续。

对既没有税收纳税义务又不需领用收费（经营）票据的社会团体等，可以只登记不发证。

5. 税务登记证件及主管机关

（1）税务登记证的作用。税务登记证件包括税务登记证及其副本、临时税务登记证及其副本。除按照规定不需要发给税务登记证件的外，纳税人办理下列事项时，必须持税务登记证件：开立银行账户；申请减税、免税、退税；申请办理延期申报、延期缴纳税款；领购发票；申请开具外出经营活动税收管理证明；办理停业、歇业；其他有关税务事项。

（2）税务登记证的管理。税务机关对已核发的税务登记证件，实行定期验证和换证制度。税务登记证件每年验审一次，每 3 年换证一次。纳税人应当在规定的期限内到税务机关办理验证或者换证手续。未按规定办理验证或换证手续的，由县级以上税务机关宣布其税务登记证件失效，并收回有关税务证件及发票。纳税人应当将税务登记证件正本在其生产、经营场所或者办公场所公开悬挂，接受税务机关检查。

纳税人遗失税务登记证件的，应当在 15 日内书面报告主管税务机关，并登报声明作废。同时，凭报刊上刊登的遗失声明向主管税务机关申请补办税务登记证件。

（3）税务登记主管机关。税务登记的主管机关是县以上国家税务局、地方税务局，负责税务登记的开业登记、变更登记、注销登记和税务登记证验证、换证以及非正常户处理、报验登记等有关事项。

3.3.3 变更登记

变更登记，是指纳税人在办理税务登记后，原登记的内容发生变化时向原税务机关申报办理的税务登记。

1. 变更税务登记的适用范围及时间要求

（1）适用范围。纳税人办理税务登记后，如发生下列情形之一，应当办理变更税务登记并填写税务登记变更表（见表 3-5）：改变名称、改变法定代表人、改变经济性质或经济类型、改变住所和经营地点（不涉及主管税务机关变动的）、改变生产经营或经营方式、增减注册资金（资本）、改变隶属关系、改变生产经营期限、改变或增减银行账号、改变生产经营权属以及改变其他税务登记内容的。

表 3-5　　　　　　　　　　　　　　**税务登记变更表**

纳税人识别号：□□□□□□□□□□□□□□□

纳税人名称：

<table>
<tr><td colspan="4">变更登记事项</td></tr>
<tr><td>序号</td><td>变更项目</td><td>变更前内容</td><td>变更后内容</td></tr>
<tr><td>1</td><td>注册资本</td><td></td><td></td></tr>
<tr><td>2</td><td>董事会成员</td><td></td><td></td></tr>
<tr><td></td><td></td><td></td><td></td></tr>
<tr><td></td><td></td><td></td><td></td></tr>
<tr><td></td><td></td><td></td><td></td></tr>
<tr><td colspan="4">送交证件情况：</td></tr>
<tr><td colspan="4">纳税人（盖章）
法定代表人（负责人）：　　　　办税员：　　　　年　月　日</td></tr>
<tr><td colspan="4">主管税务机关审批意见：
（公章）
负责人：　　　　经办人：　　　　年　月　日</td></tr>
</table>

注：适用范围，涉及税务登记内容变化的，均应办理变更登记。

（2）时间要求。对需要在工商行政管理机关办理变更登记的从事生产、经营的纳税人，应当自工商行政管理机关变更登记之日起 30 日内，持下列证件向原税务登记机关办理变更税务登记：工商登记变更表及工商营业执照；纳税人变更登记内容的有关证明文件；税务机关发放的原税务登记证件（登记证正、副本和税务登记表等）；其他有关资料。

纳税人按照规定不需要在工商行政管理机关办理变更登记，或者其变更登记的内容与工商登记内容无关的，应当自税务登记内容实际发生变化之日起 30 日内，或者自有关机关批准或者宣布变更之日起 30 日内，持下列有关证件向原税务登记机关办理变更税务登记：纳税人变更登记内容的有关证明文件；税务机关发放的原税务登记证件（登记证正、副本和税务登记表等）；其他有关资料。

从事生产、经营的纳税人应当自开立基本存款账户或者其他存款账户之日起 15 日内，向主管税务机关书面报告其全部账号；发生变化的，应当自变化之日起 15 日内，向主管税务机关书面报告。

增值税一般纳税人被取消资格需要办理变更登记的，应当提交下列证件：增值税一般纳税人申请认定书原件；税务登记证（登记证正、副本）原件；纳税人税种登记表；其他有关资料。

2. 变更税务登记的程序

（1）申请。纳税人申请办理变更税务登记时，应向主管税务机关领取“税务登记变更表”，如实填写变更登记事项、变更登记前后的具体内容。

税务登记变更表的内容主要包括：纳税人名称、变更项目、变更前内容、变更后内容、上缴的证件情况。

（2）提供相关证件、资料。

（3）受理。税务机关对纳税人填报的表格及提交的附列资料、证件要进行认真审阅，在符合要求及资料证件提交齐全的情况下，予以受理。

（4）审核。主管税务机关对纳税人报送的、已填登完毕的变更表及相关资料进行分类审核。

（5）发证。对需变更税务登记证内容的，主管税务机关应收回原税务登记证（正、副本），按变更后的内容，重新制发税务登记证（正、副本）。

税务机关应当自受理之日起 30 日内，审核办理变更税务登记。纳税人税务登记表和税务登记证中的内容都发生变更的，税务机关按变更后的内容重新核发税务登记证件；纳税人税务登记表的内容发生变更而税务登记证中的内容未发生变更的，税务机关不重新核发税务登记证件。

3.3.4 停业、复业登记

停业、复业登记，是纳税人暂停和恢复生产经营活动而办理的纳税登记。

实行定期定额征收方式的纳税人，在营业执照核准的经营期限内需要停业的，应当向税务机关提出停业登记申请并如实填写“停业登记表”，说明停业理由、停业期限、停业前的纳税情况和发票的领、用、存情况，并如实填写申请停业登记表。税务机关经过审核后，应当责成申请停业的纳税人结清税款、滞纳金、罚款，并收存其税务登记证件（正、副本）、发票领购簿、未使用完的发票以及其他税务证件，办理停业登记。纳税人的停业期限不得超过 1 年。纳税人应当于恢复生产、经营之前，向税务机关提出复业登记申请，如实填写“停、复业报告书”，经确认后办理复业登记，领回并启用税务登记证件、发票领购簿及其停业前领购的发票，纳入正常管理。纳税人停业期满不能及时恢复生产、经营的，应当在停业期满前向税务机关提出延长停业登记申请，并如实填写“停、复业报告书”。纳税人停业期满未按期复业又不申请延长停业的，税务机关应当视为已恢复营业，实施正常的税收征收管理。纳税人在停业期间发生纳税义务的，应当及时向主管税务机关申报，依法缴纳税款。

3.3.5　注销登记

注销登记，是指纳税人在发生解散、破产、撤销以及依法终止履行纳税义务的其他情形时，向原税务登记机关申请办理的登记。

1. 注销税务登记的适用范围及时间要求

（1）适用范围。注销税务登记的适用范围包括：纳税人因经营期限届满而自动解散；企业由于改组、分立、合并等原因而被撤销；企业资不抵债而破产；纳税人住所、经营地址迁移而涉及改变原主管税务机关；纳税人被工商行政管理部门吊销营业执照；纳税人依法终止履行纳税义务的其他情形。

（2）时间要求。纳税人发生解散、破产、撤销以及其他情形，依法终止纳税义务的，应当在向工商行政管理机关办理注销登记前，持有关证件向原税务登记管理机关申报办理注销税务登记；按照规定不需要在工商行政管理机关办理注销登记的，应当自有关机关批准或者宣告终止之日起 15 日内，持有关证件向原税务登记管理机关申报办理注销税务登记。

纳税人因住所、生产经营场所变动，涉及改变主管税务登记机关的，应当在向工商行政管理机关或者其他机关申请办理变更、注销登记前，或者住所、生产经营场所变动前，持有关证件和资料，向原税务登记机关申报办理注销税务登记，并自注销税务登记之日起 30 日内向迁达地税务机关申报办理税务登记。

境外企业在中国境内承包建筑、安装、装配、勘探工程和提供劳务的，应当在项目完工、离开中国前 15 日内，持有关证件和资料，向原税务登记机关申报办理注销税务登记。

纳税人被工商行政管理机关吊销营业执照的，应当自营业执照被吊销之日起 15 日内，向原税务登记机关申报办理注销税务登记。“注销登记申请审批表”格式见表 3-6。

2. 注销税务登记的程序

（1）纳税人办理注销税务登记时，应向原税务登记机关领取“注销税务登记申请审批表”，如实填写注销登记事项内容及原因。

（2）提供有关证件、资料。纳税人如实填写“注销税务登记申请审批表”，连同下列资料、证件报送税务机关：注销税务登记申请书；主管部门批文或董事会、职代会的决议及其他有关证明文件；营业执照被吊销的应提交工商行政管理机关发放的注销决定；主管税务机关原发放的税务登记证件（税务登记证正、副本及登记表等）；其他有关资料。

表 3-6　　　　注销税务登记申请审批表

纳税人识别号：□□□□□□□□□□□□□□□

纳税人名称：

<table>
<tr><td>联系地址</td><td colspan="3"></td><td>联系电话</td><td></td></tr>
<tr><td>注销原因</td><td colspan="5"></td></tr>
<tr><td rowspan="2">批准机关</td><td>名　称</td><td colspan="4"></td></tr>
<tr><td>批准文号及日期</td><td colspan="4"></td></tr>
<tr><td colspan="6">纳税人（签章）
法定代表人（负责人）：　　办税人员：　　年　月　日</td></tr>
<tr><td colspan="6">以下由税务机关填写</td></tr>
<tr><td colspan="2">实际经营期限</td><td></td><td>已享受税收优惠</td><td colspan="2"></td></tr>
<tr><td colspan="6">负责人：　　经办人：　　年　月　日</td></tr>
<tr><td rowspan="7">发票管理环节封存发票情况</td><td>购领发票名称</td><td></td><td></td><td></td><td></td></tr>
<tr><td>购领发票数量</td><td></td><td></td><td></td><td></td></tr>
<tr><td>已使用发票数量</td><td></td><td></td><td></td><td></td></tr>
<tr><td>结存发票数量</td><td></td><td></td><td></td><td></td></tr>
<tr><td>起止号码</td><td></td><td></td><td></td><td></td></tr>
<tr><td>发票领购簿名称</td><td></td><td></td><td></td><td></td></tr>
<tr><td colspan="5">负责人：　　经办人：　　年　月　日</td></tr>
<tr><td>稽查环节清算情况</td><td colspan="5">负责人：　　经办人：　　年　月　日</td></tr>
<tr><td>征收环节结算清缴税款情况</td><td colspan="5">负责人：　　经办人：　　年　月　日</td></tr>
<tr><td rowspan="4">登记管理环节审核意见</td><td rowspan="3">封存税务机关发放证件情况</td><td>税务登记证正本</td><td>税务登记证副本</td><td colspan="2">其他有关证件</td></tr>
<tr><td></td><td></td><td colspan="2"></td></tr>
<tr><td></td><td></td><td colspan="2"></td></tr>
<tr><td colspan="5">负责人：　　经办人：　　年　月　日</td></tr>
<tr><td colspan="2">分支机构名称</td><td colspan="2">税务登记注销情况</td><td colspan="2">主管税务机关</td></tr>
<tr><td colspan="2"></td><td colspan="2"></td><td colspan="2"></td></tr>
<tr><td colspan="2"></td><td colspan="2"></td><td colspan="2"></td></tr>
<tr><td>批准意见</td><td colspan="5">主管税务机关：
（公章）
局长签字：　　年　月　日</td></tr>
</table>

注：本表一式两份，一份税务机关留存，一份交纳税人。

“注销税务登记申请审批表”中，由纳税人填写的项目主要包括：纳税人名称（含分支机构名称）、注销原因、批准机关名称、批准文号及日期。

由税务机关填写的项目主要包括：纳税人实际经营期限、纳税人已享受的税收优惠、发票缴销情况、税款清缴情况、税务登记证件收回情况。

（3）受理。税务机关受理纳税人填写完毕的表格，审阅其填报内容是否符合要求，所附资料是否齐全后，督促纳税人做好下列事宜：纳税人持"注销税务登记申请审批表"、未经税务机关查验的发票和发票领购簿到发票管理环节申请办理发票缴销，发票管理环节按规定清票后，在"注销税务登记申请审批表"上签署发票缴销情况，同时将审批表返还纳税人；纳税人向征收环节清缴税款，征收环节在纳税人缴纳税款后，在"注销税务登记申请审批表"上签署意见，同时将审批表返还纳税人。

（4）核实。纳税人持由上述两个环节签署意见后的审批表交登记管理环节，登记管理环节审核确认后，制发"税务文书领取通知书"给纳税人，同时填制"税务文书传递单"，并附"注销税务登记申请审批表"送稽查环节。

若稽查环节确定需对申请注销的纳税人进行实地稽查的，应在"税务文书传递单"上注明的批复期限内稽查完毕，在"注销税务登记申请审批表"上签署税款清算情况，及时将"税务文书传递单"和"注销税务登记申请审批表"返还税务登记环节。登记部门在纳税人结清税款（包括滞纳金、罚款）后据以办理注销税务登记手续。

纳税人因生产、经营场所发生变化需改变主管税务登记机关的，在原税务登记机关办理注销税务登记的同时，应向迁达地税务登记机关递交"纳税人迁移通知书"，并附"纳税人档案资料移交清单"，由迁达地税务登记机关重新办理税务登记。如遇纳税人已经或正在享受税收优惠待遇的，迁出地税务登记机关应当在"纳税人迁移通知书"上注明。

3.3.6　外出经营报验登记

纳税人到外县（市）临时从事生产经营活动的，应当在外出生产经营以前，持税务登记证向主管税务机关申请开具"外出经营活动税收管理证明"（以下简称外管证）。税务机关按照一地一证的原则，核发外管证，外管证的有效期限一般为 30 日，最长不得超过 180 日。纳税人应当在外管证注明地进行生产经营前，向当地税务机关报验登记，并提交税务登记证件副本和外管证。纳税人在外管证注明地销售货物的，除提交以上证件、资料外，还应如实填写"外出经营货物报验单"，申报查验货物。纳税人外出经营活动结束，应当向经营地税务机关填报"外出经营活动情况申报表"，并结清税款，缴销未使用完的发票。纳税人应当在外管证有效期届满后 10 日内，持外管证回原税务登记地税务机关办理外管证缴销手续。

3.3.7　纳税人税种登记

纳税人在办理开业或变更登记的同时应当申报税种登记，由税务机关根据其生产、经营范围及拥有的财产等情况，认定录入纳税人适用的税种、税目、税率、报缴税款期限、征收方式和缴库方式等。税务机关依据“纳税人税种登记表”所填写的项目，自受理之日起3日内进行税种登记。

3.3.8 扣缴义务人扣缴税款登记

扣缴义务人应当自扣缴义务发生之日起30日内，向所在地的主管税务机关申报办理扣缴税款登记，领取扣缴税款登记证件；税务机关对已办理税务登记的扣缴义务人，可以只在其税务登记证件上登记扣缴税款事项，不再发给扣缴税款登记证件。

扣缴义务人包括代扣代缴义务人和代收代缴义务人。代扣代缴，是指按照税法规定，负有扣缴税款的法定义务人，负责对纳税人应纳的税款进行代扣代缴。即由支付人在向纳税人支付款项时，从所列支的款项中依法直接扣收税款，其目的在于对零星分散、不易控管的税源实行源泉控制。如个人所得税由支付应税所得的单位代扣代缴。代收代缴是指按照税法规定，负有收缴税款的法定义务人，负责对纳税人应纳的税款进行代收代缴。即由与纳税人有经济业务往来的单位和个人在向纳税人收取款项时依法收取税款。这种方式一般是税收网络覆盖不到或很难控管的领域，如消费税中的委托加工由受托方代收加工产品的税款。

3.3.9 违反税务登记规定的法律责任

纳税人未按照规定的期限申报办理税务登记、变更或者注销税务登记的，由税务机关责令限期改正,可以处2 000元以下的罚款；情节严重的，处2 000元以上1万元以下的罚款。未按规定使用税务登记证件，或者转借、涂改、损毁、买卖、伪造税务登记证件的，处2 000元以上1万元以下的罚款；情节严重的，处1万元以上5万元以下的罚款。

3.4 纳税申报

3.4.1 纳税申报的对象和内容

纳税申报，是指纳税人、扣缴义务人按照法律、行政法规的规定，在申报期限内就纳税事项向税务机关书面申报的一种法定手续。

1. 纳税申报的对象

纳税义务人必须在法律、行政法规规定，或税务机关依照法律、行政法规的规定确定的申报期限内办理纳税申报。临时取得应税收入或发生应税行为的纳税人，在发生纳税义务之后，应立即向经营地税务机关办理纳税申报和缴纳税款。扣缴义务人应当在规定的申报期限内办理代扣代缴、代收代缴税款的申报手续。

纳税人在纳税期内没有应纳税款的，也应当按照规定办理纳税申报；纳税人享受减税、免税待遇的，在减税、免税期间也应当按照规定办理纳税申报。纳税人、扣缴义务人按照规定的期限办理纳税申报确有困难，需要延期的，应在规定的期限内向税务机关提出书面延期申请，经税务机关核准后，在核准的期限内办理。

2. 纳税申报的内容

纳税人、扣缴义务人的纳税申报表或者代扣代缴、代收代缴税款报告表的主要内容包括：税种、税目，应纳税项目或者应代扣代缴、代收代缴税款项目，适用税率或者单位税额，计税依据，扣除项目及标准，应退税项目及税额，应减免税项目及税额，应纳税额或者应代扣代缴、代收代缴税额，税款所属期限、延期缴纳税款、欠税、滞纳金等。

扣缴义务人办理代扣代缴、代收代缴税款报告时，应当如实填写代扣代缴、代收代缴税款报告表，并报送代扣代缴、代收代缴税款的合法凭证以及税务机关规定的其他有关证件、资料。

纳税人办理纳税申报时，应当如实填写纳税申报表，并根据不同情况相应报送下列有关证件、资料：财务会计报表及其说明材料；与纳税有关的合同、协议书及凭证；税控装置的电子报税资料；外出经营活动税收管理证明和异地完税凭证；境内或者境外公证机构出具的有关证明文件；税务机关规定应当报送的其他有关证件、资料。

3.4.2 纳税申报的方式

纳税人应依照法律、法规规定的申报期限、申报内容如实填写纳税申报表，办理纳税申报手续。纳税人、扣缴义务人办理纳税申报时，可以直接到税务机关办理纳税申报或者报送代扣代缴、代收代缴税款报告表，也可以按照规定采取邮寄、数据电文或者其他方式办理纳税申报、报送事项。

1. 直接申报

直接申报，即上门申报，是指纳税人、扣缴义务人直接到税务机关办理纳税申报。根据申报的地点不同，直接申报又可分为直接到办税服务厅申报、到巡回征收点申报和到代征点申报3种。直接申报是一种传统申报方式。

2. 邮寄申报

邮寄申报，即纳税人、扣缴义务人使用统一规定的纳税申报特快专递专用信封，通过邮政部门办理交寄手续，并以邮政部门收据作为申报凭证的方式。邮寄申报以寄出地的邮局邮戳日期为实际申报日期。具体做法如下：纳税人自行或者委托税务代理人核算应纳税款，填写纳税申报表（对于自核自缴的纳税人还应填写缴款书并到银行缴纳税款），在法定的申报纳税期限内使用国家税务总局和邮电部联合制定的专用信封将纳税申报表及有关资料送邮政部门交寄，或者由投递员上门收寄，以交寄时间为申报时间；邮政部门将邮寄申报信件以同城邮政特快专递的方式送交税务机关；税务机关打印完税凭证，以挂号的形式寄回纳税人（自核自缴纳税的除外）。

3. 数据电文申报

数据电文申报，是指以税务机关确定的电话语音、电子数据交换和网络传输等电子方式进行纳税申报。例如，目前纳税人的网上申报，就是数据电文申报的一种方式。纳税人采用电子方式办理纳税申报的，应当按照税务机关规定的期限和要求保存有关（纸质）资料，并定期书面报送主管税务机关。纳税人、扣缴义务人采取数据电文方式办理纳税申报的，其申报日期以税务机关计算机网络系统收到该数据电文的时间为准。

4. 简易申报

简易申报，是指实行定期定额征收的纳税人，经税务机关批准，通过以缴纳税款凭证代替申报或简并征期的一种申报方式。这种申报方式是以纳税人便利纳税为原则设置的。目前，我国纳税系统实行的是以纳税申报为基础，以计算机网络为依托，集中征收、重点稽查的新型税收征管模式，表现为双向的税务管理形式。对于实行定期定额征收的纳税人，由于他们具有经营方式灵活、分散、变化快，税源小，经营人员文化水平参差不齐等特点，税务机关要用大量的人力、物力、财力进行征收管理，税收成本很大。因此，实行简易方式进行纳税申报不仅方便纳税人，符合我国当前的实际，而且能够节省很多的人力、物力、财力，减少税收成本。

5. 其他方式

其他方式是指纳税人、扣缴义务人采用直接申报、邮寄申报、数据电文申报及简易申报以外的方法向税务机关办理纳税申报或报送代扣代缴、代收代缴报告表。如纳税人、扣缴义务人委托他人代理向税务机关办理纳税申报或报送代扣代缴、代收代缴报告表等。

3.4.3 违反纳税申报规定的法律责任

纳税人未按照规定的期限办理纳税申报和报送纳税资料的，或者扣缴义务人未按照规定的期限向税务机关报送代扣代缴、代收代缴税款报告表和有关资料的，由税务机关责令限期改正，可以处2 000元以下的罚款；情节严重的，可以处2 000元以上1万元以下的罚款。

3.5　税款征收

3.5.1　税款征收的概念和原则

1. 税款征收的概念

税款征收，是指税务机关依照税收法律、行政法规的规定，将纳税人应当依法向国家缴纳的税款及时足额地组织征收入库的一系列活动的总称。税款征收包括：税款征收方式、应纳税额的确定或核定、纳税担保、税收保全措施、税收强制执行措施、离境清税、税款补征及追征、减免退税及延期纳税审批等内容。

2. 税款征收的原则

（1）税务机关是征税的唯一行政主体。《税收征收管理法》第二十九条规定："除税务机关、税务人员以及经税务机关依照法律、行政法规委托的单位和个人外，任何单位和个人不得进行税款征收活动。"第四十一条同时规定："采取税收保全措施、强制执行措施的权利，不得由法定的税务机关以外的单位和个人行使。"

（2）税务机关只能依照法律、行政法规的规定征收税款。根据《税收征收管理法》第二十八条的规定，税务机关只能依照法律、行政法规的规定征收税款，未经法定机关和法定程序调整，征纳双方均不得随意变动。税务机关代表国家向纳税人征收税款，不能随意征收，只能依法征收。

（3）税务机关不得违反法律、行政法规的规定开征、停征、多征、少征、提前征收、延缓征收或者摊派税款。《税收征收管理法》第二十八条规定："税务机关依照法律、行政法规的规定征收税款，不得违反法律、行政法规的规定开征、停征、多征、少征、提前征收、延缓征收或者摊派税款。"税务机关是执行税法的专职机构，既不得在税法生效之前先行向纳税人征收税款；也不得在税法尚未失效时，停止征收税款；更不得擅立章法，新开征一种税。在税款征收过程中，税务机关应当按照税收法律、行政法规预先规定的征收标准进行征税，不得擅自增减改变税目、调高或降低税率、加征或减免税款、提前征收或延缓征收税款以及摊派税款。

（4）税务机关征收税款必须遵守法定权限和法定程序。税务机关执法必须遵守法定权限和法定的程序，这也是税款征收的一项基本原则。例如，采取税收保全措施或强制执行措施时，办理减税、免税、退税时，核定应纳税额时，进行纳税调整时，针对纳税人的欠税进行清理、采取各种措施时税务机关都必须按照法律或者行政法规规定的审批权限和程序进行操作，否则就是违法。

（5）税务机关征收税款或扣押、查封商品、货物或其他财产时，必须向纳税人开具完税凭证或开付扣押、查封的收据或清单。《税收征收管理法》第三十四条规定："税务机关征收税款时，必须给纳税人开具完税凭证。"第四十七条规定："税务机关扣押商品、货物或者其他财产时，必须开付收据；查封商品、货物或者其他财产时，必须开付清单。"这是税款征收的又一原则。

（6）税款、滞纳金、罚款统一由税务机关上缴国库。《税收征收管理法》第五十三条规定："国家税务局和地方税务局应当按照国家规定的税收征收管理范围和税款入库预算级次，将征收的税款缴入国库。对审计机关、财政机关依法查出的税收违法行为，税务机关应当根据有关机关的决定、意见书，依法将应收的税款、滞纳金按照税款入库预算级次缴入国库，并将结果及时回复有关机关。"这也是税款征收的一个基本原则。

（7）税款优先。《税收征收管理法》第四十五条的规定，第一次在税收法律上确定了税款优先的地位，确定了税款征收在纳税人支付各种款项和偿还债务时的顺序。税款优先的原则不仅增强了税法的刚性，而且增强了税法在执行中的可操作性。

① 税收优先于无担保债权。这里所说的税收优先于无担保债权是有条件的，也就是说税收并不是优先于所有的无担保债权，对于法律上另有规定的无担保债权，不能行使税收优先权。

② 纳税人发生欠税在前的，税收优先于抵押权、质权和留置权的执行。这里有两个前提条件：其一，纳税人有欠税；其二，欠税发生在前，即纳税人的欠税行为发生在纳税人以其财产设定抵押、质押或纳税人的财产被留置之前。纳税人在有欠税的情况下设置抵押权、质权、留置权时，纳税人应当向抵押权人、质权人说明其欠税情况。欠缴的税款，是指纳税人发生纳税义务，但未按照法律、行政法规规定的期限或者未按照税务机关依照法律、行政法规的规定确定的期限向税务机关申报缴纳的税款或者少缴的税款。纳税人应缴纳税款的期限届满之次日，即是纳税人欠缴税款的发生时间。

③ 税收优先于罚款、没收违法所得。纳税人欠缴税款，同时又被税务机关决定处以罚款、没收违法所得的，税收优先于罚款、没收违法所得；纳税人欠缴税款，同时又被税务机关以外的其他行政部门处以罚款、没收违法所得的，税款优先于罚款、没收违法所得。

3.5.2 税款征收方式

税款征收方式，是指税务机关根据各税种的不同特点和纳税人的具体情况而确定的计算、征收税款的形式和方法。我国税款征收方式主要有以下几种。

1. 查账征收

查账征收，是指由纳税人依据账簿记载，先自行计算缴纳，事后经税务机关查账核实，如有不符合税法规定的，则多退少补的一种税款征收方式。这种方式适用于经营规模较大、财务会计制度健全、会计记录完整、能够认真履行纳税义务的纳税人。这些单位经税务机关审定同意，可以进行自行申报，并按税务机关的要求，每年进行一到两次的纳税自查，税务机关根据企业纳税情况进行纳税检查，然后按照税务机关检查的结果，办理退税或补税手续。这种征收方式虽然手续简便，但也存在易于发生税务机关失察，造成偷、欠税等不良现象。

这种征收方式的程序是：由纳税人在规定的期限内，向税务机关报送纳税申报表和财务会计报表，经税务机关查账核实后，填写缴款书，由纳税人到当地开户银行缴纳税款。

2. 查定征收

查定征收，是指由税务机关根据纳税人的从业人员、生产设备、原材料耗用等因素在正常情况下的生产、销售情况，对其生产的应税产品查定产量和销售额，然后依照税法规定的税率征收的一种税款征收方式。这种方式适用于生产经营规模较小、产品零星、税源分散、会计账册不健全、财务管理和会计核算水平较低，但可以控制原材料或进销货的纳税人。

3. 查验征收

查验征收，是指由税务机关对纳税申报人的应税产品进行查验后征税，并贴上完税证、查验证或盖查验戳，并据以征税的一种税款征收方式。这种方式适用于经营品种比较单一，经营地点、时间和商品来源不固定的纳税人。

4. 定期定额征收

定期定额征收，是指税务机关依照有关法律、法规的规定，按照一定的程序，核定纳税人在一定经营时期内的应纳税经营额及收益额，并以此为计税依据，确定其应纳税额的一种税款征收方式。这种方式适用于生产经营规模小、又确无建账能力，经主管税务机关审核批准可以不设置账簿或暂缓建账的小型纳税人。

税务机关核定定额应依照以下程序办理：纳税人自报，典型调查，定额核定，下达定额。

5. 代扣代缴

代扣代缴，是指按照税法规定，负有扣缴税款的法定义务人，在向纳税人支付款项时，从所支付的款项中直接扣收税款，并按照规定的期限和缴库方法申报解缴的一种税款征收方式。其目的是对零星分散、不易控制的税源实行源泉控制。

6. 代收代缴

代收代缴，是指负有收缴税款的法定义务人，对纳税人应纳的税款进行代收代缴的一种方式。即由与纳税人有经济业务往来的单位和个人在向纳税人收取款项时，依照税收法规的规定收取税款，并按照规定的期限和缴库方法申报解缴税款。这种方式同样适用于对零星分散、不易控制的税源实行源泉控制。例如，税法规定，受托加工应税消费品，由受托方代收代缴消费税。

7. 委托代征

委托代征，是指受托单位按照税务机关核发的代征证书的要求，以税务机关的名义向纳税人征收一些零散税款的一种税款征收方式。这种方式主要适用于零星、分散和流动性较大的税款征收，如集贸市场税款的征收。

8. 其他方式

其他方式还有邮寄申报纳税、自计自填自缴、自报核缴方式等。

3.5.3 核定应纳税额

核定应纳税额，是按其他征收方法难以合理准确地征收税款时采取的一种征税方法。核定应纳税额是针对由于纳税人的原因导致税务机关难以查账征收税款，而采取的一种被迫或补救措施，这种核定应以合法、合理为依据，不是随意确定。

1. 核定应纳税额的适用范围

根据《税收征收管理法》第三十五条、第三十七条的规定，纳税人（包括单位纳税人和个人纳税人）有下列情形之一的，税务机关有权核定其应纳税额。

（1）依照法律、行政法规的规定可以不设置账簿的。

（2）依照法律、行政法规的规定应当设置账簿但未设置的。

（3）擅自销毁账簿或者拒不提供纳税资料的。

（4）虽设置账簿，但账目混乱或者成本资料、收入凭证、费用凭证残缺不全，难以查账的。

（5）发生纳税义务，未按照规定的期限办理纳税申报，经税务机关责令限期申报，逾期仍未申报的。

（6）纳税人申报的计税依据明显偏低，又无正当理由的。

（7）未按照规定办理税务登记的从事生产、经营的纳税人以及临时从事经营的纳税人。

对于未按照规定办理税务登记的从事生产、经营的纳税人以及临时从事经营的纳税人，由税务机关核定其应纳税额，责令缴纳。不缴纳的，税务机关可以扣押其价值相当于应纳税款的商品、货物。扣押后缴纳应纳税款的，税务机关必须立即解除扣押，并归还所扣押的商品、货物；扣押后仍不缴纳应纳税款的，经县以上税务局（分局）局长批准，依法拍卖或者变卖所扣押的商品、货物，以拍卖或者变卖所得抵缴税款。

2. 核定应纳税额的方法

税务机关核定应纳税额的方法主要有以下 4 种。

（1）参照当地同类行业或者类似行业中经营规模和收入水平相近的纳税人的税负水平核定。

（2）按照营业收入或者成本加合理的费用和利润的方法核定。

（3）按照耗用的原材料、燃料、动力等推算或者测算核定。

（4）按照其他合理的方法核定。

采用以上所列一种方法不足以正确核定应纳税额时，可以同时采用两种以上的方法核定。纳税人对税务机关采取规定的方法核定的应纳税额有异议的，应当提供相关证据，经税务机关认定后，调整应纳税额。

3.5.4 加收滞纳金

纳税人未按规定期限缴纳税款的，扣缴义务人未按规定期限解缴税款的，税务机关除责令限期缴纳外，从滞纳税款之日起，按日加收滞纳税款万分之五的滞纳金。《税收征收管理法》规定的加收滞纳金的起止时间，为法律、行政法规规定或者税务机关依照法律、行政法规的规定确定的税款缴纳期限届满次日起至纳税人、扣缴义务人实际缴纳或者解缴税款之日止。

3.5.5 税收检查

1. 税收检查的概念

税收检查是指税务机关依法对纳税人进行税务检查时，发现纳税人有逃避纳税义务的行为，并有明显转移、隐匿其应纳税的商品、货物、其他财产或应纳税收入迹象的，可以按照批准的权限采取税收保全措施或强制执行措施。这里的批准权限是指县级以上税务局（分局）局长批准。税务检查的形式包括重点检查、分类计划检查、集中性检查、临时性检查、专项检查。

2. 税收保全措施

税收保全是指税务机关对可能由于纳税人的行为或某种客观原因，致使以后税款征收不能保证或难以保证的案件，采用限制纳税人处理或转移商品、货物或其他财产的措施。税务机关有根据认为从事生产、经营的纳税人有逃避纳税义务的行为的，可以在规定的纳税期之前，责令限期缴纳税款；在限期内发现纳税人有明显的转移、隐匿其应纳税的商品、货物以及其他财产或者应纳税的收入的迹象的，税务机关可以责成纳税人提供纳税担保。如果纳税人不能提供纳税担保，经县以上税务局（分局）局长批准，书面通知纳税人开户银行或者其他金融机构冻结纳税人的金额相当于应纳税款的存款；扣押、查封纳税人的价值相当于应纳税款的商品、货物或者其他财产；通知出境管理机关阻止其出境。

个人及其所扶养家属维持生活必需的住房和用品，不在税收保全措施的范围之内。税务机关在采取保全措施时，应当注意的问题包括：应经县以上税务局（分局）局长批准；冻结存数额要以相当于纳税人应纳税款的数额为限，而不是全部存款；如果纳税人在税务机关采取税收保全措施后按照税务机关规定的期限缴纳了税款，税务机关应按规定在收到税款或银行转回的税票后 24 小时内解除税收保全。

3. 税收强制执行

税收强制执行，是指当事人不履行法律、行政法规规定的义务，有关国家机关告诫和限期缴纳无效的情形下，采用法定的强制手段，强迫当事人履行义务的行为。税收强制执行是行政强制执行的一种，是税务机关对纳税人拖欠税款的行为采取的一种行政强制执行措施。从事生产、经营的纳税人、扣缴义务人未按照规定的期限缴纳或解缴税款，纳税担保人未按照规定的期限缴纳担保的税款，税务机关责令限期缴纳，逾期仍未缴纳的，经县以上税务局（分局）局长批准，税务机关可以书面通知其开户银行或其他金融机构从其存款中扣缴税款，扣缴、查封、依法拍卖或变卖其价值相当于应纳税款的商品、货物或其他财产，以拍卖或变卖所得抵缴税款。

税务机关采取强制执行措施时，对上述所列纳税人、扣缴义务人、纳税担保人未缴纳的滞纳金同时强制执行。个人及其所抚养家属维持生活必需的住房和用品，不在强制执行措施的范围之内；税务机关对单价 5 000 元以下的其他生活用品，不采取税收保全措施和强制执行措施。

3.5.6 法律责任

1. 法律责任的概念

法律责任是指违反法律规定的行为应当承担的法律后果，也是对违法的制裁。根据《税收征收管理法》、《税收征收管理法实施细则》有关规定，对税务法律关系中的主体由于其行为违法，应当依法承担税务违法责任。

税务违法责任，是指税务法律关系中的主体由于其行为违法，按照法律规定必须承担的消极法律后果。这一概念也包括以下几层含义：一是承担违法责任的主体既包括公民、法人，也包括机关和其他社会组织；既包括中国人也包括外国人以及无国籍人；二是违法行为的实施是承担违法责任的核心要件；三是违法责任是一种消极的法律后果，即一种法律上的惩戒性负担。由于违法行为的性质和危害程度不同，违法者所承担的法律责任也不同。

2. 税务违法责任的种类

根据税收征收管理的性质和特点，税收违法行为承担的法律责任的形式包括行政法律责任和刑事法律责任两大类。

（1）税务违法行政处罚。行政处罚，是指国家行政机关及法定授权组织依法对违反法律规范，尚未构成犯罪的公民、法人和其他组织所给予的行政法律制裁。税务行政处罚，是行政处罚的一部分，其法律依据是《中华人民共和国行政处罚法》和《税收征收管理法》。其特点与行政处罚一样，主体是税务机关，即必须是具有执法主体资格的各级税务机关，客体是违反法律、法规的管理相对人。涉及税务领域的具体行政处罚种类主要有：责令限期改正、罚款、没收财产、收缴未用发票和暂停供应发票、停止出口退税权。

（2）税务违法刑事处罚。刑事处罚，是指犯罪行为应当承担的法律责任，即由人民法院依照《刑法》等法律规定，追究犯罪分子刑罚的法律责任。根据《刑法》规定，刑罚分为主刑和附加刑。主刑分为管制、拘役、有期徒刑、无期徒刑和死刑。附加刑分为罚金、剥夺政治权利、没收财产。对犯罪的外国人，可驱逐出境。

根据《税收征收管理法》规定，情节严重的下列行为，构成犯罪的，应当追究刑事责任。

① 纳税人伪造、变造、隐匿、擅自销毁账簿、记账凭证，或者在账簿上多列支出或者不列、少列收入，或者经税务机关通知申报而拒不申报或者进行虚假的纳税申报，不缴或者少缴应纳税款的。

② 纳税人欠缴应纳税款，采取转移或者隐匿财产的手段，妨碍税务机关追缴欠缴的税款的。

③ 以假报出口或者其他欺骗手段，骗取国家出口退税款的。

④ 以暴力、威胁方法拒不缴纳税款的。

⑤ 非法印制发票的。

⑥ 未经税务机关依法委托征收税款，致使他人合法权益受到严重损失的。

⑦ 税务人员徇私舞弊，对依法应当移交司法机关追究刑事责任的不移交的。

⑧ 税务人员与纳税人、扣缴义务人勾结，有唆使或者协助纳税人、扣缴义务人偷逃税款行为的。

⑨ 税务人员徇私舞弊或者玩忽职守，不征或者少征应征税款，致使国家税收遭受重大损失的。

⑩ 税务人员对控告、检举税收违法违纪行为的纳税人、扣缴义务人以及其他检举人进行打击报复的。

3. 税务行政复议

行政复议，是指公民、法人或其他组织，认为行政机关的行政行为侵犯其合法权益，按照法定的程序和条件向做出该行为的上一级行政机关或法定机关提出申诉，由受理申请的行政机关对该行为进行复查并做出复议决定的活动。纳税人、扣缴义务人、纳税担保人同税务机关在纳税上发生争议时，必须先依照税务机关的纳税决定缴纳或者解缴税款及滞纳金或者提供相应的担保，然后可以依法申请行政复议。对行政复议决定不服的可以依法向人民法院起诉。当事人对税务机关的处罚决定、强制执行措施或税收保全措施不服的，可以依法申请行政复议，也可以依法向人民法院起诉。

当事人对税务机关的处罚决定逾期不申请行政复议，也不向人民法院起诉，又不履行的，作出处罚决定的税务机关可以采取强制执行措施，或者申请人民法院强制执行。

纳税人、扣缴义务人、担保人对省级以下各级地方税务局做出的税务具体行政行为不服的，向上一级税务机关申请复议，对省级地方税务机关做出的具体行政行为不服的，向国家税务总局或省级人民政府申请复议。

对国家税务总局做出的具体行政行为不服的，向国家税务税局申请行政复议。对行政复议决定不服，申请人可以向人民法院提起行政诉讼；也可以向国务院申请裁决，国务院的裁决为终局裁决。

4. 违反税收征收管理规定的具体法律责任

（1）偷税行为的法律责任。偷税，是指纳税人伪造、变造、隐匿、擅自销毁账簿、记账凭证，或者在账簿上多列支出或者不列、少列收入，或者经税务机关通知申报而拒不申报或者进行虚假的纳税申报，不缴或者少缴应纳税款的行为。对纳税人的偷税行为，由税务机关追缴其不缴或少缴的税款、滞纳金，并处不缴或少缴的税款 50%以上 5 倍以下的罚款；构成犯罪的，依法追究刑事责任。

（2）逃避税务机关追缴欠税行为的法律责任。纳税人欠缴应纳税款，采取转移或者隐匿财产的手段，妨碍税务机关追缴欠缴的税款的，由税务机关追缴欠缴的税款、滞纳金，并处欠缴税款 50%以上 5 倍以下的罚款；构成犯罪的，税务机关应当依法移送司法机关追究刑事责任。

（3）抗税行为的法律责任。抗税，是指纳税人、扣缴义务人以暴力、威胁方法拒不缴纳税款的行为。情节轻微，未构成犯罪的，由税务机关追缴其拒缴的税款、滞纳金，并处拒缴税款 1 倍以上 5 倍以下的罚款；构成犯罪的，税务机关应当依法移送司法机关追究刑事责任。

（4）拖欠税款行为的法律责任。纳税人、扣缴义务人在规定期限内不缴或者少缴应解缴的税款，经税务机关责令限期缴纳，逾期仍未缴纳的，税务机关除按规定采取强制执行措施追缴其不缴或者少缴的税款外，可以处不缴或者少缴的税款50%以上5倍以下的罚款。

3.5.7 税务代理

1. 税务代理的概念

税务代理是指税务代理人在国家税法规定的代理范围内，接受纳税人、扣缴义务人的委托，依据国家税收法律和行政法规的规定，代为办理涉税事宜的各项民事法律行为的总称。它是社会中介服务的一部分。

2. 税务代理的特点

（1）中介性。税务代理业是一个独立的社会中介服务行业，其业务的开展、经营管理都属于社会中介服务的一部分，税务代理机构与税务机关不存在任何隶属关系。

（2）法定性。税务代理机构的设立法定，业务范围法定，业务的开展法定。税务代理必须按国家有关法律的规定进行，并受到法律的保护。

（3）自愿性。委托税务代理人代为办理税务事宜是纳税人、扣缴义务人自愿采取的一种办税方式，无论是税务代理人还是任何国家机关都不能强制纳税人、扣缴义务人进行税务代理，是否委托税务代理是纳税人、扣缴义务人的权利。

（4）公正性。税务代理作为一种社会中介服务，必须站在公正、客观的立场，按照国家的税收法律、行政法规的规定，以及税务机关依照税收法律、行政法规的规定作出的决定，为纳税人、扣缴义务人代理税务事宜，并要符合委托人的意愿，既不能损害纳税人、扣缴义务人的合法权益也不能损害国家的利益。税务代理必须按照依法代理、自愿有偿、客观公正和严格管理的原则进行。

3. 税务代理的法定业务范围

税务代理人是指具有税务代理资格的机构和人员，即具备进行税务代理的相关知识、经验和能力，具有税务代理资格，经国家税务总局及省、自治区、直辖市国家税务局批准，从事税务代理的专门人员及其工作机构。从事税务代理的专门人员称为税务师，税务师必须加入税务代理机构才能从事税务代理业务，一个税务师只能加入一个税务代理机构。

税务代理的业务受到国家税收法律、行政法规的制约。《税务代理试行办法》规定，税务代理人可以接受纳税人、扣缴义务人的委托从事下列范围内的业务代理：办理税务登记、变更税务登记；办理发票领购手续；办理纳税申报和扣缴税款报告；办理缴纳税款和申请退税；制作涉税文书；审查纳税情况；建账建制，办理账务；开展税务咨询、受聘税务顾问；申请税务行政复议或税务行政诉讼等。

纳税人、扣缴义务人可根据需要委托税务代理人进行全面代理、单项代理或临时代理、常年代理。税务代理人不能代理应由税务机关行使的行政职权，税务机关按照法律、行政法规规定委托其代理的除外。

3.6 发票管理

3.6.1 发票的概念

发票，是指在购销商品、提供或者接受服务以及从事其他经营活动中，开具、收取的收付款的书面证明。它是确定经营收支行为发生的法定凭证，是会计核算的原始依据，也是税务稽查的重要依据。税务机关是发票的主管机关，负责发票的印刷、领购、开具、取得、保管、缴销的管理和监督。

发票一般分为存根联、发票联和记账联三个联次。增值税专用发票还包括一个抵扣联。发票的基本内容包括：发票的名称、字轨号码、联次及用途；客户名称；开户银行及账号；商品名称或经营项目；计量单位、数量、单价、大小写金额；开票人；开票日期；开票单位（个人）名称（章）等。有代扣、代收、委托代征税款的，其发票内容应包括代扣、代收、委托代征税种的税率和代扣、代收、委托代征税额。

发票具有以下几个方面的特征。

1. 发票具有合法性

发票的确立是由法律、行政法规作出规定的，它是由法定的管理机关——税务机关统一监制的，依法印制、使用的发票是财务收支的合法凭证，任何人不得无故拒绝接受，它的流通、传递受法律保护。

2. 发票具有真实性

用票单位和个人必须依照法律、行政法规的规定，从客观事实出发，对经济业务进行如实、客观的记录；对外来的发票进行严格的审核把关，去伪存真，以保证原始凭证的真实性。税务机关通过对发票开具情况实施检查监督，可以全面、准确地了解用票单位和个人的经营状况。

3. 发票具有时效性

发票是一种经济信息的载体，为了便于从发票中获取和利用经济信息，要求填开发票必须按照税务机关规定的时限进行。

4. 发票具有共享性

发票是经济信息的重要载体，发票的填开方和取得方都具有共享性。同时，财政、审计、税务、物价、工商等部门通过发票可以了解企业的经营状况，为国家宏观经济管理和企业管理提供了详尽的信息。

5. 发票具有传递性

发票从印制、运输、存储、发售、开具到记账有一个复杂的传递过程。发票只有通过传递，其信息才能为人们所感知并接受；才能找到它的归宿，价值才能得以实现。

随着市场经济的发展，流通领域不断扩大，发票在整个社会经济活动中，特别是在税收征管及财务管理中发挥的作用越来越大。作为记录经营活动的一种原始证明，发票对于加强财务会计管理、维护经济秩序、保护国家财产安全起着重要的作用，同时，发票也是税务稽查的重要凭据，从而有利于加强部门和行业的管理。

3.6.2 发票的种类

我国发票按其用途及反映的内容不同，可以分为增值税专用发票、普通发票和专业发票。

1. 增值税专用发票

增值税专用发票，是指专门用于结算销售货物和提供加工、修理修配劳务而使用的一种发票。其中，销售货物，是指有偿转让有形动产的所有权，即从购买方取得货币、货物或其他经济利益，转让除土地、房屋和其他建筑物之外的一切货物（包括电力、热力、气体在内）的所有权；提供加工、修理修配劳务，是指有偿提供受托加工、修理修配货物的劳务，不包括其他劳务。增值税专用发票隶属于国家税务局管理范围，其式样和印制及管理规定均由国家税务总局制定。增值税专用发票只限于增值税一般纳税人领购使用，增值税小规模纳税人不得领购使用。

增值税专用发票的式样参见图3-1。

目前正在使用的增值税专用发票按使用文字的不同可分为中文版、中英文版、维汉文版、藏汉文版；按开具方法的不同，可分为一般专用发票和电脑专用发票。根据新实施的《增值税专用发票使用规定》，增值税专用发票由基本联次或者基本联次附加其他联次构成，基本联次为三联：第一联为记账联，第二联为抵扣联，第三联为发票联。记账联，作为销售方核算销售收入和增值税销项税额的记账凭证。抵扣联，作为购买方报送主管税务机关认证和留存备查的凭证；发票联，作为购买方核算采购成本和增值税进项税额的记账凭证。其他联次的用途，由一般纳税人自行确定。

江苏增值税专用发票

3200063148　　　　　　　　　　　　No 06885238

纳税人识别号：　　　　　　　　　　纳税人识别号：

记　账　联　　开票日期：　年　月　日

国税函[2206]822号南京造币厂

<table>
<tr><td>购
货
单
位</td><td colspan="4">名　　称：
纳税人识别号：
地 址、电 话：
开户行及账号：</td><td>密
码
区</td><td colspan="3">447-96+/53723/1307>7-
73-5-3+24/6*7<-60<96+
-+<13<-3<241*-948364+
>867+<*3273++>702>>/1</td><td colspan="2">加密版本：01
3200063148
6885238</td></tr>
<tr><td colspan="2">货物或应税劳务名称</td><td>规格型号</td><td>单位</td><td>数量</td><td>单价</td><td>金额</td><td>税率</td><td colspan="3">税额</td></tr>
<tr><td colspan="2">票样

合计</td><td></td><td></td><td></td><td></td><td></td><td></td><td colspan="3"></td></tr>
<tr><td colspan="2">价税合计（大写）</td><td colspan="9">（小写）</td></tr>
<tr><td>销
货
单
位</td><td colspan="4">名　　称：
纳税人识别号：
地 址、电 话：
开户行及账号：</td><td>备

注</td><td colspan="5"></td></tr>
</table>

第一联：记账联 销货方记账凭证

收款人：　　复核：　　开票人：　　销货单位（章）

图 3-1　增值税专用发票式样

2. 普通发票

普通发票主要由营业税纳税人和增值税小规模纳税人使用，增值税一般纳税人在不能开具增值税专用发票的情况下也可以使用普通发票。普通发票由行业发票和专用发票组成。前者适用于某个行业的经营业务，如商业零售统一发票、商业批发统一发票、工业企业产品销售统一发票等；后者仅适用于某一经营项目，如广告费用结算发票、商品房销售发票等。

普通发票一般为三联：第一联是存根联，开票方留存备查；第二联为发票联，收执方作为付款或收款原始凭证，填开后的发票联要加盖财务章或发票专用章；第三联为记账联，开票方作为记账原始凭证。

3. 专业发票

专业发票，是指国有金融、保险企业的存贷、汇兑、转账凭证；保险凭证；国有邮政、电信企业的邮票、邮单、话务、电报收据；国有铁路、国有航空企业和交通部门、国有公路、水上运输企业的客票、货票等。

专业发票从版面上可划分为手写发票、电脑发票和定额发票3种。手写发票，是指手工书写形式填开的发票。电脑发票，是指用计算机填开并用其附设的打印机打出票面内容的发票。这类发票包括普通计算机用及防伪专用计算机用（如防伪税控机）的发票。定额发票，指发票票面印有固定的金额的发票。这类发票主要是防止开具发票时大头小尾以及方便一些特殊行业或有特殊需要的企业使用。

3.6.3 发票的印制

《中华人民共和国发票管理办法》（以下简称《发票管理办法》）对发票的印制规定如下。

（1）发票由省、自治区、直辖市税务机关指定的企业印制；增值税专用发票由国家税务总局指定的企业统一印制。禁止私印、伪造、变造发票。

（2）发票防伪专用品由国家税务总局指定的企业生产。禁止非法制造发票防伪专用品。

（3）省、自治区、直辖市税务机关对发票的印制实行统一管理的原则，严格审查印制发票企业的资格，对指定为印制发票的企业发给发票准印证。

（4）发票应当套印全国统一发票监制章。全国统一发票监制章的式样和发票版面印刷的要求，由国家税务总局规定。发票监制章由省、自治区、直辖市税务机关制作。禁止伪造发票监制章。发票实行不定期换版制度。

（5）印制发票的企业按照税务机关的统一规定，建立发票印制管理制度和保管措施。印制发票的企业应当按照税务机关批准的式样和数量印制发票。

（6）发票应当使用中文印制。民族自治地方的发票，可以加印当地一种通用的民族文字。有实际需要的，也可以同时使用中外两种文字印制。

（7）各省、自治区、直辖市内的单位和个人使用的发票，除增值税专用发票外，应当在本省、自治区、直辖市范围以内印制；确有必要到外省、自治区、直辖市印制的，应当由省、自治区、直辖市税务机关商印制地省、自治区、直辖市税务机关同意，由印制地省、自治区、直辖市税务机关指定的印制发票的企业印制。禁止在境外印制发票。

3.6.4 发票的领购

《发票管理办法》及其实施细则对发票的领购规定如下。

（1）依法办理税务登记的单位和个人，在领取税务登记证件后，向主管税务机关申请领购发票。依法不需要办理税务登记的单位需要领购发票的，可以按照《发票管理办法》的有关规定，向主管税务机关申请领购发票。

（2）申请领购发票的单位和个人应当提出购票申请，填写“发票领购申请审批表”，（格式见表 3-7），提供经办人身份证明、税务登记证件或者其他有关证明，以及财务印章或者发票专用章的印模，经主管税务机关审核后，发给发票领购簿。

领购发票的单位和个人应当凭发票领购簿核准的种类、数量以及购票方式，向主管税务机关领购发票。

（3）需要临时使用发票的单位和个人，可以直接向税务机关申请办理。

（4）临时到本省、自治区、直辖市行政区域以外从事经营活动的单位或者个人，应当凭所在地税务机关的证明，向经营地税务机关申请领购经营地的发票。

临时在本省、自治区、直辖市以内跨市、县从事经营活动领购发票的办法，由省、自治区、直辖市税务机关规定。

（5）税务机关对外省、自治区、直辖市来本辖区从事临时经营活动的单位和个人申请领购发票的，可以要求其提供保证人或者根据所领购发票的票面限额及数量交纳不超过 1 万元的保证金，并限期缴销发票。按期缴销发票的，解除保证人的担保义务或者退还保证金；未按期缴销发票的，由保证人或者以保证金承担法律责任。税务机关收取保证金应当开具收据。

表 3-7　　发票领购申请审批表

纳税人识别号：

纳税人名称：

<table>
<tr><td colspan="2">发票经办人姓名</td><td></td><td>身份证号码</td><td></td><td>电话</td><td colspan="2"></td></tr>
<tr><td>发票名称</td><td>规格</td><td>联式</td><td>金额版</td><td>文字版</td><td>数量</td><td colspan="2">每月用量</td></tr>
<tr><td></td><td></td><td></td><td></td><td></td><td></td><td colspan="2"></td></tr>
<tr><td></td><td></td><td></td><td></td><td></td><td></td><td colspan="2"></td></tr>
<tr><td></td><td></td><td></td><td></td><td></td><td></td><td colspan="2"></td></tr>
<tr><td colspan="4">申请理由：
申请人盖章
年　月　日</td><td>申请人财务专用章或发票专用章印模</td><td colspan="3"></td></tr>
<tr><td colspan="8">以　下　由　税　务　机　关　填　写</td></tr>
<tr><td>发票名称</td><td>规格</td><td>联式</td><td>金额版</td><td>文字版</td><td>数量</td><td>每月用量</td><td>购票方式</td></tr>
<tr><td></td><td></td><td></td><td></td><td></td><td></td><td></td><td></td></tr>
<tr><td></td><td></td><td></td><td></td><td></td><td></td><td></td><td></td></tr>
<tr><td></td><td></td><td></td><td></td><td></td><td></td><td></td><td></td></tr>
<tr><td colspan="2">发票管理部门
审批意见
（盖章）</td><td colspan="6">经办人：　　负责人：　　（盖章）
年　月　日</td></tr>
</table>

3.6.5 发票的开具要求

《发票管理办法》对发票的开具要求规定如下。

（1）销售商品、提供服务以及从事其他经营活动的单位和个人，对外发生经营业务收取款项，收款方应向付款方开具发票；特殊情况下由付款方向收款方开具发票。即单位和个人应在发生经营业务、确认营业收入时，才能开具发票。未发生经营业务，一律不得开具发票。

（2）所有单位和从事生产、经营活动的个人在购买商品、接受服务以及从事其他经营活动支付款项时，应当向收款方取得发票。取得发票时，不得要求变更品名和金额。

（3）不符合规定的发票，不得作为财务报销凭证，任何单位和个人有权拒收。

（4）开具发票应当按照规定的时限、顺序，逐栏、全部联次一次性如实开具，并加盖单位财务印章或者发票专用章。

（5）使用电子计算机开具发票，须经主管税务机关批准，并使用税务机关统一监制的机外发票，开具后的存根联应当按照顺序号装订成册。

（6）任何单位和个人不得转借、转让、代开发票；未经税务机关批准，不得拆本使用发票；不得自行扩大专业发票使用范围。禁止倒买倒卖发票、发票监制章和发票防伪专用品。

（7）发票限于领购单位和个人在本省、自治区、直辖市内开具。

（8）任何单位和个人未经批准，不得跨规定的使用区域携带、邮寄、运输空白发票。禁止携带、邮寄或者运输空白发票出入境。

（9）开具发票的单位和个人应当建立发票使用登记制度，设置发票登记簿，并定期向主管税务机关报告发票使用情况。

（10）开具发票的单位和个人应当在办理变更或者注销税务登记的同时，办理发票和发票领购簿的变更、缴销手续。

（11）开具发票的单位和个人应当按照税务机关的规定存放和保管发票，不得擅自损毁。已开具的发票存根联和发票登记簿，应当保存5年。保存期满，报经税务机关查验后销毁。

3.6.6 增值税专用发票使用规定

1. 增值税防伪税控系统

一般纳税人应通过增值税防伪税控系统（以下简称防伪税控系统）使用专用发票。使用，包括领购、开具、缴销、认证纸质专用发票及其相应的数据电文。

本规定所称防伪税控系统，是指经国务院同意推行的，使用专用设备和通用设备、运用数字密码和电子存储技术管理专用发票的计算机管理系统。专用设备，是指金税卡、IC 卡、读卡器和其他设备。通用设备，是指计算机、打印机、扫描器具和其他设备。

2. 办理初始发行

一般纳税人领购专用设备后，凭最高开票限额申请表、发票领购簿到主管税务机关办理初始发行，即主管税务机关将一般纳税人的下列信息载入空白金税卡和 IC 卡的行为。

（1）企业名称。

（2）税务登记代码。

（3）开票限额。

（4）购票限量。

（5）购票人员姓名、密码。

（6）开票机数量。

（7）国家税务总局规定的其他信息。

其中，一般纳税人发生上列第（1）、（3）、（4）、（5）、（6）、（7）项信息变化，应向主管税务机关申请变更发行；发生第（2）项信息变化，应向主管税务机关申请注销发行。

3. 不得领购开具专用发票的情形

一般纳税人凭发票领购簿、IC 卡和经办人身份证明领购专用发票，但是有下列情形之一的，不得领购开具专用发票。

（1）会计核算不健全，不能向税务机关准确提供增值税销项税额、进项税额、应纳税额数据及其他有关增值税税务资料的。

（2）有《税收征收管理法》规定的税收违法行为，拒不接受税务机关处理的。

（3）有下列行为之一，经税务机关责令限期改正而仍未改正的：

① 虚开增值税专用发票；

② 私自印制专用发票；

③ 向税务机关以外的单位和个人买取专用发票；

④ 借用他人专用发票；

⑤ 未按《增值税专用发票使用规定》的第十一条开具专用发票；

⑥ 未按《增值税专用发票使用规定》保管专用发票和专用设备；

⑦ 未按《增值税专用发票使用规定》申请办理防伪税控系统变更发行；

⑧ 未按《增值税专用发票使用规定》接受税务机关检查。

有上列情形的，如已领购专用发票，主管税务机关应暂扣其结存的专用发票和 IC

卡。其中，未按规定保管专用发票和专用设备，是指下列行为：

① 未设专人保管专用发票和专用设备；

② 未按税务机关要求存放专用发票和专用设备；

③ 未将认证相符的专用发票抵扣联、认证结果通知书和认证结果清单装订成册；

④ 未经税务机关查验，擅自销毁专用发票基本联次。

4. 专用发票最高开票限额管理

最高开票限额，是指单份专用发票开具的销售额合计数不得达到的上限额度。

最高开票限额由一般纳税人申请，税务机关依法审批。最高开票限额为10万元及以下的，由区县级税务机关审批；最高开票限额为100万元的，由地市级税务机关审批；最高开票限额为1 000万元及以上的，由省级税务机关审批。防伪税控系统的具体发行工作由区县级税务机关负责。根据国家税务总局的规定，自2007年9月1日起原省、地市税务机关的增值税一般纳税人专用发票最高开票限额审批权限下放至区县税务机关，地市税务机关对此项工作进行监督检查。

一般纳税人申请最高开票限额时，需填报“最高开票限额申请表”(格式见表3-8)。

5. 增值税专用发票开具范围

一般纳税人销售货物或者提供应税劳务，应向购买方开具专用发票。小规模纳税人需要开具专用发票的，可向主管税务机关申请代开。其中，商业企业一般纳税人零售的烟、酒、食品、服装、鞋帽（不包括劳保专用部分）、化妆品等消费品不得开具专用发票。销售免税货物不得开具专用发票，法律、法规及国家税务总局另有规定的除外。

根据2009年1月1日开始施行的《中华人民共和国增值税暂行条例》的规定，属于下列情形之一的，不得开具增值税专用发票。

（1）向消费者个人销售货物或者应税劳务的。

（2）销售货物或者应税劳务适用免税规定的。

（3）小规模纳税人销售货物或者应税劳务的。

6. 增值税专用发票开具要求

一般纳税人销售货物或者提供应税劳务可汇总开具增值税专用发票。汇总开具增值税专用发票的，同时使用防伪税控系统开具“销售货物或者提供应税劳务清单”，并加盖财务专用章或者发票专用章。如果一般纳税人在开具增值税专用发票当月，发生销货退回、开票有误等情形，收到退回的发票联、抵扣联符合作废条件的，按作废处理；开具时发现有误的，可即时作废。作废专用发票须在防伪税控系统中将相应的数据电文按“作废”处理，在纸质专用发票（含未打印的专用发票）各联次上注明“作废”字样，全联次留存。

表 3-8　　　　　　　　　最高开票限额申请表

<table>
<tr><td rowspan="2"></td><td>企业名称</td><td></td><td>税务登记代码</td><td></td></tr>
<tr><td>地　址</td><td></td><td>联系电话</td><td></td></tr>
<tr><td rowspan="2">申请事项（由企业填写）</td><td>申请最高开票限额</td><td colspan="3">□ 一亿元　□ 一千万元　□一百万元
□ 十万元　□ 一万元　□一千元
（请在选择数额前的□内打“√”）</td></tr>
<tr><td colspan="4">经办人（签字）　　企业（印章）
年　月　日　　年　月　日</td></tr>
<tr><td>区县级税务机关意见</td><td colspan="4">批准最高开票限额：
经办人（签字）　批准人（签字）　企业（印章）
年　月　日　年　月　日　年　月　日</td></tr>
<tr><td>地市级税务机关意见</td><td colspan="4">批准最高开票限额：
经办人（签字）　批准人（签字）　企业（印章）
年　月　日　年　月　日　年　月　日</td></tr>
<tr><td>省级税务机关意见</td><td colspan="4">批准最高开票限额：
经办人（签字）　批准人（签字）　企业（印章）
年　月　日　年　月　日　年　月　日</td></tr>
</table>

注：本申请表一式两联——第一联，申请企业留存；第二联，区县级税务机关留存。

一般纳税人取得增值税专用发票后，发生销货退回、开票有误等情形但不符合作废条件的，或者因销货部分退回及发生销售折让的，购买方应向主管税务机关填报“开具红字增值税专用发票申请单”（以下简称申请单）。申请单一式两联：第一联由购买方留存；第二联由购买方主管税务机关留存。申请单应加盖一般纳税人财务专用章。一般纳税人开具增值税专用发票应在增值税纳税申报期内向主管税务机关报税，在申报所属月份内可分次向主管税务机关报税。

对不符合下列要求的专用发票，购买方有权拒收。

（1）项目齐全，与实际交易相符。

（2）字迹清楚，不得压线、错格。

（3）发票联和抵扣联加盖财务专用章或者发票专用章。

（4）按照增值税纳税义务的发生时间开具。

7. 增值税专用发票开具方法及开具时限

（1）增值税专用发票汇总开具方法的规定。为了减少开具专用发票的工作量，降低专用发票的使用成本，销售货物品种较多的，可以汇总开具专用发票。如果所售货物适用的税率不一致，应按不同税率分别汇总填开专用发票。汇总填开专用发票，可以不填写"商品或劳务名称"、"计量单位"、"数量"和"单价"栏。汇总填开专用发票，必须附有销售方开具并加盖财务专用章或发票专用章的销货清单。销货清单应填写购销双方的单位名称、商品或劳务名称、计量单位、数量、单价、销售额。销货清单的汇总销售额应与专用发票"金额"栏的数字一致。购货方应索取销货清单一式两份，分别附在发票联和抵扣联之后。

（2）增值税专用发票开具时限的规定。

① 采取直接收款方式销售货物，不论货物是否发出，均为收到销售款或者取得索取销售款凭据的当天。

② 采取托收承付和委托银行收款方式销售货物，为发出货物并办妥托收手续的当天。

③ 采取赊销和分期收款方式销售货物，为书面合同约定的收款日期的当天，无书面合同的或者书面合同没有约定收款日期的，为货物发出的当天。

④ 采取预收货款方式销售货物，为货物发出的当天，但生产销售生产工期超过12个月的大型机械设备、船舶、飞机等货物，为收到预收款或者书面合同约定的收款日期的当天。

⑤ 委托其他纳税人代销货物，为收到代销单位的代销清单或者收到全部或者部分货款的当天。未收到代销清单及货款的，为发出代销货物满180天的当天。

⑥ 销售应税劳务，为提供劳务同时收讫销售款或者取得索取销售款的凭据的当天。

⑦ 设有两个以上机构（同一县市除外）并实行统一核算的纳税人，将货物从一个机构移送其他机构用于销售，将货物作为投资提供给其他单位或个体经营者，及将货物分配给股东，均为货物移送的当天。

一般纳税人必须按规定时限开具增值税专用发票，不得提前或滞后。对已开具专用发票的销售货物，要及时足额计入当期销售额征税。凡开具了专用发票，其销售额未按规定计入销售账户核算的，一律按偷税论处。对代开、虚开专用发票的，一律按票面所列货物的适用税率全额补征税款，并根据《税收征收管理法》的规定按偷税给予处罚。

8. 为小规模纳税人代开增值税专用发票的有关规定

（1）代开增值税专用发票的范围。

① 从事工业、手工业生产向一般纳税人销售货物的小规模纳税人。

② 从事商业批发向一般纳税人销售货物的小规模纳税人。

③ 为一般纳税人提供加工、修理修配劳务的，具有一定规模的小规模纳税人。

（2）申请代开增值税专用发票的有关手续和规定。增值税小规模纳税人需代开专用发票的，首先向分局申请代开资格，并填写“增值税小规模纳税人代开增值税专用发票审批表”，经分局和市国税局征管科审批同意后，方可申请开具专用发票。小规模纳税人向分局申请开具专用发票，应提供发生购销业务、接受劳务或者其他经营活动方面的有关证明，填写代开申请单，由分局开票人员审核无误后到纳税申报窗口开具税收缴款书并缴清税款后，再到代开窗口凭税收缴款书开具专用发票。为小规模纳税人开具的专用发票必须在底端的中间位置加盖开票税务机关代开增值税专用发票专用章，同时按规定加盖纳税人财务专用章或发票专用章。小规模纳税人如专用发票需作废或红冲，其已缴相应税款不退还，但可在下次开票时抵减或在下月纳税申报时抵减当月税款。

3.6.7 违反发票管理法规的法律责任

对未按规定领购、开具、取得、保管发票及未按规定接受税务机关检查的单位和个人，由税务机关责令限期改正，没收非法所得，可以并处1万元以下的罚款。对有两种或者两种以上违反发票管理法规行为的，可以分别处罚。对违反发票管理规定情节严重构成犯罪的，税务机关应当书面移送司法机关处理。违反发票管理法规，导致其他单位或者个人未缴、少缴或者骗取税款的，由税务机关没收非法所得，可以并处未缴、少缴或者骗取的税款1倍以下的罚款。

1. 未按规定领购发票的行为

向税务机关以外的单位和个人领购发票；私售、倒买倒卖发票；贩运、窝藏假发票；向他人提供发票或者借用他人发票；盗取（用）发票；其他未按规定领购发票的行为。

2. 未按规定开具发票的行为

应开具而未开具发票；单联填开或上下联金额、增值税销项税额等内容不一致；填写项目不齐全；涂改发票；转借、转让、代开发票；未经批准拆本使用发票；虚构经营业务活动，虚开发票；开具票物不符发票；开具作废发票；未经批准，跨规定的使用区域开具发票；以其他单据或白条代替发票开具；扩大专业发票或增值税专用发票开具范围；未按规定报告发票使用情况；未按规定设置发票登记簿；其他未按规定开具发票的行为。

3. 未按规定取得发票的行为

应取得而未取得发票；取得不符合规定的发票；取得发票时，要求开票方或自行变更品名、金额或增值税税额；自行填开发票入账；其他未按规定取得发票的行为。

4. 未按规定保管发票的行为

丢失发票；损（撕）毁发票；丢失或擅自销毁发票存根联以及发票登记簿；未按规定缴销发票；印制发票的企业和生产发票防伪专用品的企业丢失发票或发票监制章及发票防伪专用品等；未按规定建立发票保管制度；其他未按规定保管发票的行为。

技能训练

1. 填写增值税专用发票

某企业为服装生产企业（增值税一般纳税人），2009 年 11 月 11 日，该企业销售 A 服装一批，数量为 2 000 件，单价为 200 元。增值税税率为 17%。请根据以上资料填写增值税发票。

增值税专用发票

3202345224　　　　No 09876546

纳税人识别号：　　　　纳税人识别号：

记　账　联　　开票日期：　年　月　日

国税函[2206]822号南京造币厂

<table>
<tr><td>购货单位</td><td colspan="3">名　　称：
纳税人识别号：
地 址、电 话：
开户行及账号：</td><td>密码区</td><td colspan="4">447-96+/53723/1307>7-　加密版本：01
73-5-3+24/6*7<-60<96+　3200063148
-+<13<-3<241*-948364+　6885238
>867+<*3273++>702>>/1</td></tr>
<tr><td colspan="2">货物或应税劳务名称</td><td>规格型号</td><td>单位</td><td>数量</td><td>单价</td><td>金额</td><td>税率</td><td>税额</td></tr>
<tr><td colspan="2">

</td><td></td><td></td><td></td><td></td><td></td><td></td><td></td></tr>
<tr><td colspan="2">合计</td><td></td><td></td><td></td><td></td><td></td><td></td><td></td></tr>
<tr><td colspan="2">价税合计（大写）</td><td colspan="7">（小写）</td></tr>
<tr><td>销货单位</td><td colspan="4">名　　称：
纳税人识别号：
地 址、电 话：
开户行及账号：</td><td>备注</td><td colspan="3"></td></tr>
</table>

第一联：记账联 销货方记账凭证

收款人：　　复核：　　开票人：　　销货单位（章）

2. 计算企业所得税

某企业全年取得的收入总额为 200 万元，其中国债利息收入 2 万元，财政拨款 10 万元，取得居民企业之间的股息 8 万元，其余为产品销售收入。全年产品销售成本为 120 万元，支付税收滞纳金 1 万元，支付广告费 4 万元，向红十字会捐赠现金 0.5 万元，管理费用为 17 万元，其中业务招待费 5 万元。全年申报且支付的工资总额为 35 万元，支付的福利费为 18 万元，全年支付的工会经费为 1 万元，支付的职工教育经费为 3 万元。企业适用的所得税税率为 25%，计算该企业全年应纳所得税额。

章节练习

一、单项选择题

1. 下列各项中，不属于税收的特点的是（　　）。

A. 自愿性　　B. 强制性　　C. 无偿性　　D. 固定性

2. 下列各项中不属于流转税的是（　　）。

A. 消费税　　B. 营业税　　C. 关税　　D. 车辆购置税

3. 在税法要素中，对纳税对象总额中的一部分数额免予征税，只就减除后的剩余部分计征税款，被免予征税的这部分数额是（　　）。

A. 计税依据　　B. 免征额　　C. 税基　　D. 起征点

4. 某企业为一般纳税人，本月购进材料不含税价为 400 000 元，增值税专用发票注明的进项税额为 68 000 元，取得的运费专用发票上注明的运费为 2 000 元，包装费为 500 元，本月向农民购入的免税农产品 30 000 元用于生产产品，本月销售产品收入为 700 000 元，适用增值税税率为 17%，则本月应交的增值税为（　　）元。

A. 46 960　　B. 46 925　　C. 48 725　　D. 47 373.68

5. 下列关于增值税的纳税义务发生的时间表述不正确的是（　　）。

A. 一般为收讫销售款项或取得索取款项凭据的当天

B. 先开具发票的为开具发票的当天

C. 进口货物，其纳税义务发生时间为报关进口的当天

D. 增值税扣缴义务发生时间为扣缴义务发生的当天

6. 根据《企业所得税法》的规定，下列关于企业所得税纳税人的表述中，不正确的是（　　）。

A. 居民企业就其来源于我国境内外的全部所得缴税

B. 非居民企业就其来源于我国境内外的全部所得缴税

C. 个人独资企业和合伙企业不是企业所得税的纳税人

D. 企业设有多个不具有法人资格的营业机构的，实行由法人汇总纳税

7. 李某在一次福利彩票抽奖中，以 1 000 元抽中一辆价值 300 000 元的别克轿车，外加 500 000 元现金，个人所得税税率为 20%，李某应缴纳个人所得税税额为（　　）元。

A. 10 万　　B. 0　　C. 15.98 万　　D. 16 万

8. 从事生产、经营的纳税人领取工商营业执照的，应当自领取工商营业执照（　　）申报办理税务登记。

A. 之日起 30 日内　　B. 次日起 30 日内

C. 之日起 3 个月内　　D. 次日起 3 个月内

9. 下列不属于变更税务登记的事项是（　　）。

A. 纳税人因经营地点的迁移而要改变原主管税务机关的

B. 改变法定代表人

C. 增减注册资金

D. 改变开户银行账号

10. 根据《税收征收管理法》规定，对经营规模较大、会计制度健全、会计核算准确及能够认真履行纳税义务的纳税人，税务机关可以采取的税款征收方式是（　　）。

A. 查账征收　　B. 查定征收　　C. 查验征收　　D. 定期定额征收

11. 对国家税务总局作出的决定不服向（　　）申请行政复议。

A. 国务院　　B. 国家税务总局

C. 北京市高级人民法院　　D. 最高人民法院

12. 以下票据中，不属于发票的是（　　）。

A. 火车票　　B. 订货单　　C. 电信业务收据　　D. 电费收据

13. 对在全国范围内统一样式的发票，如增值税专用发票，由（　　）确定。

A. 国务院　　B. 财政部　　C. 国家税务总局　　D. 省级税务机关

14. 铁路、公路、水上运输等单位使用的发票为（　　）。

A. 增值税专用发票　　B. 行业发票

C. 专用发票　　D. 专业发票

15. 下列情况中，应开具增值税专用发票的是（　　）。

A. 一般纳税人向消费者销售应税项目

B. 一般纳税人转让无形资产

C. 小规模纳税人销售货物给一般纳税人

D. 一般纳税人将自产的货物作为投资提供给其他单位

二、多项选择题

1. 税收按征税对象可分为（　　）。

A. 流转税类　　B. 所得税类　　C. 工商税类　　D. 行为税类

2. 下列各项关于进项税的表述正确的有（　　）。

A. 企业购进货物发生的运杂费按7%抵扣进项税额

B. 海关完税凭证上注明的增值税可以抵扣

C. 购进的农产品可以按13%作为进项税额

D. 购进货物的增值税专用发票上注明的增值税

3. 税务登记的种类包括（　　）。

A. 设立登记　　B. 停业、复业登记

C. 外出经营报验登记　　D. 变更登记

4. 下列应当办理税务登记的是（　　）。

A. 国家机关

B. 个体工商户

C. 企业在外地设立的分支机构

D. 税法规定应纳税但暂享受免税待遇的单位和个人

5. 注销税务登记的适用范围有（　　）。

A. 纳税人因故需要歇业的

B. 纳税人的法定代表人发生变更的

C. 纳税人被工商行政管理机关吊销营业执照的

D. 纳税人因住所、经营地点变更，涉及改变主管税务机关的

6.《税收征收管理法实施细则》规定，纳税人采取邮寄方式申报纳税的，应当（　　）。

A. 使用统一的纳税申报专用信封　　B. 以邮政部门收据作为申报凭据

C. 以寄出的邮戳日期为实际申报日期　　D. 使用特快专递邮寄

7. 以下关于纳税申报的描述正确的有（　　）。

A. 临时取得应税收入的应在发生纳税义务后，立即纳税申报并缴纳税款

B. 扣缴义务人按照规定的期限办理纳税申报确有困难的，经主管税务机关批准后可以延期申报

C. 纳税人因享受减免税等的可以不进行纳税申报

D. 纳税人在免税期也应当按规定纳税申报

8. 下列企业中，属于专业发票使用范围的有（　　）。

A. 商品零售企业　　B. 国有邮政、电信企业

C. 国有广告企业　　D. 国有金融企业

9. 根据《增值税专用发票使用规定》，以下说法正确的是（　　）。

A. 一般纳税人应通过增值税防伪税控系统使用专用发票

B. 专用发票实行最高开票限额管理

C. 一般纳税人领购专用设备后，凭最高开票限额申请表、发票领购簿到主管税务机关办理初始发行

D. 一般纳税人凭发票领购簿、IC 卡和经办人身份证明领购专用发票

10. 下列情形中，不得开具增值税专用发票的是（　　）。

A. 向消费者销售应税项目　　B. 将货物无偿赠送他人

C. 零售企业销售劳保服装用品　　D. 汽车制造厂销售汽车给使用单位

三、不定项选择

1. 税务登记的主要内容，通过纳税人填写（　　）来体现。

A. 财务报表　　B. 完税凭证　　C. 纳税申报表　　D. 税务登记表

2. 下列各项中，属于纳税人首次申请领购发票时应提供的证件和资料是（　　）。

A. 经办人身份证明　　B. 税务登记证

C. 发票领购簿　　D. 财务印章的印模

3. 下列各项中，属于违反发票管理法规行为的是（　　）。

A. 向税务机关以外的单位和个人领购发票

B. 应取得而未取得发票

C. 丢失发票

D. 应开具而未开具发票

4. 发票监制章由（　　）税务机关制作。

A. 国家税务总局　　B. 省级　　C. 地市级　　D. 县级

5. 纳税申报的主要内容有（　　）。

A. 单位税额　　B. 应减免税项目及税额

C. 延期缴纳税款　　D. 税款所属期限

6. 下列属于税法规定的偷税手段的是（　　）。

A. 伪造变造账簿、记账凭证　　B. 隐匿、擅自销毁账簿、记账凭证

C. 进行虚假申报　　D. 以暴力拒不缴纳税款

7. 下列各项中，应当依据规定办理税务登记的有（　　）。

A. 有应税收入　　B. 有应税财产　　C. 有应税行为　　D. 扣缴义务人发生扣缴义务的

8. 一般纳税人通过防伪税控系统使用专用发票，使用包括（　　）。

A. 开具　　B. 领购　　C. 缴销　　D. 认证发票

9. 下列表述不正确的有（　　）。

A. 税收保全是强制执行的前提

B. 税款优先原则就是税收优先于贷款

C. 只要所有权是纳税人的物品均可拍卖

D. 有抗税行为的可以处 50%到 5 倍的罚款

10. 下列属于税务代理的法定业务的有（　　）。

A. 办理税务登记　　B. 办理发票领购手续

C. 制作涉税文书　　D. 提供审计报告

四、判断题

1. 在计算营业税应纳税额时，纳税人的营业额超过起征点的，仅就超过起征点的部分征税。（　　）

2. 烟、酒与酒精、化妆品、汽车及成品油均应缴纳消费税。（　　）

3. 非居民企业在中国境内未设立机构、场所的，或虽设立机构、场所，但取得的所得与其所设机构、场所没有实际联系的所得，其企业所得税以扣缴义务人所在地为纳税地点。（　　）

4. 税务机关对税务登记证件实行定期验证制度。（　　）

5. 个人（包括个体户和自然人）只要发生应税行为都应办理税务登记。（　　）

6. 纳税人发生解散，依法终止纳税义务的应在向工商行政管理机关或其他机关办理注销登记后持有关证件和材料向原税务登记机关申报办理注销税务登记。（　　）

7. 纳税人发生纳税义务，未按照税法规定的期限办理纳税申报，经税务机关责令限期申报，逾期仍未申报的，税务机关有权核定其应纳税额。（　　）

8. 普通发票应当使用中文印刷，有实际需要的，也可以同时使用中外两种文字印刷。（　　）

9. 临时到本省、自治区、直辖市行政区域以外从事经营活动的单位或个人，应当向经营地税务机关申请领购经营地的发票。（　　）

10. 发票应当由收款方向付款方开具，不得由付款方向收款方开具。（　　）

第4章

财政法规制度

知识目标

- 了解我国财政法规制度的基本构成
- 熟悉国家预决算法律制度构成
- 掌握国家预决算的程序与监管
- 熟悉政府采购制度的基本构成
- 掌握政府采购的原则与模式
- 熟悉国库集中收付制度体系的基本构成

能力目标

- 能运用国家预决算制度分析国家财政的分配政策
- 能用政府采购制度分析国家的宏观调控政策
- 能运用国库集中收付制度解释国家某些具体的宏观调控手段

导入案例

温家宝总理在2010年政府工作报告中说，2010年拟安排财政赤字10 500亿元，其中中央财政赤字8 500亿元，继续代发地方债2 000亿元并纳入地方财政预算；为了进一步促进中小企业发展，中央财政安排扶持中小企业发展专项资金106亿元；为了促进农业稳定发展和农民持续增收，中央财政拟安排各项补贴资金1 335亿元，安排“三农”专项资金8 183亿元，等等。

你从中能否看出我国国家预算的基本构成呢？

4.1 预算法律制度

预算是国家实现政治经济任务，有计划地集中和分配财政收入的重要工具，是具有法律效力的基本财政计划。特别是随着社会经济的快速发展，预算在加强国家宏观调控、保障经济和社会的健康发展方面具有十分重要的意义。

4.1.1 预算法律制度的概念及构成

1. 预算法律制度的概念

预算法律制度，是指国家经过法定程序制定的，用以调整在国家进行预算资金的集中、分配、使用和管理过程中发生的经济关系的法律规范的总称，主要有《中华人民共和国预算法》（以下简称《预算法》）、《中华人民共和国预算法实施条例》（以下简称《预算法实施条例》）以及有关国家预算管理的其他法律制度。

2. 预算法律制度的基本构成

预算法律制度是一种法律规范的总称，基本构成如下。

（1）《预算法》。我国在预算法律制度建设方面应该说起步比较晚，于1994年3月22日经第八届全国人民代表大会第二次会议通过颁布了《预算法》，自1995年1月1日起施行。该法是我国第一部财政基本法律，也是目前我国国家预算管理工作的根本性法律。它在强化预算分配和监督、健全财政预算制度、加强国家宏观调控及保障社会经济健康发展等方面起到了十分重要的作用。

（2）《预算法实施条例》。为了更好地贯彻实施《预算法》，使之更具有操作性及为预算和预算监督提供更为具体明确的行为准则，1995年11月22日国务院颁布了《预算法实施条例》。该条例是根据《预算法》的基本原则和规定制定的，同时它又对《预算法》中的相关法律概念、预算管理的基本方法和预算程序等作了具体的规定。

4.1.2 国家预算的概念及原则

1. 国家预算的概念

国家预算，是指经法定程序批准的、国家在一定期间内预定的财政收支计划，是国家进行财政分配的依据和宏观调控的重要手段。我国国家预算是实现政治经济任务，有计划地集中和分配财政收入的重要工具，是具有法律效力的基本财政计划。国家预算主要包括预算收入和预算支出。预算收入主要来源于税收；预算支出主要用于经济建设、国防、文化教育、科学、卫生及社会福利等事业。

2. 国家预算原则

国家预算原则，是指国家选择预算形式和体系应遵循的指导思想，也就是制定国家财政收支计划的方针，主要有以下几点。

（1）公开性。我国国家预算收入主要来源于税收，国家预算的范围、方向和政策，与全体公民的切身利益息息相关。因此，国家预算及其执行情况必须置于人民的监督之下，采取一定形式的公开。

（2）可靠性。国家预算的每一笔收支项目必须运用科学的方法，依据充分真实的资料进行预决算，不得假定、估算，更不能任意或随意编造，要真实可靠。

（3）完整性。国家预算的一切财政收支都要在预决算项目中列示，不能造假账、预算外预算。某些国家允许的预算外收支，也必须在预决算中反映。保持预决算的完整性。

（4）统一性。国家预算要求不管是地方预算还是中央预算都要设立统一的预算科目，每个科目都要按统一的口径、程序计算和填列。确保统一性。

（5）年度性。国家预算特别是政府预算必须按照法定预算年度编制预算，同时这一预算要反映全年的财政收支情况，不允许将不属于本年度的预算的项目内容列入本年度的国家预算中去。要体现年度性。

4.1.3　国家预算的作用、级次划分与分类

1. 国家预算的作用

国家预算是国家实现政治经济任务，有计划地集中和分配财政收入的重要工具，也是进行财政分配和宏观调控的主要手段，在保障社会经济持续、健康发展中起到十分关键的作用。

国家预算的作用主要体现在以下 3 个方面。

（1）财力保证作用。国家预算为国家机构正常运转，也为政府实施各项社会经济政策提供了强有力的物质保障。应该说，提供财力保证是国家预算最根本的作用。

（2）调节制约作用。国家预算是国家的基本财政计划，是进行财政分配和宏观调控的主要手段。国家预算的收支规模可以调节社会总供给与总需求的平衡，预算支出

的结构可以调节国民经济结构。因此，国家预算的编制与执行情况对国家和社会经济的发展起到直接的制约作用。

（3）反映监督作用。国家预算是国民经济的综合反映，预算收支在一定程度上反映了国民经济的发展规模和各项经济建设的基本情况。因此，通过国家预算的编制与执行便于掌握经济的运行状况、发展趋势及出现的问题，从而及时地进行监督并采取相应的对策，促进国民经济的健康持续发展。

2. 国家预算的级次划分

按照我国政权结构、行政区域划分和财政管理体制要求，根据《预算法》规定，国家预算实行“一级政府，一级预算”，共分5个级别，具体如下。

（1）中央预算。

（2）省级（省、自治区、直辖市）预算。

（3）地级市（设区的市、自治州）预算。

（4）县市级（县、自治县、不设区的市、市辖区）预算。

（5）乡镇级（乡、民族乡、镇）预算。

其中，对于不具备设立预算条件的乡、民族乡、镇，经省、自治区、直辖市政府确定，可以不设立预算。县级以上地方政府的派出机关，根据本级政府授权进行预算，但不作为一级预算。

3. 国家预算的分类

根据我国国家政权结构和行政区划，按照预算收支平衡的原则，国家预算可分为中央预算、地方预算、各级总预算和部门预算及单位预算。

（1）中央预算。中央预算指中央政府预算，由中央各部门（含直属单位）预算组成，包括地方向中央上解的收入数额及中央对地方返还或给予补助的数额。

其中，中央各部门指与财政部直接发生预算缴款、拨款关系的国家机关、军队、党政组织和社会团体；直属单位指与财政部直接发生预算缴款、拨款关系的企业和事业单位。

（2）地方预算。地方预算由各省、自治区、直辖市总预算组成，包括下级政府向上级政府上解的收入数额及上级政府对下级政府返还或给予补助的数额。地方各级政府预算由本级各部门（含直属单位）的预算组成。

其中，本级各部门指与本级政府财政部门直接发生预算缴款、拨款关系的地方国家机关、党政组织和社会团体；直属单位指与本级政府财政部门直接发生预算缴款、拨款关系的企业和事业单位。

（3）总预算。总预算指政府的财政汇总预算。根据国家政权结构和行政区划可相应划分为各级次的总预算。其中，各级政府总预算由本级政府预算和汇总的下一级政府总预算组成，由财政部门负责编制；若下一级政府预算只有本级预算的，则下一级政府总预算即指下一级政府的本级预算；若没有下一级政府预算的，总预算即指本级预算。例如，乡级预算没有下一级政府预算，则总预算就指它的本级预算。

（4）部门、单位预算。部门、单位预算指部门、单位的收支预算。其中，部门预算是由本部门所属单位预算组成，它是一项综合预算：既包括行政单位预算，又包括其下属的事业单位预算；既包括一般预算收支计划，又包括政府基金预算收支计划；既包括正常经费预算，又包括专项支出预算；既包括财政预算内拨款收支计划，又包括财政预算外拨款资金收支计划和部门其他收支计划。单位预算指列入部门预算的国家机关、社会团体和其他单位的收支预算。可以说，部门、单位预算是总预算的基础，由各预算部门和单位负责编制。

我国从 2000 年起对部门预算进行了重大改革。部门预算成为市场经济国家财政预算管理的基本组织形式。其内涵包括：一是，部门作为预算编制的基础单元，取消财政与部门中间环节，财政预算以部门编制预算为起点；二是，国家预算要落实到每个具体部门，预算管理以部门为依托，从根本上改变财政资金按性质归口管理的传统做法；三是，“部门”本身要有严格的资质要求，限制那些与财政直接发生经费领拨关系的一级预算单位为预算部门。

4.1.4 预算管理的职权

根据《预算法》的规定，按照“统一领导、分级管理、权责结合”的原则，我国的国家预算按法定职权划分为：各级人民代表大会的预算职权、各级政府预算职权、各级财政部门的预算职权及各部门、各单位的预算职权。

1. 各级人民代表大会的预算职权

根据《预算法》的规定，各级人民代表大会的预算职权如下。

（1）全国人民代表大会的预算监督职权（《预算法》第十二条）。

① 审查中央和地方预算草案及中央和地方预算执行情况的报告。

② 批准中央预算和中央预算执行情况的报告。

③ 改变或者撤销全国人大常委会关于预算、决算的不适当的决议。

全国人大常委会的预算监督职权包括：

① 监督中央和地方预算的执行；

② 审查和批准中央预算的调整方案；

③ 撤销国务院制定的同宪法、法律相抵触的关于预算、决算的行政法规、决定

和命令；

④ 撤销省、自治区、直辖市人大及其常委会制定的同宪法、法律和行政法规相抵触的关于预算、决算的地方性法规和决议；

⑤ 情审查和批准中央决算。

（2）县级以上地方各级人民代表大会的预算职权（《预算法》第十三条）。

① 审查本级总预算草案及本级总预算执行情况的报告。

② 批准本级预算和本级预算执行情况的报告。

③ 改变或者撤销本级人大常委会关于预算、决算的不适当的决议。

④ 撤销本级政府关于预算、决算的不适当的决定和命令。

县级以上地方各级人大常委会的预算监督职权包括：

① 监督本级总预算的执行；

② 审查和批准本级预算的调整方案，审查和批准本级政府决算；

③ 撤销本级政府和下一级人大及其常委会关于预算、决算的不适当的决定、命令和决议。

（3）乡、民族乡、镇的人民代表大会的预算职权（《预算法》第十三条）。

① 审查和批准本级预算和本级预算执行情况的报告。

② 监督本级预算的执行。

③ 审查和批准本级预算的调整方案。

④ 审查和批准本级决算。

⑤ 撤销本级政府关于预算、决算的不适当的决定和命令。

2. 各级政府的预算职权（《预算法》第十四条、第十五条）

国务院编制中央预算、决算草案；向全国人民代表大会作关于中央和地方预算草案的报告；将省、自治区、直辖市政府报送备案的预算汇总后报全国人民代表大会常务委员会备案；组织中央和地方预算的执行；决定中央预算预备费的动用；编制中央预算调整方案；监督中央各部门和地方政府的预算执行；改变或者撤销中央各部门和地方政府关于预算、决算的不适当的决定、命令；向全国人民代表大会、全国人民代表大会常务委员会报告中央和地方预算的执行情况。

县级以上地方各级政府编制本级预算、决算草案；向本级人民代表大会作关于本级总预算草案的报告；将下一级政府报送备案的预算汇总后报本级人民代表大会常务委员会备案；组织本级总预算的执行；决定本级预算预备费的动用；编制本级预算的调整方案；监督本级各部门和下级政府的预算执行；改变或者撤销本级各部门和下级政府关于预算、决算的不适当的决定、命令；向本级人民代表大会、本级人民代表大会常务委员会报告本级总预算的执行情况。

乡、民族乡、镇政府编制本级预算、决算草案；向本级人民代表大会作关于本级预算草案的报告；组织本级预算的执行；决定本级预算预备费的动用；编制本级预算的调整方案；向本级人民代表大会报告本级预算的执行情况。

3. 各级财政部门的预算职权

根据《预算法》的规定，各级财政部门的预算职权如下。

（1）国务院财政部门的预算职权（《预算法》第十六条）。

① 具体编制中央预算、决算草案。

② 具体组织中央和地方预算的执行。

③ 提出中央预算预备费动用方案。

④ 具体编制中央预算的调整方案。

⑤ 定期向国务院报告中央与地方预算的执行情况。

（2）地方各级政府财政部门的预算职权（《预算法》第十六条）。

① 具体编制本级预算、决算草案。

② 具体组织本级总预算的执行。

③ 提出本级预算预备费动用方案。

④ 定期向本级政府和上一级政府财政部门报告本级总预算的执行情况。

4. 各部门、各单位的预算职权

（1）各部门的预算职权（《预算法》第十七条）。

① 编制本部门预算、决算草案。

② 组织和监督本部门预算的执行。

③ 定期向本级政府财政部门报告预算的执行情况。

（2）各单位的预算职权（《预算法》第十八条）。

① 编制本单位预算、决算草案。

② 按照国家规定上缴预算收入，安排预算支出，并接受国家有关部门的监督。

4.1.5 预算收入与预算支出

根据《预算法》的相关规定，国家预算由预算收入和预算支出组成。

1. 预算收入

预算收入划分为中央预算收入、地方预算收入以及中央和地方预算共享收入。其中，中央预算收入指按照分税制财政管理体制，纳入中央预算、地方不参与分享的收入，包括中央本级收入和地方按照规定向中央上解的收入；地方预算收入指按照分税制财政管理体制，纳入地方预算、中央不参与分享的收入，包括地方本级收入和中央按照规定返还或补助地方的收入；中央和地方预算共享收入指按照分税制财政管理体制，中央预算和地方预算对同一税种的收入，按照一定标准或比例分享的收入。

《预算法》规定的预算收入的形式主要有以下几种。

（1）税收收入。税收收入是国家预算收入的最主要部分，占国家预算收入总额的90%以上。

（2）依照规定应当上缴的国有资产收益。依照规定应当上缴的国有资产收益指国家依据其所有者的地位而获得的收益，例如，依照规定应当上缴的国有资产投资产生的股息收入，国有资产的有偿转让、出让收益等。

（3）专项收入。专项收入指为了满足某种专门需要而由有权收取的部门筹集的专项用途的资金，例如，征收排污费收入、电力建设基金收入等。

（4）其他收入。其他收入有各项规费收入、罚没收入等。

2. 预算支出

《预算法》规定，预算支出分为中央预算支出和地方预算支出。基本的支出原则是：上级政府不得在预算之外调用下级政府预算资金；下级政府不得挤占或截留属于上级政府预算的资金。

中央预算支出，指按照分税制财政管理体制，由中央财政承担并列入中央预算的支出，包括中央本级支出和中央返还或给予补助地方的支出。

地方预算支出，指按照分税制财政管理体制，由地方财政承担并列入地方预算的支出，包括地方本级支出和地方按照规定上解中央的支出。

中央预算和地方预算有关收入和支出项目的划分、地方向中央上解收入、中央对地方返还或给予补助的具体办法，由国务院规定，报全国人民代表大会常务委员会备案。

《预算法》中规定的预算支出形式主要有以下几种。

（1）经济建设支出。

（2）教育、科学、文化、卫生、体育等事业发展支出。

（3）国家管理费用支出。

（4）国防支出。

（5）各项补贴支出。

（6）其他支出。

4.1.6 预算组织程序

预算组织程序包括预算的编制、审批、执行和调整。

1. 预算的编制

根据《预算法》的规定，各级政府、各部门、各单位应当按照国务院规定的时间编制预算草案。同时，国务院应当及时下达关于编制下一年度预算草案的指示，由财政部门负责和部署编制预算草案的具体事项。所谓的预算草案是指，各级政府、各部门、各单位编制的未经法定程序审查和批准的预算收支计划。

（1）预算年度。《预算法》规定，我国国家预算年度采用公历年制，即自公历 1 月 1 日起，至 12 月 31 日止。这就要求各级政府、各部门、各单位应当按照《预算法》规定的时间及时编制预算草案，保证国家财政税收活动的依法正常进行。

（2）预算草案的编制依据。根据《预算法》的规定，中央预算和地方各级政府预算，应当采用复式预算的编制方法，参考上一年预算执行情况和本年度收支预测进行编制。具体依据如下。

各级政府编制年度预算草案的依据有以下方面。

① 法律、法规。

② 国民经济和社会发展计划、财政中长期计划以及有关的财政经济政策。

③ 本级政府的预算管理职权和财政管理体制确定的预算收支范围。

④ 上一年度预算执行情况和本年度预算收支变化因素。

⑤ 上级政府对编制本年度预算草案的指示和要求。

各部门、各单位编制年度预算草案的依据有以下方面。

① 法律、法规。

② 本级政府的指示和要求以及本级财政部门的部署。

③ 本部门、本单位的职责、任务和事业发展规划。

④ 本部门、本单位的定员定额标准。

⑤ 本部门、本单位上一年度预算执行情况和本年度预算收支变化因素。

（3）预算草案编制的内容。中央预算的编制内容如下。

① 本级预算收入与支出。

② 上一年度结余用于本年度安排的支出。

③ 返还或补助地方的支出。

④ 地方上解的收入。

地方各级政府预算的编制内容如下。

① 本级预算收入和支出。

② 上一年度结余用于本年度安排的支出。

③ 上级返还或补助的收入。

④ 返还或补助下级的支出。

⑤ 上解上级的支出。

⑥ 下级上解的收入。

2. 预算的审批

由于各级预算的审批具有时效性、级别性、程序性和严肃性。《预算法》对预算的审查和批准作了明确的规定。

（1）中央预算由全国人民代表大会审查和批准。

（2）地方各级政府预算由本级人民代表大会审查和批准。

（3）乡、民族乡、镇政府应当及时将经本级人民代表大会批准的本级预算报上一级政府备案。县级以上地方各级政府应当及时将经本级人民代表大会批准的本级预算及下一级政府报送备案的预算汇总，报上一级政府备案。

（4）县级以上地方各级政府将下一级政府依照前款规定报送备案的预算汇总后，报本级人民代表大会常务委员会备案。国务院将省、自治区、直辖市政府依照前款规定报送备案的预算汇总后，报全国人民代表大会常务委员会备案。

（5）各级政府预算经本级人民代表大会批准后，本级政府财政部门应当及时向本级各部门批复预算。各部门应当及时向所属各单位批复预算。

3. 预算的执行

预算执行是指，经法定程序批准的预算进入具体实施阶段，各级政府、各部门、各预算单位在组织实施经本级权力机关批准的本级预算中筹措预算收入、拨付预算支出等的活动。我国预算执行的主体包括各级政府、各级政府财政部门、预算收入征收部门、国家金库、各有关部门和有关单位。

同时，《预算法》规定，各级预算由本级政府组织执行，具体工作由本级政府财政部门负责。有预算收入上缴任务的部门和单位，必须依照法律、行政法规和国务院财政部门的规定，将应当上缴的预算资金及时、足额地上缴国家金库（以下简称国库），不得截留、占用、挪用或者拖欠；各级政府财政部门必须依照法律、行政法规和国务院财政部门的规定，及时、足额地拨付预算支出资金，加强对预算支出的管理和监督。

4. 预算的调整

预算调整是指，经全国人民代表大会批准的中央预算和经地方各级人民代表大会批准的本级预算，在执行中因特殊情况需要增加支出或者减少收入，使原批准的收支平衡的预算的总支出超过总收入，或者使原批准的预算中举借债务的数额增加的部分变更。

《预算法》规定，各级政府对于必须进行的预算调整，应当编制预算调整方案。

中央预算的调整方案必须提请全国人民代表大会常务委员会审查和批准；县级以上地方各级政府预算的调整方案必须提请本级人民代表大会常务委员会审查和批准；乡、民族乡、镇政府预算的调整方案必须提请本级人民代表大会审查和批准。未经批准，不得调整预算。

另外，根据《预算法实施条例》的有关规定：一是，预算调整方案由政府财政部门负责具体编制。预算调整方案应当列明调整的原因、项目、数额、措施及有关说明，经本级政府审定后，提请本级人民代表大会常务委员会审查和批准；二是，接受上级返还或者补助的地方政府，应当按照上级政府规定的用途使用款项，不得擅自改变用途；三是，政府有关部门以本级预算安排的资金拨付给下级政府有关部门的专款，必须经本级政府财政部门同意并办理预算划转手续；四是，各部门、各单位的预算支出，必须按照本级政府财政部门批复的预算科目和数额执行，不得挪用；确需作出调整的，必须经本级政府财政部门同意；五是，年度预算确定后，企业、事业单位改变隶属关系，引起预算级次和关系变化的，应当在改变财务关系的同时，相应办理预算划转。

4.1.7 决算

决算是指，对年度预算收支执行结果的会计报告，是对预算执行情况的总结，是国家管理预算活动的最后一道程序。它包括决算报表和文字说明两个部分。因此，在预算管理方面《预算法》规定各级政府、各部门、各单位在每一预算年度终了后必须编制决算草案。所谓的决算草案是指，由各级政府、各部门、各单位，在每一预算年度终了后按照国务院规定的时间所编制的预算收支计划，其具体事项由国务院财政部门部署。各部门对所属各单位的决算草案，应当审核并汇总编制本部门的决算草案，在规定的期限内报本级政府财政部门审核。

国务院财政部门编制中央决算草案，报国务院审定后，由国务院提请全国人民代表大会常务委员会审查和批准；县级以上地方各级政府财政部门编制本级决算草案，报本级政府审定后，由本级政府提请本级人民代表大会常务委员会审查和批准；乡、民族乡、镇政府编制本级决算草案，提请本级人民代表大会审查和批准。

各级政府决算经批准后，财政部门应当向本级各部门批复决算。

4.1.8 预决算的监督

预算法不同于一般的民事法、刑事法等法律规范，在预决算监督过程中强调事前、事中和事后的全过程监督。因此，做好预决算的监督工作，对预算工作的顺利开展具有十分重要的意义。

预决算的监督按照不同的标准分类如下。

（1）按时间先后，预决算的监督可分为事前监督、事中监督和事后监督；

（2）按内容分，预决算的监督可分为预算编制的监督、预算执行的监督、预算调整的监督和决算的监督；

（3）按主体分，预决算的监督可分为各级国家权力机关即各级人民代表大会及其常务委员会的监督、各级政府对下级政府的监督、各级政府财政部门对本级各部门、各单位和下级财政部门的监督以及各级政府审计部门对预算执行情况和决算情况的审计监督等。

根据《预算法》的规定，全国人民代表大会及其常务委员会对中央和地方预算、决算进行监督；县级以上地方各级人民代表大会及其常务委员会对本级和下级政府预算、决算进行监督；乡、民族乡、镇人民代表大会对本级预算、决算进行监督；各级政府审计部门对本级各部门、各单位和下级政府的预算执行、决算实行审计监督。

4.2 政府采购法律制度

政府采购是一种政府行为，它的本质是一种公款购买活动，即由政府拨款进行采购。同时，它具有资金来源的公共性、非营利性、采购对象的广泛性和复杂性、规范性、政策性、公开性等特征。政府采购作为国家财政支出的重要组成部分，是实现财政支出政策的重要工具，在加强国家的宏观调控方面具有重要的意义。

4.2.1 政府采购法律制度的基本构成

我国的政府采购法律制度由《中华人民共和国政府采购法》（以下简称《政府采购法》）、国务院各部门特别是财政部颁布的一系列部门规章以及地方性法规和政府规章组成，形成了由中央到地方，由上位法到下位法衔接较为严密的制度体系。

1.《政府采购法》

我国在政府采购法律制度建设方面应该说起步比较晚，于 2002 年 6 月 29 日第九届全国人民代表大会常务委员会第二十八次会议通过颁布了《政府采购法》，自 2003 年 1 月 1 日起施行。该法是规范我国政府采购活动的根本性法律，也是制定其他政府采购法规制度的基本依据。该法共有九章八十八条，具体包括总则、政府采购当事人、政府采购方式、政府采购程序、政府采购合同、质疑与投诉、监督检查、法律责任和附则。

2. 政府采购部门规章

目前为止我国还没有出台有关政府采购的行政法规，但国务院各部门，特别是财政部颁布了一系列有关政府采购的部门规章，如《政府采购信息公告管理办法》（财政部令第19号）、《政府采购货物和服务招标投标管理办法》（财政部令第18号）等。这些部门规章细化了《政府采购法》中的原则性规定。

3. 政府采购地方性法规和政府规章

各地政府根据《政府采购法》并结合本地区的实际情况，具有针对性地颁布了规范本行政区有关政府采购活动的地方性法规和政府规章。

4.2.2 政府采购的概述

根据《政府采购法》规定，政府采购是指，各级国家机关、事业单位和团体组织，使用财政性资金采购依法制定的集中采购目录以内的或者采购限额标准以上的货物、工程和服务的行为。它是采购政策、采购程序、采购过程及采购管理的总称，是一种对公共采购管理的制度，是一种政府行为。它的本质是一种公款购买活动，即由政府拨款进行的购买。

1. 政府采购的主体范围

政府采购的主体，即采购人，是指使用财政性资金采购依法制定的集中采购目录以内的或限额标准以上的货物、工程和服务的国家机关、事业单位、团体组织。其中，国家机关是指，各级国家权力机关、行政机关、司法机关、党务机关等；事业单位是指，依法设立的履行科教文卫体医等公共事业发展职能的机构和单位；社会团体是指，依法设立的由财政供养的从事公共社会活动的团体组织，如有关行业协会等。但我国国有企业不属于政府采购的主体范围。

2. 政府采购的对象范围

政府采购的对象包括货物、工程和服务。其中，货物是指各种形态和种类的物品，包括原材料、燃料、设备、产品等；工程是指建设工程，包括建筑物和构筑物的新建、改建、扩建、装修、拆除、修缮等；服务是指货物和工程以外的其他政府采购对象。

3. 政府集中采购目录和政府采购限额标准

政府采购实行集中采购和分散采购相结合的原则。集中采购的范围由省级以上人民政府公布的集中采购目录确定。属于中央预算的政府采购项目，其集中采购目录由国务院确定并公布；属于地方预算的政府采购项目，其集中采购目录由省、自治区、直辖市人民政府或者其授权的机构确定并公布。

4．政府采购的资金范围

根据政府采购的上述定义，政府采购资金为财政性资金，即预算内资金、预算外资金以及与财政资金相配套的单位自筹资金的总和。它是划分采购行为是否属于政府采购制度规范范围的重要依据。

4.2.3 政府采购的原则与功能

1．政府采购的原则

根据《政府采购法》的规定，政府采购应遵循公开透明原则、公平竞争原则、公正原则和诚实信用原则。

（1）公开透明原则。由于政府采购资金属于财政性资金，即主要来源于纳税人缴纳的各种税金，因此政府采购必须对社会公众负责，接受社会公众的监督，也就说要坚持公开透明的原则。所谓的公开透明原则是指，有关采购的法律、政策、程序和采购活动对社会公开，所有相关信息都必须公之于众。这就要求政府采购的信息和行为不仅要全面公开，而且要完全透明，要贯穿于政府采购全过程，具体体现在以下几个方面。

一是，从公开的内容来看，政府采购应公开的信息包括政府采购法规政策，省级以上人民政府公布的集中采购目录，政府采购限额标准和公开招标数额标准，政府采购招标业务代理机构名录，招标投标信息，财政部门受理政府采购投诉的联系方式及投诉处理决定，财政部门对集中采购机构的考核结果，采购代理机构、供应商不良行为记录名单等。

二是，从公开的标准来看，政府采购公开的信息要符合内容真实、准确可靠、发布及时、便于获得查找等标准。

三是，从公开的途径来看，政府采购信息应当在省级以上财政部门指定的政府采购信息发布媒体上向社会公开发布。

（2）公平竞争原则。公平竞争原则是实现政府采购目标的重要保证。所谓的公平竞争原则是指，政府在采购活动中要在公平的前提下充分引入竞争机制。它可以划分为竞争性原则和公平性原则。

竞争性原则是政府采购的重要原则。在当今市场经济条件下，要提高政府采购的效率，主要途径是将竞争机制引入到采购活动中，实现优胜劣汰，从而采购那些物美价廉的货物、工程和服务，提高采购资金的使用效益。目前，政府采购竞争的主要方式为招标投标。

公平性原则是政府采购的基本规则。公平性原则主要体现在两个方面：一是机会均等，即政府采购应允许所有有兴趣参加投标的供应商参与竞争；二是待遇平等，即政府采购应对所有参与投标者一视同仁，给予同等的待遇。

（3）公正原则。公正原则是为采购人与供应商之间在政府采购活动中处于平等地位而确立的。所谓公正原则即政府采购要按照事先约定的条件和程序进行，对所有供应商一视同仁，不得有歧视条件和行为。任何单位和个人无权干预采购活动的正常开展。

（4）诚实信用原则。在政府采购中，诚实信用原则约束的是采购活动中的各方当事人。所谓诚实信用原则是指，政府采购当事人在政府采购活动中要本着诚实、守信的态度履行各自的权利和义务，讲究信誉、兑现承诺，不得散布虚假信息，不得有欺诈、串通、隐瞒等行为，不得伪造、变造、隐匿、销毁需要依法保存的文件，不得规避法律法规，不得损害第三人的利益。

2. 政府采购的功能

政府采购是一种政府行为，它的本质是一种公款购买活动，即由政府拨款进行采购。它也是政府调节经济的一种手段，在加强政府的宏观调控方面具有十分重要的意义。具体的功能如下。

（1）节约财政支出，提高采购资金的使用效益。政府采购如采用集中采购模式的话，在一定程度上可以扩大采购规模，形成规模效应，有利于降低采购成本，节约财政支出。与此同时，政府采购主要是在公平竞争原则下采用招标投标的方式进行，这样可以实现优胜劣汰，从而采购那些价廉物美的货物、工程和服务，以提高采购资金的使用效益。

（2）强化宏观调控。政府采购作为国家财政支出的重要组成部分，是实现财政支出政策的重要工具。政府采购可以通过调整采购总量、采购时间、采购项目、采购规划等方式来进行宏观调控。比如，政府可以通过调整采购总量来调控社会总需求和总供给，促进两者的平衡；可以通过调整采购品种、数量和频率来调整产业和产品结构；可通过对采购地区的选择来平衡地区间的经济发展等。

（3）活跃市场经济。政府采购遵循的是公平竞争的原则，在采购活动中充分引入“优胜劣汰”的竞争机制。这样会极大地调动供应商参与政府采购的积极性，并能促使其不断地提高产品质量和服务水平，从而带动整个国内市场经济的活跃和繁荣；从国际竞争的角度看，政府采购有助于提高我国产品在国际市场中的竞争力，并早日进入国际政府采购市场。

（4）保护民族产业。根据《政府采购法》规定，在政府采购中坚持“国货优先”原则，即除极少数法定情形外，政府采购应当采购本国货物、工程和服务。这在一定程度上有利于保护民族产业的发展。这也是当今社会许多国家通行的做法。

4.2.4　政府采购的执行模式

根据《政府采购法》规定，政府采购实行集中采购和分散采购相结合。

1. 集中采购模式

集中采购，是指将政府部门或机构及其监控的企事业单位所需的一切物资及服务的采购，都由政府专门设立的特定机构集中进行的一种采购组织实施形式。集中采购必须委托集中采购机构代理采购。它主要的特点是，采购权与使用权的高度分离，采购权的高度集中统一。比如，英国、美国、新加坡等国家采用的都是集中采购模式。

实行集中采购模式的优点是，能够实现规模效益，降低采购成本，提高采购资金的使用效率，便于统一管理和监督；缺点是，难以适应紧急情况采购，难以满足用户多样性需求，采购程序较复杂，采购周期长等。

2. 分散采购模式

分散采购，是指由预算单位直接采购所需货物、工程及服务的一种采购组织实施形式。可以自行采购，也可以委托集中采购机构在委托范围内代理采购。它的主要特点是采购者与使用者、采购权与使用权的合一。比如，中国采用的是分散采购模式。

分散采购模式的优点是，有灵活性，自主性强，能满足采购及时性和多样性需求；缺点是，失去了规模效益，加大了采购成本，会导致资产的闲置和资金的浪费，不利于国家的统一管理和监督，容易滋生腐败等。

4.2.5 政府采购的当事人

根据《政府采购法》的规定，政府采购当事人，是指在政府采购活动中享有权利和承担义务的各类主体，包括采购人、供应商和采购代理机构等。

1. 采购人

采购人是政府采购中货物、工程及服务的直接需求者。作为政府采购的当事人，采购人应具备以下特征：一是采购人主要是依法进行政府采购的国家机关、事业单位、团体组织；二是采购人的政府采购行为从筹划、决策到实施，都必须在《政府采购法》等法律法规的规范内进行。

采购人的权利主要包括以下方面。

（1）采购需求申请权。采购人有权根据自身工作需要向政府有关部门提出项目采购需求申请。

（2）自行采购权。采购人有权自行采购，也可以委托集中采购机构采购。

（3）自主委托权。采购人有权自行选择采购代理机构。

（4）参与权。对于委托采购项目，采购人有权参与采购文件的编制，有权参与对供应商资格的审查，有权参与项目评审。

（5）合同签订权。采购人有权根据确认的评审结果与中标或成交供应商签订采购合同，也可以委托采购代理机构代表其与供应商签订合同。

（6）验收权。采购人有权对供应商的履约情况组织验收，也可以将验收权委托给采购代理机构。

（7）监督权。采购人有权对采购代理机构的整个采购活动进行监督。

（8）投诉权。采购人认为自己的权益受到损害时有权向政府采购监管部门投诉。

（9）检举权。任何采购人都有权向政府有关部门检举政府采购过程中的违法违规行为。

采购人的义务主要包括以下方面。

（1）市场调研义务。采购人有义务对所要采购项目进行必要的市场调研，包括对市场行情的调研，对技术发展现状和发展趋势的调研。

（2）信息公开义务。采购人有义务将有关政府采购信息和招投标结果向社会公开，以便增加政府采购的透明度，接受社会监督。

（3）筹资义务。采购人有义务在项目采购实施前将采购资金落实到位或落实付款计划，并保证资金来源的正当和合法。

（4）协助义务。采购人有义务全力协助采购代理机构开展采购活动。

（5）答疑义务。采购人有义务对供应商提出的疑问和质疑作出答复，但答复的内容不得涉及商业秘密。

（6）付款义务。采购人有义务按合同约定支付货款。

（7）保密义务。采购人有义务为供应商保守商业秘密。

（8）保存档案义务。采购人有义务妥善保存政府采购文件。

（9）配合义务。采购人有义务配合政府采购监管部门进行的政府采购活动检查和政府采购案件调查。

2. 供应商

根据《政府采购法》的规定，供应商是指，向采购人提供货物、工程或者服务的法人、其他组织或者自然人。供应商参加政府采购活动应当具备下列条件。

（1）具有独立承担民事责任的能力。

（2）具有良好的商业信誉和健全的财务会计制度。

（3）具有履行合同所必需的设备和专业技术能力。

（4）有依法缴纳税收和社会保障资金的良好记录。

（5）参加政府采购活动前 3 年内，在经营活动中没有重大违法记录。

（6）法律、行政法规规定的其他条件。

供应商的权利主要包括以下方面。

（1）有权公平、平等地参与政府采购活动。

（2）有权公平、平等地获得政府采购信息。

（3）有权提出质疑和投诉，行使对政府采购活动的监督。

（4）有权要求采购人或采购代理机构保守其商业秘密。

（5）有权享有其他合法权益。

供应商的义务主要包括以下方面。

（1）必须遵守政府采购的各项法律、法规和规章。

（2）按规定接受供应商资格审查，在资格审查中客观真实地反映企业情况。

（3）在政府采购活动中，满足采购人或采购代理机构的正当要求并提供合格的采购对象。

（4）其他法定义务。

3. 采购代理机构

采购代理机构是指，具备一定条件，经政府有关部门批准而依法拥有政府采购代理资格的社会中介机构。《政府采购法》中的集中采购机构就是采购代理机构。政府采购代理机构可分为一般采购代理机构和集中采购机构。

采购代理机构作为政府采购活动中的一个特殊利益主体，应当对包括自身在内的政府采购当事人负责，自觉履行《政府采购法》规定的义务，依法开展代理采购活动，维护国家利益和社会公共利益。就具体操作过程而言，其义务和责任表现为以下几个方面：第一，依法开展代理采购活动并提供良好的服务；第二，依法发布采购信息；第三，依法接受管理和监督；第四，其他法定义务和责任。

4.2.6 政府采购的方式

根据《政府采购法》的规定，政府采购可以采用公开招标、邀请招标、竞争性谈判、单一来源采购、询价及国务院政府采购监督管理部门认定的其他采购方式。其中，公开招标应作为政府采购的主要采购方式。

1. 公开招标

公开招标，是指采购人或委托的政府采购代理机构以招标公告的方式邀请不特定的供应商参加投标竞争，从中择优选择中标的供应商进行采购的方式。其中，采购人采购货物或者服务项目达到公开招标数额标准的，应当采用公开招标方式。采购人不得将应当以公开招标方式采购的货物或者服务化整为零或者以其他任何方式规避公开招标采购。

2. 邀请招标

邀请招标，是指采购人或委托的政府采购代理机构以投标邀请书的方式邀请 3 家或 3 家以上特定的供应商参与投标的采购方式。

符合下列情形之一的货物或者服务，可以依照《政府采购法》采用邀请招标方式采购。

（1）具有特殊性，只能从有限范围的供应商处采购的。

（2）采用公开招标方式的费用占政府采购项目总价值的比例过大的。

3. 竞争性谈判

竞争性谈判，是指采购人或其委托的政府采购代理机构通过与多家供应商就采购事宜进行谈判，经分析比较后从中确定中标供应商的采购方式。

符合下列情形之一的货物或者服务，可以依照《政府采购法》采用竞争性谈判方式采购。

（1）招标后没有供应商投标或者没有合格标的或者重新招标未能成立的。

（2）技术复杂或者性质特殊，不能确定详细规格或者具体要求的。

（3）采用招标所需时间不能满足用户紧急需要的。

（4）不能事先计算出价格总额的。

4. 单一来源

单一来源，是指采购人采购不具备竞争条件的物品，只能从唯一的供应商处取得采购货物或服务的情况下，直接向该供应商协商采购的采购方式。

符合下列情形之一的货物或者服务，可以依照《政府采购法》采用单一来源方式采购。

（1）只能从唯一供应商处采购的。

（2）发生了不可预见的紧急情况不能从其他供应商处采购的。

（3）必须保证原有采购项目一致性或者服务配套的要求，需要继续从原供应商处添购，且添购资金总额不超过原合同采购金额10%的。

5. 询价

询价，是指采购人向3家以上潜在的供应商发出询价单，对各供应商一次性报出的价格进行分析比较，按照符合采购需求、质量和服务相等且报价最低的原则确定中标供应商的采购方式。

采购的货物规格、标准统一，现货货源充足且价格变化幅度小的政府采购项目，可以采用询价方式进行采购。

4.2.7 政府采购的监督检查

根据《政府采购法》的规定，各级人民政府财政部门是负责政府采购监督管理的部门，依法履行对政府采购活动的监督检查职责。其监督检查的主要内容有以下方面。

（1）有关政府采购的法律、行政法规和规章的执行情况。

（2）采购范围、采购方式和采购程序的执行情况。

（3）政府采购人员的职业素质和专业技能。

同时，政府采购监督管理部门不得设置集中采购机构，不得参与政府采购项目的采购活动；采购代理机构与行政机关不得存在隶属关系或者其他利益关系。

此外，审计机关、监察机关、社会公众等应当在政府采购的监督中发挥应有的作用。

4.3 国库集中收付制度

从2000年起，我国政府开始着手推进国库集中收付制度改革。2001年2月，国务院通过的由财政部和中国人民银行联合制定的《财政国库管理制度改革试点方案》中明确了国库管理制度改革的目标：建立以国库单一账户体系为基础，资金缴拨以国库集中收付为主要形式的财政国库管理制度。2002年，财政部和中国人民银行又联合发布了《中央单位财政国库管理制度改革试点资金支付管理办法》。截至2007年年底，中央所有部门及所属9 300多个基层预算单位实施了国库集中收付制度改革；全国36个省、自治区、直辖市和计划单列市，300 多个地市，1 300 多个县（区），超过23万个基层预算单位实施了改革。应该说，国库集中收付制度改革取得了很大成功，为我国现代财政国库管理打下了坚实基础。

4.3.1 国库集中收付制度的概述

国库集中收付制度一般也称为国库单一账户制度，包括国库集中支付制度和收入收缴管理制度，是由财政部门代表政府设置国库单一账户体系，所有的财政性资金均纳入国库单一账户体系收缴、支付和管理的制度。财政收入通过国库单一账户体系，直接缴入国库；财政支出通过国库单一账户体系，以财政直接支付和财政授权支付的方式，将资金支付到商品和劳务供应者或用款单位，即预算单位使用资金但见不到资金；未支用的资金均保留在国库单一账户，由财政部门代表政府进行管理运作，降低政府筹资成本，为实施宏观调控政策提供可选择的手段。

其主要特征表现为以下方面。

（1）财政统一开设国库单一账户。

（2）所有财政收入直接缴入国库，主要财政支出由财政部门直接支付到商品或劳务供应者。

（3）建立高效的预算执行机构、科学的信息管理系统和完善的监督检查机制。

其主要功能表现为以下方面。

（1）提高了财政资金收付管理的规范性、安全性、有效性，增强了透明度。

（2）从根本上改变了财政资金管理分散、各支出部门和支出单位多头开户、重复开户的混乱局面。

（3）加强了财政资金支出全过程的监督和管理，杜绝了不合理支出，提高了财政资金的使用效益。

（4）有效地遏制了利用财政资金谋取私利等腐败现象。

4.3.2 国库单一账户体系

1. 国库单一账户体系的概念

国库单一账户体系是指，以财政国库存款账户为核心的各类财政性资金账户的集合。所有财政性资金的收入、支付、存储及资金清算活动均在该账户体系中运行。

2. 国库单一账户体系的基本构成

国库单一账户体系由财政部门在银行开设的账户构成，主要有以下方面。

（1）在中国人民银行开设的国库单一账户。该账户为国库存款账户，用于记录、核算和反映纳入预算管理的财政收入和支出活动，并用于与财政部门在商业银行开设的零余额账户进行清算，实现支付。该账户在财政总预算会计中使用；行政单位和事业单位会计中不设该账户。

（2）在商业银行开设零余额账户。该账户用于财政直接支付和国库单一账户支出清算。该账户每日发生的支付，于当日营业终了前与国库单一账户清算。营业中单笔支付额在5 000万元以上（含5 000万元）的，应当及时与国库单一账户清算。该账户一般在国库会计中使用。

（3）在商业银行开设预算外资金专户。该账户用于记录、核算和反映预算外资金的收入和支出活动，并用于预算外资金日常收支清算。该账户在财政部门设立和使用。

（4）财政部门为预算单位开设的银行账户。该账户主要是在商业银行开设零余额账户，用于财政授权支付和清算。该账户主要在行政单位和事业单位会计中使用。

（5）特设账户。该账户是经国务院和省级人民政府批准或授权财政部门开设的特殊过渡性专户。该账户用于记录、核算和反映预算单位的特殊专项支出活动，并用于与国库单一账户清算。特设专户在按规定申请设置了特设专户的预算单位使用。

4.3.3 财政收入收缴方式和程序

1. 收缴方式

财政收入的收缴分为直接缴库和集中汇缴两种方式。

（1）直接缴库。直接缴库是指，由缴款单位或缴款人按有关法律法规规定，直接将应缴收入缴入国库单一账户或预算外资金财政专户。

（2）集中汇缴。集中汇缴是指，由征收机关（有关法定单位）按有关法律规定，将所收的应缴收入汇总缴入国库单一账户或预算外资金财政专户。

2. 收缴程序

（1）直接缴库程序。直接缴库的税收收入，由纳税人或税务代理人提出纳税申报，经征收机关审核无误后，由纳税人通过开户银行将税款缴入国库单一账户。直接缴库的其他收入，比照上述程序缴入国库单一账户或预算外资金财政专户。

（2）集中汇缴程序。小额零散税收和法律另有规定的应缴收入，由征收机关于收缴收入的当日汇总缴入国库单一账户。非税收入中的现金缴款，比照本程序缴入国库单一账户或预算外资金财政专户。

4.3.4 财政支出支付方式和程序

1. 支付方式

财政性资金的支付方式实行财政直接支付和财政授权支付两种方式。

（1）财政直接支付。财政直接支付是指，由财政部门向中国人民银行和代理银行签发支付指令，代理银行根据支付指令通过国库单一账户体系将资金直接支付到收款人（即商品或劳务的供应商等，下同）或用款单位（即具体申请和使用财政性资金的预算单位，下同）账户。

（2）财政授权支付。财政授权支付是指，预算单位按照财政部门的授权，自行向代理银行签发支付指令，代理银行根据支付指令，在财政部门批准的预算单位的用款额度内，通过国库单一账户体系将资金支付到收款人账户。

2. 支付程序

（1）财政直接支付程序。预算单位实行财政直接支付的财政性资金包括工资支出、工程采购支出、物品和服务采购支出。

财政直接支付的申请由一级预算单位汇总，填写“财政直接支付汇总申请书”，报财政部门国库支付执行机构。财政部门国库支付执行机构审核一级预算单位提出的支付申请无误后，开具“财政直接支付汇总清算额度通知单”和“财政直接支付凭证”，经财政部门国库管理机构加盖印章签发后，分别送中国人民银行和代理银行。代理银行根据“财政直接支付凭证”及时将资金直接支付给收款人或用款单位。

（2）财政授权支付程序。财政授权支付程序适用于未纳入工资支出，工程采购支出，物品、服务采购支出管理的购买支出和零星支出。其范围包括单件物品或单项服务购买额不足10万元人民币的购买支出；年度财政投资不足50万元人民币的工程采购支出；特别紧急的支出和经财政部门批准的其他支出。

财政部门根据批准的一级预算单位用款计划中月度授权支付额度，每月 25 日前以“财政授权支付汇总清算额度通知单”、“财政授权支付额度通知单”的形式分别通知中国人民银行、代理银行。代理银行在收到财政部门下达的“财政授权支付额度通知单”时，向相关预算单位发出“财政授权支付额度到账通知书”。基层预算单位凭据“财政授权支付额度到账通知书”所确定的额度支用资金；代理银行凭据“财政授权支付额度通知单”受理预算单位财政授权支付业务，控制预算单位的支付金额，并与国库单一账户进行资金清算。

预算单位支用授权额度时，填制财政部门统一制定的“财政授权支付凭证”送代理银行，代理银行根据“财政授权支付凭证”，通过零余额账户办理资金支付。

技能训练

大亚湾核电站是我国第一座大型商用核电站，从开工建设以来就一直非常重视预算管理的运用。在 1994 年进入商业运营期以后该电站推行预算管理。按照预算管理的要求，公司制定了各种程序、制度，从各方面对预算管理作出了明确规定。按照经济业务不同，公司分别制定了《生产预算编制与执行程序》、《资本性预算编制与执行程序》、《材料采购预算编制与执行程序》等专门规定来执行具体的预算管理，同时还颁布了《成本中心运作管理规定》来规范成本中心的职责、权力。

该电站的预算管理遵循“工作计划—预算编制—立项—承诺—支付—反馈—工作计划”的管理循环。每年 8 月，财务部向公司各级成本中心负责人下达下年度《预算编制计划大纲》并开展相关的在岗业务培训，各级成本中心负责人及预算协调员在接受在岗业务培训和阅读理解该大纲的基础上，开展年度预算的编制与申报工作。

要求：（1）根据以上资料分析《预算法》中的预算组织的程序。

（2）根据预算组织程序分析大亚湾核电站的预算组织的基本程序。

（3）分析大亚湾核电站的预算组织程序的优点。

章节练习

一、单项选择题

1.《预算法实施条例》是由（　　）制定的。

A. 全国人民代表大会　　B. 全国人民代表大会常务委员会

C. 国务院　　D. 财政部

2. 中央预算由（　　）负责审查和批准。

A. 全国人民代表大会　　B. 全国人民代表大会常务委员会

C. 国务院　　D. 财政部

3. 政府集中采购目录和采购限额标准由（　　）确定并公布。

A. 省级人民政府　　B. 市级人民政府

C. 县级人民政府　　D. 乡、民族乡、镇政府

4. 国库单一账户体系，是指以（　　）为核心的各类财政性资金的集合。

A. 财政国库存款账户　　B. 财政一般存款账户

C. 财政专项存款账户　　D. 财政预算内资金账户

5. 在财政总预算会计中使用的账户是（　　）。

A. 财政部门零余额账户　　B. 预算外资金账户

C. 特设专户　　D. 国库单一账户

二、多项选择题

1. 国家预算的原则包括（　　）。

A. 公开性　　B. 完整性　　C. 统一性　　D. 法律性

2. 预算收入划分为（　　）。

A. 中央预算收入　　B. 地方预算收入

C. 中央和地方预算共享收入　　D. 税收收入

3. 政府采购应遵循的原则包括（　　）。

A. 公开透明　　B. 公平竞争　　C. 公正　　D. 诚实信用

4. 政府采购的当事人包括（　　）。

A. 采购人　　B. 供应商　　C. 采购代理机构　　D. 资产评估机构

5. 财政收入收缴方式主要有（　　）。

A. 直接缴库　　B. 集中汇缴　　C. 分散汇缴　　D. 代扣代缴

三、不定项选择题

1. 我国预算法律制度是由（　　）构成的。

A.《预算法》　　B.《预算法实施条例》

C.《预算法实施细则》　　D. 有关国家预算管理的其他法规制度

2. 对预决算的监督按照时间先后，可分为（　　）。

A. 事前监督　　B. 事中监督　　C. 事后监督　　D. 审计监督

3. 下列属于政府采购主体范围的是（　　）。

A. 某市人民代表大会　　B. 某县国有水泥厂

C. 某省党委　　D. 某区设立的人民医院

4.《政府采购信息公告管理办法》是由（　　）制定的。

A. 全国人民代表大会　　B. 全国人民代表大会常务委员会

C. 国务院　　D. 国务院财政部门

5. 在国库单一账户体系下，所有财政性资金的（　　）活动均在该账户体系下运行。

A. 收入　　B. 支付　　C. 存储　　D. 资金清算

四、判断题

1. 我国预算法律制度由《预算法》和《预算法实施条例》构成。（　　）

2. 地方各级政府预算的编制内容包括上解上级的支出。（　　）

3.《政府采购法》自 2003 年 1 月 1 日起施行。（　　）

4. 采购人的义务包括依法确定中标供应商。（　　）

5. 财政部门在商业银行为预算单位开设的零余额账户，简称财政部门零余额账户。（　　）

第5章

会计职业道德

知识目标

- 了解职业道德和会计职业道德的概念
- 了解职业道德教育的形式、内容和途径
- 了解会计职业道德教育、会计职业道德修养的含义和作用
- 掌握会计职业道德教育、会计职业道德修养的途径和方法
- 掌握会计职业道德与会计法律制度的关系
- 重点掌握会计职业道德规范的内容
- 掌握会计职业道德检查及奖惩制度

能力目标

- 能在工作中全面贯彻职业道德的理念
- 能在会计工作中遵守各种会计职业道德
- 能及时参加会计职业道德继续教育
- 能配合相关部门的检查和监督

导入案例

东方电子公司会计张某因工作努力，钻研业务，积极提出合理化建议，多次被公司评为先进会计工作者。张某的男友在一家民营电子企业任总经理，在其男友的多次请求下，张某将在工作中接触到的公司新产品研发计划及相关会计资料复印件提供给其男友，给公司带来一定的损失。

思考题：1. 请分析张某的行为体现了会计职业道德的哪些内容。

2. 哪些单位可以对张某违反会计职业道德行为进行处理?

5.1　职业道德和会计职业道德概述

5.1.1　职业道德概述

1. 职业道德的概念

职业道德的概念有广义和狭义之分。广义的职业道德是指从业人员在职业活动中应该遵循的行为准则，涵盖了从业人员与服务对象、职业与职工、职业与职业之间的关系。狭义的职业道德是指在一定职业活动中应遵循的、体现一定职业特征的、调整一定职业关系的职业行为准则和规范。

不同职业的人员在特定的职业活动中形成了特殊的职业关系，包括职业主体与职业服务对象之间的关系、职业团体之间的关系、同一职业团体内部人与人之间的关系，以及职业劳动者、职业团体与国家之间的关系，等等。为了协调这些复杂的、特殊的社会关系，除了需要政治的、行政的、法律的、经济的规范和手段之外，还需要一种适应职业生活特点的调节职业社会关系的规范和手段，由此形成了不同职业人员的道德规范，即职业道德。如医生的职业道德是救死扶伤，治病救人，实行人道主义；法官的职业道德是清正廉明，刚直不阿；商人的职业道德是买卖公平，童叟无欺；注册会计师的职业道德是独立，客观，公正；军人的职业道德是服从命令，不怕牺牲。这些职业道德规范用来指导和约束职业行为，以保证职业活动的正常进行。

2. 职业道德的特征

职业道德是道德在职业实践活动中的具体体现，除了具有道德的一般特征之外，还具有以下特征。

（1）职业性。职业道德的内容与职业实践活动紧密相联，反映着特定职业活动对从业人员行为的道德要求。所以，职业道德的行业性很强，不具有全社会普遍的适用性。一定的职业道德规范只适用一定的职业活动领域；有些具体的行业道德规范，只适用本行业，其他行业就不完全适用，或完全不适用。

（2）实践性。由于职业活动都是具体的实践活动，因此根据职业实践经验概括出来的职业道德规范，具有较强的针对性、实践性，并形成条文。它一般用行业公约、工作守则、行为须知、操作规程等具体的规章制度形式，来教育、约束本行业的从业人员，并且公之于众，让行业内外人员（包括服务对象）检查、监督。

（3）继承性。职业道德作为社会意识形态的一种特殊形式，是受社会经济关系决定的，随着社会经济关系的变化而改变。但是，由于职业首先是与职业活动紧密结合的，所以即使在不同的社会经济发展阶段，同样一种职业因服务对象、服务手段、职业利益、职业责任和义务相对稳定，职业行为的道德要求的核心内容会被继承和发扬。因此，职业道德具有较强的相对稳定性和历史继承性的特点。例如，教师"诲人不倦"、医生"救死扶伤"、商人"买卖公平"等道德要求，就在这些行业中世代相传，并且得到不断丰富和发展。

（4）多样性。既然职业道德与具体的职业相联系，而社会上的职业是复杂、多样的，因此有多少种职业就有多少种职业道德。例如，经商有"商德"，行医有"医德"，执教有"师德"，从艺有"艺德"。即使在同一行业中也有不同的岗位，这些不同的岗位又有更加具体的职业道德要求。而且随着生产力和社会的发展，新兴行业不断产生，与之相适应的职业道德也就层出不穷，职业道德就越来越多样，越来越丰富。

3. 职业道德的作用

（1）促进职业活动的健康进行。职业道德最主要的作用就是通过调节职业关系，维护正常的职业活动秩序。人们在从事的各种职业活动中所涉及的各方都会存在着责、权、利的矛盾和差异，职业道德作为职业行为的规范，用来协调职业关系中的各种矛盾和差异，确保职业活动的正常进行，同时也促进职业的健康发展。

（2）对社会道德风尚会产生积极的影响。职业道德是社会道德的一个重要组成部分。职业道德状况对社会道德风尚会产生极大的影响。在我们的现实生活中，人们把商业、交通、医疗、供电、供热等对社会生活影响较大的一些行业和部门形象地比喻为"窗口"行业。这些行业和部门的职业道德水准，直接体现着社会道德风尚的面貌。如果人们都能自觉地遵守各自的职业道德规范，必将会形成良好的社会道德风尚。

4. 职业道德的主要内容

《公民道德建设实施纲要》中提出的职业道德主要包括以下几个内容。

（1）爱岗敬业。爱岗就是热爱自己的工作岗位，热爱本职工作。爱岗是对人们工作态度的一种普遍要求。热爱本职，就是职业工作者以正确的态度对待各种职业劳动，努力培养热爱自己所从事的工作的幸福感、荣誉感。敬业就是用一种严肃的态度对待自己的工作，勤勤恳恳，兢兢业业，忠于职守，尽职尽责。

爱岗与敬业精神是相通的，是相互联系在一起的。爱岗是敬业的基础，敬业是爱岗的具体表现，不爱岗就很难做到敬业，不敬业也很难说是真正的爱岗。爱岗敬业是为人民服务和集体主义精神的具体体现，是社会主义职业道德一切基本规范的基础。

（2）诚实守信。诚实，就是忠诚老实，不讲假话。守信，就是信守诺言，说话算数，讲信誉，重信用，履行自己应承担的义务。

诚实和守信两者意思是相通的，是互相联系在一起的。诚实是守信的基础，守信是诚实的具体表现，不诚实很难做到守信，不守信也很难说是真正的诚实。诚实守信是忠诚老实，信守诺言，是为人处世的一种美德。诚实守信是做人的基本准则，也是职业道德的精髓。

（3）办事公道。办事公道是指从业人员在办理事情处理问题时，要站在公正的立场上，按照同一标准和同一原则办事的职业道德规范。

人们生活在世界上，就要与人打交道，就要处理各种关系，这就存在办事是否公道的问题，每个从业人员都有一个办事公道问题。如一个服务员接待顾客不以貌取人，对不同国籍、不同肤色、不同民族的宾客能一视同仁，同样热情服务，这就是办事公道。一个售货员对于购买其商品的消费者，无论其购买商品的贵贱，同样周到接待，这就是办事公道。

（4）服务群众。服务群众就是为人民群众服务。时时刻刻为群众着想，急群众所急，忧群众所忧，乐群众所乐。服务群众的含义，应注意两个方面。

① 服务群众是对各级领导及各级领导机关、各级公务员的一种要求。领导干部、各级公务员一定要真心诚意服务于群众，绝不能践踏人民的利益，不能利用人民赋予的权力随心所欲，谋取私利。服务群众是党的群众路线在社会主义职业道德中的具体表现，这也是社会主义职业道德与以往私有制社会职业道德的根本分水岭。

② 服务群众是对所有从业人员的要求。每个从业人员都是群众中的一员，既是为别人服务的主体，又是别人服务的对象。每个人都有权享受他人职业服务，同时又承担着为他人作出职业服务的义务。因此，服务群众作为职业道德，不仅仅是对领导及公务员的要求，而且是对所有从业者的要求。

（5）奉献社会。奉献社会，就是全心全意为社会作贡献。奉献就是不计较个人得失，兢兢业业，任劳任怨。一个人不论从事什么行业的工作，不论在什么岗位，都可以做到奉献社会。奉献社会是一种人生境界，是一种融在一生事业中的高尚人格。

奉献社会与爱岗敬业、诚实守信、办事公道、服务群众这 4 项规范相比较，是职业道德中的最高境界，同时也是做人的最高境界。爱岗敬业、诚实守信是对从业人员的职业行为的基础要求，是首先应当做到的。做不到这两项要求，就很难做好工作。办事公道、服务群众比前两项要求高了一些，需要有一定的道德修养做基础。奉献社会，则是这 5 项要求中最高的境界。一个人只要达到一心为社会做奉献的境界，他的工作就必然能做得很好，这就是全心全意为人民服务了。

5.1.2 会计职业道德

1. 会计职业道德的概念

会计职业道德是指在会计职业活动中应当遵循的、体现会计职业特征的、调整会计职业关系的职业行为准则和规范。其含义包括以下几个方面。

（1）会计职业道德是调整会计职业活动中各种利益关系的手段。会计工作的性质决定了在会计职业活动中要处理方方面面的经济关系，包括单位与单位、单位与国家、单位与投资者、单位与债权人、单位与职工、单位内部各部门之间及单位与社会公众之间等经济关系，这些经济关系的实质是经济利益关系。在我国社会主义市场经济建设中，当各经济主体的利益与国家利益、社会公众利益发生冲突的时候，会计职业道德不允许通过损害国家和社会公众利益而获取违法利益，但允许个人和各经济主体获取合法的自身利益。会计职业道德可以配合国家法律制度，调整职业关系中的经济利益关系，维护正常的经济秩序。

（2）会计职业道德具有相对稳定性。会计是一种专业技术性很强的职业。在其对单位经济事项进行确认、计量、记录和报告中，会计标准的设计、会计政策的制定、会计方法的选择，都必须遵循其内在的客观经济规律和要求。由于人们面对的是共同的客观经济规律，因此，会计职业道德在社会经济关系不断的变迁中，始终保持自己的相对稳定性。在会计职业活动中诚实守信、客观公正是对会计人员的普遍要求。没有任何一个社会制度能够容忍虚假会计信息，也没有任何一个经济主体会允许会计人员私自向外界提供或者泄露单位的商业秘密。

（3）会计职业道德具有广泛的社会性。会计职业道德的社会性是由会计职业活动所生成的产品决定的。特别是在所有权和经营权分离的情况下，会计不仅要为政府机构、企业管理层、金融机构等提供符合质量要求的会计信息，而且要为投资者、债权人及社会公众服务，因其服务对象涉及面很广，提供的会计信息是公共产品，所以会计职业道德的优劣将影响国家和社会公众利益。像银广夏、郑百文、蓝田股份等会计造假丑闻就是典型例子，由于会计造假致使广大股东遭受了巨大的损失，严重干扰了社会经济的正常秩序。可见，会计信息质量直接影响着社会经济的发展和社会经济秩序的健康运行，会计职业道德必然受社会关注，具有广泛的社会性。

2. 会计职业道德的特点

会计作为社会经济活动中的一种特殊职业，除了具有职业道德的一般特征外，与其他职业道德相比还具有如下特点。

（1）具有一定的强制性。法律是具有强制性的，它要求人们“必须这样或那样做”；而道德一般不具有强制性，它要求人们“应该这样或那样做”。但在我国，会计职业道德和其他道德不一样，许多内容都直接纳入了会计法律制度，如《会计法》、《会计基础工作规范》等都规定了会计职业道德的内容和要求。因此，会计职业道德是一种“思想立法”，它已经超出“应该怎样做”的界限，跨入“必须这样做”的范围。如果不按照“守则”、“准则”、“条例”去做，有的虽谈不上犯罪，但也是违反职业纪律的，更是职业道德所不允许的。会计职业道德的这种独特的强制性，是由会计工作在市场经济活动中的特殊地位所决定的。当然，会计职业道德的许多非强制性内容仍然存在，而且也在发挥着作用。例如，会计职业道德中的提高技能、强化服务、参与管理、奉献社会等内容虽然是非强制性要求，但其直接影响到专业胜任能力、会计信息质量和会计职业的声誉，也要求会计人员遵守。

（2）较多关注公众利益。会计职业的一个显著特征是会计职业活动与社会公众利益密切联系。在会计工作中，会计确认、计量、记录和报告的程序、标准和方法，在选择和运用上发生任何变化，都会使得与经济主体有关的各方经济利益受到直接的影响。由于会计人员自身的经济利益往往与其所处的经济主体的利益一致，当经济主体利益与国家利益和社会公众利益出现矛盾时，会计人员的利益指向如果偏向经济主体，那么国家和社会公众的利益就会受损，便产生了会计职业道德危机。因此，会计职业的特殊性，对会计职业道德提出了更高的要求，要求会计人员客观公正，在会计职业活动中，发生道德冲突时要坚持准则，把社会公众利益放在第一位。

3. 会计职业道德功能

会计职业道德的功能，主要体现在以下几个方面。

（1）指导功能。动机是行为的先导，有什么样的动机就有什么样的行为。会计职业道德对会计的行为动机提出了相应的要求，如诚实守信、客观公正等，引导、规劝、约束会计人员树立正确的职业观念，建立良好的职业品行，从而达到规范会计行为的目的。会计人员只有在会计职业道德规范的指导下才能开展好会计工作。

（2）评价功能。道德是公正的法官，是人们评价一个人的标尺。会计人员若遵守会计职业道德，如爱岗敬业、诚实守信、廉洁自律、客观公正等，就会得到社会正面的评价或赞扬，就会给自己带来好的声誉；反之，若违背会计职业道德，那么社会就会给他负面的评价或批评，造成他没有好的名声，对他形成一种来自周边人群的社会压力，进而约束他的行为。因此，道德评价是一种巨大的社会力量和人们内在的意志力量，是人以评价来把握现实的一种方式，它通过把周围社会现象判断为“善”与“恶”

而实现。

（3）教化功能。会计职业道德不仅明确了会计人员会计行为方面的要求，还明确了会计人员自身素质方面的要求，如提高技能、参与管理、强化服务等。能否遵守会计职业道德是会计人员素质高低的重要体现。一个高素质的会计人员必然是遵守会计职业道德规范的典范。会计职业道德规范的这种内在要求对会计人员能起到积极的教育和引导作用，促使其在日常工作和生活中，以此规范来约束和鞭策自己，树立正确的道德观念，培养良好的道德意识，养成高尚的道德品质。另外，会计职业道德规范也会对会计人员的思想、感情和行为产生一种潜移默化的感化作用。现实生活中，会计人员是否遵守道德规范，常常会受到良心的拷问，出现思想上的斗争和情感上的挣扎，即使有人违反了规范，其内心深处也会产生一种羞愧、自责和内疚感，这实际上都是道德规范教化功能的表现。

5.2 会计职业道德规范的主要内容

会计职业道德规范是指在一定社会经济条件下，对会计职业行为及职业活动的系统要求或明文规定，是会计人员处理职业活动中各种关系的行为准则，是职业道德在会计职业行为和会计职业活动中的具体体现。根据我国的国情和会计人员的实际情况，结合《公民道德建设实施纲要》和国际社会对会计职业道德的一般要求，我国会计职业道德规范确定了包括爱岗敬业、诚实守信、廉洁自律、客观公正、坚持准则、提高技能、参与管理和强化服务 8 个方面的主要内容。

5.2.1 爱岗敬业

1. 爱岗敬业的含义

爱岗敬业指的是忠于职守的事业精神，这是会计职业道德的基础。爱岗就是会计人员热爱本职工作，安心于本职岗位，在任何情况下都要做到忠于职守，尽职尽责。敬业就是会计人员应该充分认识本职工作在社会经济活动中的地位和作用，认识本职工作的社会意义和道德价值，具有会计职业的荣誉感和自豪感，以一种严肃恭敬的态度认真对待本职工作，将身心与本职工作融为一体。

爱岗敬业是爱岗与敬业的总称。爱岗和敬业互为前提，相互支持，相辅相成。“爱岗”是“敬业”的基石，“敬业”是“爱岗”的升华。不爱岗就很难做到敬业；不敬业，爱岗只是一句空话。

2. 爱岗敬业的基本要求

（1）正确认识会计职业。热爱会计工作，前提要正确认识会计职业，树立爱岗敬业的精神。爱岗敬业精神，自始至终都是以人们对职业的认识程度以及所采取的态度作为行动的指导并体现在实际工作中的。会计人员要对会计职业有正确的认识，不能简单地认为会计就是"写写算算"、"收收支支"的琐碎工作，或者有"会计难当，职权难用，成绩难见，违纪难免"的想法，否则会导致会计人员表现出"懒"、"惰"、"拖"的不良行为，给会计职业及其声誉造成不良影响。

会计人员只有正确地认识会计本质，明确会计在经济管理工作中的地位和重要性，树立职业荣誉感，才有可能去爱岗敬业。这是做到爱岗敬业的前提，也是首要要求。

（2）热爱会计工作，敬重会计职业。这要求人们对其所从事的职业有一个正确的认识态度。无论什么原因选择了会计工作，都应该热爱会计工作，敬重会计职业，尽力去维护它。树立"干一行爱一行"的思想，才会刻苦钻研会计业务技能，才会努力学习会计业务知识；有了对本职工作的热爱，才会激发出一种敬业精神，自觉自愿地执行职业道德的各种规范，不断改进自己的工作，在平凡的岗位上做出不平凡的业绩。

（3）严肃认真，一丝不苟。会计工作是一项严肃细致的工作，没有严肃认真的工作态度和一丝不苟的工作作风，就容易出现偏差。对一些损失浪费、违法乱纪的行为和一切不合法不合理的业务开支，要严肃认真地对待，把好费用支出关。要将严肃认真、一丝不苟的职业作风贯穿于会计工作的始终。

（4）忠于职守，尽职尽责。忠于职守要求会计人员要忠实于服务主体，忠实于社会公众，忠实于国家。但"忠于职守，尽职尽责"不仅要求会计人员认真地执行岗位规范，而且要求会计人员在各种复杂的情况下，能够抵制各种诱惑，忠实地履行岗位职责。尽职尽责具体表现为会计人员对自己应承担的责任和义务所表现出的一种责任感和义务感。这种责任感和义务感包含两方面的内容：一是社会或他人对会计人员规定的责任；二是会计人员对社会或他人所负的道义责任。

5.2.2　诚实守信

1. 诚实守信的含义

诚实是指言行跟内心思想一致，不弄虚作假，不欺上瞒下，做老实人，说老实话，办老实事。守信就是遵守自己所作出的承诺，讲信用，重信用，信守诺言，保守秘密。诚实守信是做人的基本准则，是人们在古往今来的交往中产生出的最根本的道德规范，也是会计职业道德的精髓。

诚实与守信具有内在的因果联系，一般来说，诚实即为守信，守信就是诚实。有诚无信，道德品质得不到推广和延伸；有信无诚，信就失去了根基，德就失去了依托。

诚实必须守信。

人无信不立，国无信不强。在现代市场经济社会，“诚信”尤为重要。市场经济是“信用经济”、“契约经济”，注重的就是“诚实守信”。可以说，信用是维护市场经济步入良性发展轨道的前提和基础，是市场经济社会赖以生存的基石。

2. 诚实守信的基本要求

（1）做老实人，说老实话，办老实事，不搞虚假。做老实人，要求会计人员言行一致，表里如一，光明正大。说老实话，要求会计人员说话诚实，是一说一，是二说二，不夸大，不缩小，不隐瞒，如实反映和披露单位经济业务事项。办老实事，要求会计人员工作踏踏实实，不弄虚作假，不欺上瞒下。总之，会计人员应言行一致，实事求是，如实反映单位经济业务活动情况，不为个人和小集团利益伪造账目，弄虚作假，损害国家和社会公众利益。会计人员要树立良好的职业形象，就必须恪守诚实守信的基本道德准则。

（2）保密守信，不为利益所诱惑。保守秘密就是指会计人员在履行自己的职责时，应树立保密观念，做到保守商业秘密，对机密资料不外传、不外泄，守口如瓶。秘密主要有国家秘密、商业秘密和个人隐私 3 类。会计人员如果泄露本单位的商业秘密，不仅会对单位的利益产生威胁，同时也会损害会计人员自身的形象和利益。因此，会计人员在没有得到法律规定或经单位规定程序批准外，不能以任何借口或方式把单位商业秘密泄露出去。我国有关法律制度对会计人员保守秘密作了相关的规定。如《注册会计师法》第十九条规定：“注册会计师对在执行业务中知悉的商业秘密，负有保密义务”；财政部印发的《会计基础工作规范》第二十三条规定：“会计人员应当保守本单位的商业秘密。除法律规定和单位领导人同意外，不能私自向外界提供或者泄露单位的会计信息。”会计人员要了解自己所知的信息中，哪些是商业秘密，哪些是无关紧要的事项，以防止无意泄密的情况发生，而且要抵制住各种各样的利益诱惑，绝对不能用商业秘密作为谋利的手段。

（3）执业谨慎，信誉至上。这一要求是侧重于对注册会计师行业的要求。“执业谨慎，信誉至上”要求注册会计师在执业中始终保持应有的谨慎态度。正确地选择客户，根据自身能力接受委托业务，不能追求营业收入而迎合客户的不正当要求。要严格按照独立审计准则和职业规范，对客户和社会公众尽职尽责，维护会计职业信誉，保证客户和社会公众的合法权益。

5.2.3 廉洁自律

1. 廉洁自律的含义

廉洁就是不贪污钱财，不收受贿赂。自律是指会计人员按照一定的标准，自己约束自己、自己控制自己的言行和思想的过程。会计职业自律包括会计人员自律和会计行业自律。廉洁自律是会计职业道德的内在要求，这是由会计工作的特点决定的。会计人员的廉洁是会计职业道德自律的基础，而自律是廉洁的保证。自律性不强就很难做到廉洁，不廉洁就谈不上自律。

“吃了人家的嘴软，拿了人家的手短”，会计人员必须既廉洁又自律，二者不可偏废。

2. 廉洁自律的基本要求

（1）树立正确的人生观和价值观。这要求会计人员必须加强世界观的改造，树立正确的人生观和价值观。会计人员应以马克思主义、毛泽东思想、邓小平理论、“三个代表”重要思想为指导，树立科学的人生观和价值观，自觉抵制享乐主义、个人主义、拜金主义等错误的思想，彻底摒弃“金钱至上、金钱万能”的错误思想。这是在会计工作中做到廉洁自律的思想基础，也是增强抵制行业不正之风能力的思想基础。

（2）公私分明，不贪不占。这要求会计人员严格划分公与私的界线，公是公，私是私。如果公私分明，就能够廉洁奉公，一尘不染，做到“常在河边走，就是不湿鞋”。如果公私不分，就会出现以权谋私的腐败现象，甚至出现违法违纪行为。会计人员因其职业特点最易犯的是“贪”、“欲”，究其根本原因是这些会计人员忽视了世界观的自我改造，放松了道德的自我修养，弱化了职业道德的自律。

（3）遵纪守法，尽职尽责。会计人员的权利和义务在《会计法》中作出了明确规定。会计人员不仅要遵纪守法，不违法乱纪、以权谋私，做到廉洁自律；而且要敢于、善于运用法律所赋予的权利，尽职尽责，勇于承担职业责任，履行职业义务，保证廉洁自律。

5.2.4 客观公正

1. 客观公正的含义

客观是指按事物的本来面目去反映，不掺杂个人的主观意愿，也不为他人意见所左右。公正就是公平、正直，没有偏失。但公正是相对的，世上没有绝对的公正。客观公正是会计职业道德所追求的理想目标。

客观是公正的基础，公正是客观的反映。对于会计职业和会计工作而言，客观就是以客观事实为依据，真实地记录和反映实际经济业务事项，会计核算要准确，记录要可靠，凭证要合法。公正就是要求会计工作按照国家统一的会计准则、财经法律、法规和规章制度的要求依法办事，不偏不倚，做到铁面无私，不避亲疏。会计人员和会计组织只有严格约束自己，才能理直气壮地阻止或防止别人侵占集体利益，才能正确行使会计职责，保证各项经济活动正常进行。

2. 客观公正的基本要求

（1）依法办事。会计人员认真遵守法律法规，是会计工作保证客观公正的前提。当会计人员有了端正的态度和专业知识技能之后，必须遵守相应的法律、法规和制度的规定进行会计业务处理，并对复杂疑难的经济业务，作出客观的会计职业判断。总之，只有熟练掌握并严格遵守会计法律法规，才能客观公正地处理会计业务。

（2）实事求是，不偏不倚。会计人员在会计工作中，要做到“客观公正”，最根本的是要有“实事求是”的科学态度。没有实事求是的严谨态度，即使主观上想“客观公正”，客观上也无从实现。

客观公正应贯穿于会计活动的整个过程，包括会计核算过程和会计核算的最终结果。没有客观公正的会计核算过程作为保证，结果的客观公正性就难以保证；没有客观公正的结果，业务操作过程的客观公正就没有意义。

（3）保持独立性。客观公正是会计职业者的一种工作态度。它要求会计人员对会计业务的处理、对会计政策和会计方法的选择，以及对财务会计报告的编制、披露和评价，必须独立进行职业判断，做到客观、公平、理智、诚实。

保持独立性，对于注册会计师行业尤为重要。独立是客观、公正的基础，也是注册会计师行业存在的基础。根据《中国注册会计师职业道德规范指导意见》，注册会计师保持其独立性应当做到以下两点：一是注册会计师应当回避可能影响独立性的审计事项，实现形式上的独立；二是注册会计师应当恪守职业良心，保持实质上的独立。

5.2.5 坚持准则

1. 坚持准则的含义

坚持准则是指会计人员在处理业务过程中，要严格按照会计法律制度办事，不为主观或他人意志左右。这里所说的“准则”不仅指会计准则，而且包括会计法律、法规、国家统一的会计制度以及与会计工作相关的法律制度。要求会计人员以会计准则为行动指南，以会计法律为准绳，正确处理国家、集体和个人三者之间的利益关系，把好财务收支合法性的关口，依法理财。

2. 坚持准则的基本要求

（1）熟悉准则。熟悉准则是指会计人员应了解和掌握《会计法》和国家统一的会计制度及与会计相关的法律制度，这是遵循准则、坚持准则的前提。只有熟悉准则，才能按准则办事，才能遵纪守法，才能保证会计信息的真实性、完整性。

（2）遵循准则。遵循准则即执行准则。准则是会计人员开展会计工作的外在标准和参照物。会计人员在会计核算和监督时要自觉地严格遵守各项准则，将单位具体的经济业务事项与准则相对照，先作出是否合法合规的判断，对不合法的经济业务不予受理。在实际工作中，由于经济的发展和社会环境的变化，会计业务日趋复杂，因而准则规范的内容也会不断变化和完善。这就要求会计人员不仅要经常学习、掌握准则的最新变化，了解本部门、本单位的实际情况，准确地理解和执行准则，还要在面对经济活动中出现的新情况、新问题以及准则未涉及的经济业务或事项时，通过运用所掌握的会计专业理论和技能，作出客观的职业判断，予以妥善地处理。

（3）坚持准则。会计人员应认真执行国家统一的会计制度，依法履行会计监督职责。当国家利益、集体利益与单位部门个人利益发生冲突时，会计人员应坚持准则，对法律负责，对国家和社会公众负责，敢于同违反会计法律法规和财务制度的现象作斗争，确保会计信息的真实性和完整性。

5.2.6 提高技能

1. 提高技能的含义

会计工作是一门专业性和技术性很强的工作，从业人员必须“具备一定的会计专业知识和技能”，才能胜任会计工作。会计人员只有不断地学习，才能保持持续的专业胜任能力、职业判断能力和交流沟通能力，不断地提高会计专业技能，以适应我国深化会计改革和会计国际化的要求。这既是会计人员的义务，也是在职业活动中做到客观公正、坚持准则的基础，是参与管理的前提。

2. 提高技能的基本要求

（1）要有不断提高会计专业技能的意识和愿望。会计人员要想生存和发展，就必须具有不断提高会计专业技能的自觉性和紧迫感，主动地求知、求学，刻苦钻研，使自身的专业技能不断提高，使自己的知识不断更新。随着市场经济的发展、全球经济一体化以及科学技术日新月异，会计在经济发展中的作用越来越明显，对会计的要求也越来越高，会计人才的竞争也越来越激烈。

（2）要有勤学苦练、刻苦钻研的精神和科学的学习方法。专业技能的提高和学习不可能是一劳永逸之事，必须持之以恒，不间断地学习、充实和提高。具有勤学苦练、刻苦钻研的精神的同时，还要掌握科学的学习方法，要会学习，有效地学习，在实践中不断地提高自己的业务水平，才能推动会计工作和会计职业的发展，以适应不断变化的新形势和新情况的需要。

5.2.7 参与管理

1. 参与管理的含义

参与管理，就是间接参加管理活动，为管理者当参谋，为管理活动服务。参与管理要求会计人员树立管理意识，积极主动地向单位领导反映本单位的财务、经营状况及存在的问题，主动提出合理化建议，为领导的经营管理和决策活动，当好助手和参谋。会计人员特别是会计部门的负责人，必须强化自己参与管理、当好参谋的角色意识和责任意识。

2. 参与管理的基本要求

（1）努力钻研业务，熟悉财经法规和相关制度，提高业务技能，为参与管理打下坚实的基础。

会计人员只有努力钻研业务，不断提高业务技能，深刻领会财经法规和相关制度，才能有效地参与管理，为改善经营管理，提高经济效益服务。娴熟的业务，精湛的技能，是会计人员参与管理的前提。

（2）熟悉服务对象的经营活动和业务流程，使管理活动更具针对性和有效性。

会计人员应当了解本单位的整体情况，特别是要熟悉本单位的生产经营、业务流程和管理情况，掌握单位的生产经营能力、技术设备条件、产品市场及资源状况等情况，充分利用会计工作的优势，更好地满足经营管理的需要，才能在参与管理的活动中有针对性地拟定可行性方案，从而提高经营决策的合理性和科学性，更有效地服务于单位的总体发展目标。

5.2.8 强化服务

1. 强化服务的含义

强化服务就是要求会计人员具有文明的服务态度、强烈的服务意识和优良的服务质量，努力维护和提升会计职业的良好形象。

强化服务的结果，就是奉献社会。任何职业的利益、职业劳动者个人的利益都必须服从于社会的利益、国家的利益。如果说爱岗敬业是职业道德的出发点，那么，强化服务、奉献社会就是职业道德的归宿点。

2. 强化服务的基本要求

（1）强化服务意识，树立文明形象。这要求会计人员要树立强烈的服务意识，为管理者服务，为所有者服务，为社会公众服务。不论服务对象的地位高低，都要摆正自己的工作位置，管钱管账是自己的工作职责，参与管理是自己的义务。只有树立了强烈的服务意识，才能做好会计工作，履行会计职能，为单位和社会经济的发展作出应有的贡献。

（2）提高服务质量。强化服务的关键是提高服务质量。单位会计人员的服务质量表现在，是否真实地记录单位的经济活动，向有关方面提供可靠的会计信息；是否积极主动地向单位领导反映经营活动情况和存在的问题，提出合理化建议，协助领导决策，参与经营管理活动。注册会计师的服务质量表现在，是否以客观、公正的态度正确评价委托单位的财务状况、经营成果，出具恰当的审计报告，为社会公众及信息使用者做好服务。

需要注意的是，在会计工作中提高服务质量，并非是无原则地满足服务主体的需要，而是在坚持原则、坚持准则的基础上尽量满足用户或服务主体的需要。

5.3　会计职业道德与会计法律制度的关系

5.3.1　会计职业道德与会计法律制度的联系

会计职业道德与会计法律制度有着共同的目标、相同的调整对象，承担着同样的职责。两者联系密切，主要表现在以下方面。

1. 两者在作用上相互补充，相互协调

在规范会计行为中，我们不可能完全依赖会计法律制度的强制功能而排斥会计职业道德的教化功能，会计行为不可能都由会计法律制度进行规范，不需要或不宜由会计法律制度进行规范的行为，可通过会计职业道德规范来实现。同样，那些基本的会计行为必须运用会计法律制度强制遵守。

2. 两者在内容上相互渗透，相互重叠

会计法律制度中含有会计职业道德规范的内容，同时，会计职业道德规范中也包含会计法律制度的某些条款。

3. 两者在地位上相互转化，相互吸收

最初的会计职业道德规范就是对会计职业行为约定俗成的基本要求，后来制定的会计法律制度吸收了这些基本要求，便形成了会计法律制度。

4. 两者在实施上相互作用，相互促进

会计职业道德是会计法律制度正常运行的社会和思想基础，会计法律制度则是促进会计职业道德规范形成和遵守的制度保障。

总之，会计法律制度和会计职业道德在实施过程中相互作用。会计职业道德是会计法律制度实施的重要的社会和思想基础，会计法律制度是促进会计职业道德规范形成和遵守的制度保障。

5.3.2 会计职业道德与会计法律制度的区别

会计职业道德与会计法律制度的主要区别表现在以下方面。

1. 两者的性质不同

会计法律制度反映统治者的意志和愿望，在同一社会内，只允许存在一种会计法律制度。会计法律制度通过国家机器强制执行，具有很强的他律性。而会计职业道德并不都代表统治者的意志，很多来自于职业习惯和约定俗成。在同一个阶级社会里，会计职业道德不是唯一的。会计职业道德依靠会计从业人员的自觉性，自愿地执行，并依靠社会舆论和良心来实现，基本上是非强制执行的，具有很强的自律性。

2. 两者作用范围不同

会计法律制度侧重于调整会计人员的外在行为和结果的合法化，具有较强的客观性。会计职业道德不仅要求调整会计人员的外在行为，还要调整会计人员内在的精神世界，具有较强的自律性，其调节的范围远比法律广泛。会计法律制度的各种规定是会计职业关系得以维系的最基本条件，是对会计从业人员行为的最低限度要求，用以维持现有的会计职业关系和正常的会计工作秩序。实践中违反会计职业道德的行为不一定违反会计法律制度，而违反了会计法律制度的行为一定违反了会计职业道德。

3. 两者表现形式不同

会计法律制度是通过一定的程序由国家立法部门或行政管理部门制定和颁布的，其表现形式是具体的、正式形成文字的成文条款。而会计职业道德源自会计人员的职业生活和职业实践，日积月累，约定俗成。其表现形式既有明确成文的规定，也有不成文的只存在于会计人员内心的意识和信念。成文的会计职业道德，与会计法律制度相比，在表现形式上也缺乏具体性和准确性，通常只是指出会计人员应当做或不应当做某种行为的一般原则和要求。不成文的职业道德规范仅存在于人们的意识和意念之中，并无具体的表现形式，它依靠社会舆论、道德教育、传统习俗和道德评价来实现。

4. 两者的评价标准不同

会计法律是以会计人员享有的权利和义务为标准来判定其行为是否违法。会计法律规定会计人员享有一定的权利，如果这种权利遭受侵犯，造成不良后果，那么侵权者就要受到会计法律制裁；会计法律同时规定了会计人员要承担的义务，如果会计人员不尽义务，造成不良后果，同样要受到会计法律的制裁。而会计职业道德则以善恶为标准来判定人们的行为是否违背道德规范。如果一个会计人员的职业行为符合会计职业的道德规范，就是善的，就会受到社会舆论的赞扬、鼓励，自己内心也会受到激励；反之，就是恶的、不道德的，就会受到社会舆论的批评、谴责，其内心将是痛苦的，感到内疚不安。一般地说，道德重在确认人们的义务，而不讲权利，即不以谋取个人某种权利作为履行义务的前提和归宿，这点与兼顾权利与义务的法律规范也是不同的。

5. 实施保障机制不同

会计法律制度由国家强制力保障实施，需要一套实施保障机制。这种保障机制不仅体现在其法律规范的内容中，还体现在设有与之相配合的、权威的制裁机关和审判机关。会计职业道德没有权威机构对其是非曲直作出明确裁定，即使有裁定也是舆论性质的。

5.4 会计职业道德教育与修养

5.4.1 会计职业道德教育

会计职业道德教育，是指为了促使会计人员能正确履行会计职能，而对其施行有目的、有计划、有组织、有系统的道德教育活动。实现以“诚信”为核心的会计职业道德目标，必须要多管齐下，开展全方位、多形式、多渠道的会计职业道德教育，从而有利于逐步培养会计人员的会计职业道德情感，树立会计职业道德观念，提高会计职业道德水平，使会计职业健康发展。

1. 会计职业道德教育形式

会计职业道德教育的主要形式包括接受教育和自我教育。

（1）接受教育。接受教育即外在教育，是指通过学校或培训单位对会计从业人员进行以职业责任、职业义务为核心内容的正面灌输，以规范其职业行为，维护国家和社会公众利益的教育。接受教育具有导向作用，行业部门或行业协会通常是职业道德教育的组织者，由其对从业人员开展正面职业道德教育和灌输。接受教育是一种被动学习，被动接受教育。

（2）自我教育。自我教育即内在教育，是从业人员自我学习、自我改造自身道德修养的行为活动。自我教育是把外在的职业道德的要求，逐步转变为会计从业人员内在的职业道德情感、职业道德意志和职业道德信念。要大力提倡和引导会计人员自我教育，在社会实践中不断地加强职业道德修养，养成良好的道德行为，从而实现道德境界的升华。

2. 会计职业道德教育的内容

会计职业道德教育的内容主要包括以下 3 个方面。

（1）会计职业道德观念教育。这是指在社会上广泛宣传会计职业道德基本常识，使广大会计人员懂得什么是会计职业道德，了解会计职业道德对社会经济秩序、会计信息质量的影响，以及违反会计职业道德除了受到道义上的谴责以外，还会受到行业惩戒和行政处罚。树立会计职业道德观念，形成遵守职业道德光荣，违反职业道德可耻的社会氛围。

（2）会计职业道德规范教育。这是指对会计人员开展以会计职业道德规范为内容的教育。这是会计职业道德教育的核心内容，贯穿于会计职业道德教育的始终。会计职业道德规范的主要内容包括爱岗敬业、诚实守信、廉洁自律、客观公正、坚持准则、提高技能、参与管理和强化服务等。通过会计职业道德规范的教育，让会计人员认识到会计职业道德规范的真谛。

（3）会计职业道德警示教育。这是指通过开展对违反会计职业道德行为和对违法会计行为典型案例的讨论和剖析，给会计人员以启发和警示，从而可以提高会计人员的法律意识和会计职业道德观念，提高会计人员辨别是非的能力。

此外，与会计职业道德相关的教育还包括：形势教育、品德教育、法制教育等。

3. 会计职业道德教育途径

会计职业道德教育包括以下3个层次：一是对潜在会计人员的会计职业道德教育，教育对象为大中专院校会计类专业的在校生；二是岗前道德教育，教育对象为进入会计工作前的会计人员；三是在岗会计人员的继续教育。

目前我国会计职业道德教育的途径主要有岗前职业道德教育和岗位职业道德教育。

（1）岗前职业道德教育。岗前职业道德教育是指对将要从事会计职业的人员进行的道德教育，包括会计类专业学历教育及获取会计从业资格中的职业道德教育。这方面教育的侧重点应放在职业观念、职业情感和职业规范等方面。

① 会计类专业学历教育中的职业道德教育。

这是对大中专院校会计类专业的在校生进行的会计职业道德教育。《公民道德建设实施纲要》中指出，“学校是进行系统道德教育的重要阵地。各级各类学校必须认真贯彻党的教育方针，全面推进素质教育”，在我国大中专院校的会计类专业就读的学生，是会计队伍的预备人员。会计学历教育的阶段是他们的会计职业情感、道德观念和是非善恶判断标准初步形成的时期，所以会计专业类大中专院校是会计职业道德教育的重要阵地，是会计人员岗前道德教育的主要场所，在会计职业道德教育中具有基础性地位。针对大中专院校会计类专业学生开设“会计职业道德”及相关课程，对学生进行全面、系统、细致的会计职业道德教育，可以使即将踏入会计行业的学生，在学习理论知识和技能的同时，也能领会会计职业道德。

② 获取会计从业资格中的职业道德教育。

这是对所有即将进入会计工作岗位的会计人员进行的职业道德教育。会计职业的特殊性要求从事该职业的人员必须了解其职业道德规范，具备良好的职业素质。我国财政部规定要从事会计工作的从业人员，必须通过考试取得会计从业资格。因此，会计职业道德教育是会计从业人员岗前的一门必修课，我国大中专院校会计类专业毕业生在校接受相关职业道德教育外，也要接受岗前的职业道德教育。

（2）会计岗位职业道德继续教育。会计岗位职业道德继续教育，是指对已进入到会计职业岗位的会计人员所进行的职业道德继续教育。会计职业道德教育应贯穿于整个会计人员继续教育的始终。就现阶段而言，会计人员继续教育中的会计职业道德教育目标是适应新的市场经济形势的发展变化，在不断更新、补充、拓展会计人员业务能力的同时，使其政治素质、职业道德水平不断提高，具体包括以下内容。

① 形势教育。会计人员要认清国家政治经济、科技发展、会计工作和理论发展的形势，正确认识和分析形势，把会计职业道德教育和为人民服务的宗旨统一起来。教育的重点是要贯彻“以德治国”重要思想和“诚信为本，操守为重，坚持准则，不做假账”的指示精神。

② 品德教育。品德教育是会计职业道德教育的基础。教育的重点是引导会计人员自觉地用会计职业道德规范指导和约束自身的行为，提高职业道德自律能力，增强爱国主义、集体主义意识，正确处理国家、集体和个人之间的利益关系，最终形成良好的、稳定的道德品行。

③ 法制教育。在会计继续教育中，应当教育会计人员严格遵守《会计法》及其他经济法律规范，引导会计人员熟悉并了解不同历史时期的会计法律法规政策，学会运用法律的手段处理会计事务。

5.4.2 会计职业道德修养

1. 会计职业道德修养的概念

会计职业道德修养是道德品质修养的一个重要组成部分，是指会计人员在会计职业活动中，按照会计职业道德的基本要求进行的自我教育、自我改造、自我锻炼、自我提高，从而达到一定的职业道德境界。

会计职业道德修养要求会计人员学习职业道德的知识，培养自己的职业情感，在履行义务时，克服困难障碍，磨炼职业道德意志，树立坚定的职业道德信念。职业道德修养的最终目的，在于把职业道德原则和规范逐步地转化为自己的职业道德品质，从而将职业实践中对职业道德的意识情感和信念上升为职业道德习惯，使其贯穿于职业活动的始终。此时，会计人员对职业道德规范的遵守，已成为自己的职业本能。

会计职业道德修养和会计职业道德教育是相辅相成的两个方面。前者属于自律教育，后者属于他律教育。

2. 加强会计职业道德修养的途径

高尚的会计职业品德的形成，不是一蹴而就的，而是刻苦进行道德修养的结果。会计职业道德修养，虽然是道德品质和思想素质方面的自我锻炼，但决非指“闭门思过”，我们所说的修养，是在理论和社会实践的联系中实现的。

（1）社会实践是加强会计职业道德修养的根本途径。在会计职业活动中，会计人员会遇到各种利益关系和人际关系的协调处理，有成功的经验，也有失败的教训，这就需要加强意志的修养；在会计职业活动中，会计人员还会遇到现实的义利关系、理欲关系，要抵制社会各种不良风气和错误思潮的侵袭，就需要加强品质的修养；在会计职业活动中，会计人员为了更好地与职业对象打交道，还要注意自身形象的修养。总之，会计职业道德修养一刻也离不开社会实践，只有在社会实践中不断磨炼，才能不断提高会计职业道德修养。

（2）强化理论学习是加强会计职业道德修养的重要途径。马列主义和共产主义道德理论是社会主义市场经济条件下加强会计职业道德修养的理论基础，同时还要加强会计专业知识和会计法律法规的学习。为了跟上社会发展的步伐，适应会计专业发展的要求，会计人员就要自觉地学习一些新的知识，还要学习相关的法律法规和会计制度、会计准则。

3. 加强会计职业道德修养的方法

（1）内省。“内省”，是指在内心省察自己的思想、言行有无过失，即自我审判、自我批评。会计工作是一项非常细致而又复杂的工作，经常与钱、财、物打交道，涉及面广，政策性强，工作要求高，稍有不慎就可能出错，产生较为严重的后果。因此，会计人员对自己所从事的工作时时刻刻都要自我反省，树立正确的职业道德观念。

（2）慎独。会计职业道德修养的最高境界在于做到“慎独”，即在一个人单独处事、无人监督的情况下，也应该自觉地按照道德准则去办事。慎独的前提是坚定的职业信念和职业良心。会计职业道德修养讲“慎独”，就是要求每个会计人员严格要求自己，在履行职责时自律谨慎，不管财经法规、制度是否有漏洞，也不管是否有人监督，领导管理是否严格，都按照职业道德的要求去办。

（3）虚心向先进人物学习。先进人物身上不仅反映出较好的工作成绩，而且体现了良好的职业道德风尚和优良的职业道德品质。因此，向先进人物学习可以了解他们的先进事迹，树立学习上的榜样，帮助自己寻找差距，改正不足，激励自己不断努力，提高道德水平。

5.5　会计职业道德建设组织与实施

会计职业道德建设是一项复杂的系统工程，要抓好会计职业道德建设，关键在于加强和改善会计职业道德建设的组织和领导，并得到切实贯彻和实施。

5.5.1　财政部门组织和推动会计职业道德建设

第一，财政部门要采用多种形式开展会计职业道德宣传教育。财政部门要积极开展多种多样的宣传活动，加大宣传力度，充分利用各种宣传工具，注重发挥网络、媒体的宣传作用和舆论的监督作用，努力营造会计职业道德建设的良好氛围。

第二，将会计职业道德建设与会计从业资格证书注册登记管理相结合。各级财政部门要通过会计从业资格发证、注册、年检等手段，建立会计从业人员诚信档案。各地在组织开展会计人员继续教育中，要将会计职业道德作为一项重要内容。通过组织一定学时的继续教育，使会计人员了解和掌握会计职业道德的主要内容。

第三，将会计职业道德建设与会计专业技术资格考评、聘用相结合。各级财政部门应当根据会计法律制度，积极探索将会计职业道德建设与专业技术资格考评、聘用相结合的机制。比如，对于不遵守会计职业道德的，取消会计专业技术资格考试的报名资格。

第四，将会计职业道德建设与会计执法检查相结合。各级财政部门在认真宣传贯彻《会计法》和国家统一的会计制度的同时，加大执法力度，严厉打击违法会计行为，维护国家和社会公众利益，维护正常经济秩序，为会计职业道德建设提供强有力的法律支持和政策保障。

第五，将会计职业道德建设与会计人员表彰奖励制度相结合。依据《会计法》等法律法规，建立激励机制，对会计人员遵守职业道德情况进行考核和奖惩，对自觉遵守会计职业道德的优秀会计工作者进行表彰、宣传，可以使受奖者感到对遵守道德规范的回报和社会肯定，从而促使其强化道德行为。同时，还可以树立本行业的楷模、榜样，使会计职业道德原则和规范具体化、人格化，使广大会计工作者从这些富于感染性、可行性的道德榜样中获得启示，获得动力，在潜移默化中逐渐提高自身的职业道德素质。

5.5.2　会计职业组织建立行业自律机制和会计职业道德惩戒制度

会计职业组织起着联系会员与政府的桥梁作用，应充分发挥协会等会计职业组织的作用，改革和完善会计职业组织自律机制，有效发挥自律机制在会计职业道德建设中的促进作用。我国可以借鉴国外通过会计职业组织实施职业道德约束的做法和经验，在注册会计师协会、会计学会、总会计师协会等职业组织中设立职业道德委员会，专司职业道德规范的制定、解释、修订和实施之职，对涉及会计职业道德的案件由会计职业组织进行处罚。

5.5.3 社会各界各尽其责相互配合，齐抓共管

加强会计职业道德建设，既是提高广大会计人员素质的一项基础性工作，又是一项复杂的社会系统工程，不仅是某一个单位、某一个部门的任务，也是各地区、各部门、各单位的共同责任。正如《公民道德建设实施纲要》指出："推进公民道德建设，需要社会各方面的共同努力。各级宣传、教育、文化、科技、组织人事、纪检监察等党政部门，工会、共青团、妇联等群众团体以及社会各界，都应当在党委的统一领导下，各尽其责，相互配合，把道德建设与业务工作紧密结合起来，纳入目标管理责任制，制定规划，完善措施，扎实推进。要充分发挥各民主党派和工商联在公民道德建设中的作用。"因此，加强会计职业道德建设，不仅各级党组织要管，各级机关、群众组织等也要管。只有重视和加强各级组织、广大群众和新闻媒体的监督作用，齐抓共管，形成合力，才能有效地搞好会计职业道德建设，更好地提高广大会计人员的思想道德素质。

技能训练

[案例一] 麦科特为什么能上市圈了5个多亿

基本案情

1. 麦科特上市了。2000 年 8 月 7 日，一只新股在深圳股市走得很火，那就是麦科特。麦科特通过伪造进出口设备融资租赁合同，虚构固定资产 9 074 万港元。就是这么一家"虚构"的公司，竟然顺利出炉了，竟然招摇上市了。

2. 谁来帮助他。在麦科特发行上市的过程中，深圳华鹏会计师事务所为其出具了严重失实的审计报告，广东正大联合资产评估有限责任公司为其出具了严重失实的法律意见书，南方证券有限公司参与编制了严重失实的发行申报文件。对麦科特及其上述中介机构涉嫌犯罪的有关责任人员，中国证监会依法移送公安机关追究其刑事责任。

麦科特欺诈上市一案中，有关中介机构都深入其中。如果没有这么多中介机构"配合"，麦科特是不可能招股上市的。如此多的机构、如此多的关口，任何一个"NO"都可能使麦科特的美梦变成一枕黄粱。遗憾的是在这条"造假流水线"上，所有的中

介机构都扮演着极其不光彩的角色。

3. 全为五斗米折腰。深圳华鹏会计师事务所知情不报还参与造假，原因很简单，那就是利益的诱惑。当然其他关联机构也是如此。麦科特发行股票圈了 5 亿多元，发行费总额也有 1 760 万元。1 760 万元和 5 亿元相比，只能算九牛一毛。造假成本与造假收益之间的巨额反差，正是我国证券市场造假泛滥的一个重要原因。一个生动的注释是，几家中介机构就是为了这区区 1 760 万元折了腰，当然，分摊到每家中介机构里自然是不小数额。

问题：结合本案例，谈谈会计职业道德中侧重于对注册会计师的要求。

[案例二] 从货仓服务员到CFO

基本案情

2002 年黄先生开始攻读会计学博士学位，进入人生最高的学历境界。但人们有所不知，他成功的背后隐藏了多少艰辛的历程和不断学习的坚定信念。20 世纪 60 年代，黄先生因家境贫困，初中尚未完成便辍学，在一间香港烟草公司担任货仓服务员，帮补家庭经济收入。但求学上进之心并没有因此而丧失，这段时间，他白天上班，晚上在一家英文中学继续念英文及其他课程，5 年后考得中学会考及格证书；与此同时他因工作表现勤奋、诚信敬业被公司老板提升为货仓簿记员，管理公司货仓存货记录，从此对簿记及会计学产生浓厚兴趣。因此，他一边工作一边学习有关簿记、会计原理与实务，并积极参加考试，先后取得英国伦敦商会的初级簿记、中级簿记及高级会计证书，这些考试皆以优异成绩取得。

1971 年 10 月黄先生转到一家上市公司（钢铁厂）担任成本会计主任。在这 5 年工作期间，他参加英国国际会计师公会的考试，取得该会会员证书。在这个阶段他深感会计学识与经验之不足，遂毅然离开这家上市公司，转到当时“八大”会计师事务所的其中一家，担任中级会计员。两年后，也就是 1978 年他被提升为主任。在 6 年的会计师事务所工作中，黄先生积累了相当丰富的会计审计经验，也学会了企业管理的操作以及内部控制的技巧。1982 年他加入香港置地公司担任合资部门的财务与行政经理。工作了两年后，也就是 1984 年他到广州进入内地工作，参加了美国西方石油公司在南海海域探勘石油的管理，担任了会计经理，因此，对内地的会计核算、财务管理、税务政策有一定程度的了解，同时也理解了石油行业在探勘时期的成本会计处理。在这段时间，他又取得了加拿大注册会计师资格。因此，在广州工作了 5 年后，由于家庭关系，黄先生移民到加拿大，工作于加拿大的地产集团，担任会计主任之职。在加拿大期间，他利用业余时间进修取得工商管理学士学位以及工商管理硕士学位。

6 年后，黄先生回归到香港特别行政区工作于法国电讯集团，担任东北亚区财务总监之职，2002 年 1 月该集团被收购，所幸仍能服务于收购后的公司，担任大中华区财务部门主管。

问题：请从会计职业道德的角度来分析黄先生成功的原因。

［案例三］备用金：变通与捍卫

基本案情

一阵急促尖锐的高跟鞋声传进我的办公室，来人正是我们公司营销部门高级经理。她带着不甚愉快的音调对我说："你的备用金保管人（财务总监秘书兼会计文员）不合作，不给我领取差旅预支费用，我的付款申请书已获总经理批准，明天就要出差去外地……"我看了看她的付款申请金额，明白了为什么我的秘书即备用金保管人不同意支付的理由。因为她的预支金额已经超过公司有关《备用金操作规定及其实施程序》的限额。此时作为一个称职的财务总监必须平衡（或叫摆平）备用金保管人与营销部门经理两者间为差旅预支金额一事引起的争端。也就是财务总监必须支持备用金保管人，因为她是按照规定处理此事，而营销部门经理的申请也经过了总经理的批准，看似小事，却事关重大。因为假设您同意以备用金支付，那么以后备用金使用有关原则、规定则形同虚设；假设您不同意支付这笔钱，又得罪了一位部门主管，以及批准这位主管的总经理，这是一个左右为难的事，偏偏也是会计人员经常遇到的问题。对这个问题我的一贯处理方式就是站在财务部门立场，坚持程序处理但有变通。我决定仍然签发支票，然后由公司司机陪同这位营销部门主管到银行支取现金。作为主管部门遇到问题解决问题是天职，可惜这位营销部门经理并不领情也不买账，因为她认为有后台靠山，气冲冲、带着尖锐的高跟鞋声走出了我的办公室。

我知道过一会儿外籍总经理将会驻足我的财务总监办公室，于是我准备好有关资料，等待老总驾到。

果不出我所料，10 分钟后总经理亲自来到，我礼貌地请老总坐下，老总手拿付款申请书质疑地说："为什么我批准的差旅费预支申请表，备用金保管人拒绝支付?"回答这个问题需要有技巧。我回答道："请总经理在该申请预支表上再签一次名，我就马上支付。"他老人家愣住了。他又质疑地问："为什么?"于是我把早就准备好的《公司备用金操作规定及其实施程序》文件亮了出来。我说："这个程序是我设计的，经过总经理您批准而实施，同时也通知了各部门，现在这张预支申请表虽经您批准，但已超过我们备用金规定的限额，如果我照付，则属违反已批准实施的规定。不过，若您再签一次名那就代表您"特批"，特别批准您自己批准事件的越权措施。事实上，我已经与营销部经理解释过，同时也做好两全的安排，但她不同意。其他部门主管都是按照这种规定执行的。我认为还是按照您批准的规定执行，应该不能有所例外。"

听完这番话，明白事理的总经理同意我的两全安排，同时并没有因为这事而有不高兴的脸色，因为这是合情合理与合法的变通处理，在不影响基本原则（即内部控制制度）的前提下，要采取对方最能理解、最易接纳的办法实施。这就是工作的艺术，也是做人的方法。最后，我们的营销经理也只得按规定办事了。

从实例中我们可以体会出内部控制制度对于企业的重要性，尤其是对于财会部门或会计人员执行工作的准绳起了很大的明确作用，避免了人为因素的介入。因此，我们经常强调企业要有一套健全的内部控制制度。这样会计人员好落实工作；外审人员好查账，同时降低审计风险；内审人员好考评绩效，工作起来轻松。

问题：请评析上述案例中的财务总监是如何践行会计职业道德的。

章节练习

一、单项选择题

1. 下列各项中，属于《公民道德建设实施纲要》中提出的职业道德主要内容的有（　　）。

A. 诚信为本、依法治国、民主理财、科学决策、奉献社会

B. 爱岗敬业、诚实守信、办事公道、服务群众、奉献社会

C. 文明礼貌、助人为乐、爱护公物、保护环境、遵纪守法

D. 爱岗敬业、诚实守信、廉洁自律、客观公正、坚持准则、提高技能、参与管理、强化服务

2. 下列（　　）是做人的基本准则，也是职业道德的精髓。

A. 爱岗敬业　　B. 诚实守信　　C. 办事公道　　D. 奉献社会

3. 会计人员热爱会计工作，安心本职岗位，忠于职守，尽心尽力，尽职尽责，这是会计职业道德中（　　）的具体体现。

A. 爱岗敬业　　B. 诚实守信　　C. 提高技能　　D. 强化服务

4. 会计人员对于工作中知悉的商业秘密应依法保密，不得泄露，这是（　　）会计职业道德原则的具体体现。

A. 诚实守信　　B. 廉洁自律　　C. 客观公正　　D. 坚持准则

5. 某公司为获得一项工程合同，拟向工程发包方的有关人员支付好处费8万元，公司市场部持公司的批示到财务部领取该笔款项。财务部经理谢某认为该项支出不符合有关规定，但考虑到公司主要领导已做了批示，遂同意拨付了款项。下列对谢某做法的认定中正确的是（　　）。

A. 谢某违反了爱岗敬业的会计职业道德要求

B. 谢某违反了参与管理的会计职业道德要求

C. 谢某违反了廉洁自律的会计职业道德要求

D. 谢某违反了坚持准则的会计职业道德要求

6. 下列关于会计职业道德表述正确的是（ ）。

A. 相对于会计法律制度而言，会计职业道德是对会计从业人员行为的最低限度的要求

B. 会计职业道德对会计人员基本上是非强制执行的，具有很强的自律性

C. 会计职业道德具有强制性

D. 会计职业道德在时间上和空间上对会计人员的影响没有会计法律制度广泛、持久

7. 下列关于会计职业道德与会计法律制度联系的说法，不正确的是（ ）。

A. 两者有共同的目标、相同的调整对象，承担着同样的职责

B. 两者在内容上相互渗透，相互重叠

C. 两者在地位上相互转化，相互吸收

D. 两者在实现形式上都是具体的、明确的和成文的

8. 下列各项中，关于会计职业道德与会计法律制度的关系的论述错误的是（ ）。

A. 两者在实施过程中相互作用，相互补充

B. 违反会计法律制度，一定违反会计职业道德

C. 会计法律制度是会计职业道德的最低要求

D. 违反会计职业道德，一定违反会计法律制度

9. 对会计职业道德进行监督检查的部门主要是（ ）。

A. 纪律检查和监察部门　　B. 工商行政管理部门

C. 财政部门　　D. 会计行业组织

10. 对会计职业道德进行自律管理与约束的机构是（ ）。

A. 财政部门　　B. 会计行业组织

C. 工商行政管理部门　　D. 其他组织

二、多项选择题

1. 下列各项中，属于职业道德的主要内容的是（ ）。

A. 服务群众　B. 爱岗敬业　C. 遵纪守法　D. 参与管理

2. 下列各项中，体现会计职业道德特征的是（ ）。

A. 会计人员自身必须廉洁　　B. 具有一定的强制性

C. 具有一定的他律性　　D. 较多关注公众利益

3. 会计职业道德中诚实守信的要求是会计人员做老实人，说老实话，办老实事，执业谨慎，信誉至上以及（ ）。

A. 不为利益所诱惑　　B. 不弄虚作假

C. 不贪不占　　D. 不泄露秘密

4. 会计职业道德坚持准则要求包括（　　）。

A. 熟悉准则　　B. 遵循准则　　C. 坚持准则　　D. 妥善解决道德冲突

5. 会计职业道德与会计法律制度的联系体现在（　　）。

A. 作用上相互补充　　B. 内容相互渗透，相互重叠

C. 地位上相互转化，相互吸收　　D. 实施上相互作用，相互促进

6. 会计职业道德观念教育的目的是（　　）。

A. 树立会计职业道德观念

B. 了解会计职业道德对社会经济秩序的影响

C. 了解会计职业道德对会计信息质量的影响

D. 了解违反会计职业道德将受到的惩戒和处理

7. 会计职业道德教育的主要途径有会计人员的（　　）。

A. 会计学历教育　　B. 会计继续教育

C. 警示教育　　D. 自我教育与修养

8. 财政部门对会计职业道德进行检查的途径主要有（　　）。

A. 将会计执法检查与会计职业道德检查相结合

B. 将会计从业资格证书注册登记管理与会计职业道德检查相结合

C. 将会计从业资格考试与会计职业道德检查相结合

D. 将会计专业资格考评、聘用与会计职业道德检查相结合

9. 会计人员自我教育与修养的内容包括（　　）。

A. 提高会计职业道德认识　　B. 培养高尚的会计职业道德情操

C. 磨炼坚强的会计职业道德意志　　D. 树立坚定的会计职业道德信念

10. 关于会计职业道德建设组织与实施，下列说法正确的是（　　）。

A. 社会各界各尽其责，相互配合，齐抓共管

B. 社会舆论监督，形成良好的社会氛围

C. 会计职业组织建立行业自律机制和会计职业道德惩戒制度

D. 财政、税务、工商和审计等部门组织和推动会计职业道德建设

三、不定项选择题

1. 职业道德的本质是由（　　）决定的。

A. 社会实践　　B. 经济基础　　C. 社会经济关系　　D. 上层建筑

2. 下列各项中，属于职业道德特征的是（　　）。

A. 职业性　　B. 实践性　　C. 继承性　　D. 合法性

3. “坚持好制度胜于做好事，制度大于天，人情薄如烟”，这句话体现的会计职业道德内容要求是（　　）。

A. 参与管理　　B. 提高技能　　C. 坚持准则　　D. 强化服务

4. 会计职业道德的诚实守信基本要求中侧重对注册会计师提出的要求是（　　）。

A. 做老实人，说老实话，办老实事，不搞虚假

B. 保密守信，不为利益所诱惑

C. 执业谨慎，信誉至上

D. 实事求是，不偏不倚

5. “会计人员应当遵守职业道德，提高业务素质。”这是（　　）对会计人员所作的规定。

A.《审计法》　　B.《统计法》　　C.《会计法》　　D.《注册会计师法》

6. ABC 股份有限公司会计王某不仅熟悉会计电算化业务，而且对利用现代信息技术手段加强经营管理颇有研究。“非典”期间，王某向公司总经理建议，开辟网上业务洽谈，并实行优惠的折扣政策。公司采纳了王某的建议，当期销售额克服“非典”影响，保持了快速增长。王某的行为体现出的会计职业道德有（　　）。

A. 爱岗敬业　　B. 坚持准则　　C. 参与管理　　D. 强化服务

7. 下列各项中，符合会计职业道德“参与管理”行为的有（　　）。

A. 对企业财务报告进行综合分析，并提交风险预警报告

B. 参加公司重大投资项目的可行性研究分析

C. 分析坏账形成的原因，提出加强授信管理、加快货款回收建议

D. 分析现金流量状况，查找存在的问题，提出改进措施

8. 小王是某代理记账公司提供专业服务的会计人员，其在为客户提供的下列服务中，违背会计职业道德要求的做法有（　　）。

A. 向委托单位提出改进内部会计控制建议

B. 利用专业知识向委托单位提出逃税建议

C. 向委托单位提出合理降低成本建议

D. 为帮助委托单位负责人完成年度业绩，提出将固定资产折旧和银行借款利息挂账处理建议

9. 下列各项中，（　　）是对注册会计师职业道德的特别规定。

A. 爱岗敬业　　B. 诚实守信　　C. 独立　　D. 客观公正

10. 会计人员违反职业道德，情节严重的，由（　　）吊销其会计从业资格证书。

A. 工商行政管理部门　　B. 人事管理部门

C. 财政部门　　D. 会计行业组织

四、判断题

1. 广义的职业道德是指在一定职业活动中应遵循的、体现一定职业特征的、调

整一定职业关系的行为准则和规范。（　　）

2. 会计职业道德是会计人员在会计职业活动中应当遵循的职业行为准则和规范。（　　）

3. 爱岗敬业是社会主义职业道德倡导的首要规范。（　　）

4. “常在河边走，就是不湿鞋”体现的会计职业道德规范是廉洁自律。（　　）

5. 会计职业道德的各种规定是会计职业关系得以维系的最基本条件，是对会计从业人员行为的最低限度的要求。（　　）

6. 财政部门可以通过将会计从业资格证书注册登记管理与会计职业道德检查相结合的途径来实现对会计职业道德的监督检查。（　　）

7. 会计职业道德是一种职业规范，应由会计行业组织对不遵守会计职业道德的会计人员（会员）进行惩戒，其他部门和单位不宜处理。（　　）

8. 中国注册会计师协会是我国注册会计师的行业自律组织，对注册会计师进行自律管理和约束。（　　）

9. 在现阶段，社会处于转型时期，会计职业环境十分复杂，能够按照会计制度办事的会计人员就是十分优秀的会计人员。（　　）

10. 会计职业道德情感、会计职业道德意志和会计职业道德信念，要通过内在的自我教育才能实现。因此有效开展会计职业道德教育的唯一途径就是依靠自我教育。（　　）

附 录

附录A 财经法规与会计职业道德考试大纲（2010年）

第一章 会计法律制度

第一节 会计法律制度的构成

一、会计法律

由全国人民代表大会及其常务委员会经过一定立法程序制定的有关会计工作的法律。我国目前有两部会计法律，分别是《会计法》和《注册会计师法》。

二、会计行政法规

由国务院制定并发布，或者由国务院有关部门拟定并经国务院批准发布，调整经济生活中某些方面会计关系的法律规范。如国务院发布的《企业财务会计报告条例》、《总会计师条例》。

三、国家统一的会计制度

国务院财政部门根据《会计法》制定的关于会计核算、会计监督、会计机构和会计人员以及会计工作管理的制度，包括会计部门规章和会计规范性文件。

第二节 会计工作管理体制

一、会计工作的行政管理

国务院财政部门主管全国的会计工作，县级以上地方各级人民政府财政部门管理本行政区域内的会计工作。财政部门履行的会计行政管理职能主要有：

（一）会计准则制度及相关标准规范的制定和组织实施

（二）会计市场管理

（三）会计专业人才评价

（四）会计监督检查

二、会计工作的自律管理

（一）中国注册会计师协会

（二）中国会计学会

三、单位会计工作管理

（一）单位负责人要组织、管理好本单位的会计工作

（二）会计人员的选拔任用由所在单位具体负责

第三节 会 计 核 算

一、总体要求

（一）会计核算依据

（二）对会计资料的基本要求

二、会计凭证

三、会计账簿

四、财务会计报告

五、会计档案

六、其他

我国会计法律制度还对会计年度、记账本位币、会计处理方法等做了明确规定。

第四节 会 计 监 督

一、单位内部会计监督

（一）单位内部会计监督主体和对象

1. 单位内部会计监督的主体是各单位的会计机构和会计人员

2. 内部会计监督的对象是单位的经济活动

（二）单位内部会计监督制度的基本要求

1. 记账人员与经济业务事项或会计事项的审批人员、经办人员、财物保管人员的职责权限应当明确，并相互分离、相互制约。

2. 重大对外投资、资产处置、资金调度和其他重要经济业务事项的决策和执行的相互监督、相互制约的程序应当明确。

3. 财产清查的范围、期限和组织程序应当明确。

4. 对会计资料定期进行内部审计的办法和程序应当明确。

（三）会计机构和会计人员在单位内部会计监督中的职责

1. 依法开展会计核算和监督，对违反《会计法》和国家统一的会计制度规定的会计事项，有权拒绝办理或者按照职权予以纠正。

2. 对单位内部的会计资料和财产物资实施监督。

二、会计工作的政府监督

（一）会计工作的政府监督的概念

（二）财政部门会计监督检查的主要内容

1. 对单位依法设置会计账簿的检查

2. 对单位会计资料真实性、完整性的检查

3. 对单位会计核算情况的检查

4. 对单位会计人员从业资格和任职资格的检查

5. 对会计师事务所出具的审计报告的程序和内容的检查

三、会计工作的社会监督

（一）会计工作的社会监督的概念

（二）注册会计师审计与内部审计的关系

（三）会计师事务所业务范围

1. 依据《注册会计师法》承办的审计业务

2. 会计咨询、会计服务业务

第五节　会计机构和会计人员

一、会计机构的设置

（一）单位会计机构的设置

（二）会计机构负责人（会计主管人员）的任职资格

（三）会计人员回避制度

二、代理记账

（一）代理记账的业务范围

（二）委托代理记账的委托人的义务

（三）代理记账机构及其从业人员的义务

（四）法律责任

三、会计从业资格

（一）会计从业资格证书的适用范围

（二）会计从业资格的取得

（三）会计从业资格证书管理

（四）会计人员继续教育

1. 会计人员继续教育的对象和特点

2. 会计人员继续教育的内容

3. 会计人员继续教育的形式和学时要求

四、会计专业职务与会计专业技术资格

（一）会计专业职务

（二）会计专业技术资格

五、会计工作岗位设置

（一）设置会计工作岗位的基本原则

（二）主要会计工作岗位

六、会计人员的工作交接

（一）交接的范围

（二）交接的程序

（三）交接人员的责任

第六节 法 律 责 任

一、法律责任的概念

二、不依法设置会计账簿等会计违法行为的法律责任

三、其他会计违法行为的法律责任

第二章 支付结算法律制度

第一节 概 述

一、支付结算的概念和特征

（一）支付结算的概念

（二）支付结算的特征

1. 支付结算必须通过中国人民银行批准的金融机构进行，未经中国人民银行批准的非银行金融机构和其他单位不得作为中介机构经营支付结算业务；

2. 支付结算是一种要式行为；

3. 支付结算的发生取决于委托人的意志；

4. 支付结算实行统一管理和分级管理相结合的管理体制；

5. 支付结算必须依法进行。

二、支付结算的基本原则

（一）恪守信用，履约付款

（二）谁的钱进谁的账，由谁支配

（三）银行不垫款

三、支付结算的主要支付工具

（一）汇票

（二）本票

（三）支票

（四）信用卡

（五）汇兑

（六）托收承付

（七）委托收款

四、支付结算的主要法律依据

五、办理支付结算的具体要求

（一）单位、个人和银行应当按照《人民币银行结算账户管理办法》的规定开立、使用账户

（二）单位、个人和银行办理支付结算，必须使用按中国人民银行统一规定印制的票据和结算凭证

（三）填写票据和结算凭证的基本要求

（四）填写票据和结算凭证应当规范，做到要素齐全，数字正确，字迹清晰，不错不漏，不潦草，防止涂改

（五）票据和结算凭证上的签章和其他记载事项应当真实，不得伪造、变造

第二节 现 金 管 理

一、开户单位使用现金的范围

二、现金使用的限额

三、现金收支的基本要求

四、建立健全现金核算与内部控制

第三节 银行结算账户

一、银行结算账户的概念

二、银行结算账户的分类

三、银行结算账户管理应当遵守的基本原则

（一）一个基本账户原则

（二）自主选择银行开立银行结算账户原则

（三）守法合规原则

（四）存款信息保密原则

四、银行结算账户的开立、变更和撤销

（一）银行结算账户的开立

（二）银行结算账户的变更

（三）银行结算账户的撤销

五、基本存款账户

（一）基本存款账户使用范围

（二）基本存款账户开户要求

（三）开立基本存款账户的程序

六、一般存款账户

（一）一般存款账户的使用范围

（二）一般存款账户的开户要求

（三）开立一般存款账户的程序

七、专用存款账户

（一）专用存款账户的使用范围

（二）专用存款账户开户要求

（三）开立专用存款账户的程序

八、临时存款账户

（一）临时存款账户的使用范围

（二）临时存款账户开户要求

（三）开立临时存款账户的程序

（四）临时存款账户使用中应注意的问题

九、个人银行结算账户

（一）个人银行结算账户使用范围

（二）个人银行结算账户开户要求

（三）开立个人银行结算账户的程序

（四）个人银行结算账户使用中应注意的问题

十、异地银行结算账户

（一）异地银行结算账户使用范围

（二）异地银行结算账户开户要求

（三）开立异地银行结算账户的程序

十一、银行结算账户的管理

（一）中国人民银行的管理

（二）银行的管理

（三）存款人的管理

十二、违反银行账户结算管理制度的罚则

（一）存款人违反账户管理制度的处罚

（二）银行及其有关人员违反账户管理制度的处罚

第四节　票据结算方式

一、票据的概念和种类

（一）票据的概念

（二）票据的种类

二、支票

（一）支票的概念

（二）支票的种类

（三）支票的出票

（四）支票的付款

（五）支票的办理要求

三、商业汇票

（一）商业汇票的概念和种类

（二）商业汇票的出票

（三）商业汇票的承兑

（四）商业汇票的付款

（五）商业汇票的背书

（六）商业汇票的保证

四、信用卡

（一）信用卡的概念和种类

（二）信用卡的申领与销户

（三）信用卡的资金来源

（四）信用卡使用的主要规定

五、汇兑

（一）汇兑的概念和分类

（二）办理汇兑的程序

（三）汇兑的撤销和退汇

第三章 税收法律制度

第一节 税 收 概 述

一、税收的概念与分类

（一）税收概念与作用

1. 税收的概念

2. 税收的作用

（1）税收是国家组织财政收入的主要形式

（2）税收是国家调控经济运行的重要手段

（3）税收具有维护国家政权的作用

（4）税收是国际经济交往中维护国家利益的可靠保证

（二）税收的特征

1. 强制性

2. 无偿性

3. 固定性

（三）税收的分类

1. 按征税对象分类：可将全部税收划分为流转税类、所得税类、财产税类、资源税类和行为税类五种类型

2. 按征收管理的分工体系分类：可分为工商税类、关税类

3. 按照税收征收权限和收入支配权限分类：可分为中央税、地方税和中央地方共享税

4. 按照计税标准不同进行的分类：可分为从价税、从量税和复合税

二、税法及构成要素

（一）税收与税法的关系

1. 税法的概念

2. 税收与税法的关系

（二）税法的分类

1. 按照税法的功能作用的不同，将税法分为税收实体法和税收程序法

2. 按照主权国家行使税收管辖权的不同，可分为国内税法、国际税法、外国税法

3. 按照税法法律级次划分，分为税收法律、税收行政法规、税收规章和税收规范性文件

（三）税法的构成要素

1. 征税人

2. 纳税义务人

3. 征税对象

4. 税目

5. 税率

（1）比例税率

（2）定额税率

（3）累进税率

6. 计税依据

（1）从价计征

（2）从量计征

（3）复合计征

7. 纳税环节

8. 纳税期限

9. 纳税地点

10. 减免税

（1）减税和免税

（2）起征点

（3）免征额

11. 法律责任

第二节 主要税种

一、增值税

（一）增值税的概念与分类

1. 增值税的概念

2. 增值税的分类

（1）生产型增值税

（2）收入型增值税

（3）消费型增值税

（二）增值税一般纳税人

（三）增值税税率

（四）增值税应纳税额

1. 销项税额

2. 销售额

3. 进项税额

（五）增值税小规模纳税人

（六）增值税征收管理

1. 纳税义务发生的时间

2. 纳税期限

3. 纳税地点

二、消费税

（一）消费税的概念与计税方法

1. 消费税的概念

2. 消费税的计税

（二）消费税纳税人

（三）消费税税目与税率

1. 消费税税目

2. 消费税税率

（四）消费税应纳税额

1. 销售额的确认

2. 销售量的确认

3. 从价从量复合计征

4. 应税消费品已纳税款扣除

（五）消费税征收管理

1. 纳税义务发生时间

2. 纳税期限

3. 纳税地点

三、营业税

（一）营业税的概念

（二）营业税纳税人

（三）营业税的税目、税率

1. 营业税税目

2. 营业税税率

（四）营业税应纳税额

（五）营业税征收管理

1. 纳税义务发生时间

2. 纳税期限

3. 纳税地点

四、企业所得税

（一）企业所得税的概念

（二）企业所得税征税对象

（三）企业所得税税率

（四）企业所得税应纳税所得额

1. 收入总额

2. 不征税收入

3. 免税收入

4. 准予扣除的项目

（1）成本

（2）费用

（3）税金

（4）损失

5. 不得扣除的项目

6. 亏损弥补

（五）企业所得税征收管理

1. 纳税地点

2. 纳税期限

3. 纳税申报

五、个人所得税

（一）个人所得税概念

（二）个人所得税纳税义务人

（三）个人所得税的应税项目和税率

1. 个人所得税应税项目

2. 个人所得税税率

（四）个人所得税应纳税所得额

1. 工资、薪金所得

2. 个体工商户的生产经营所得

3. 对企事业单位的承包经营、承租经营所得

4. 劳务报酬所得

5. 稿酬所得

6. 利息、股息、红利所得

（五）个人所得税征收管理

1. 自行申报纳税义务人

2. 代扣代缴

第三节 税 收 征 管

一、税务登记

（一）开业登记

（二）变更登记

（三）停业、复业登记

（四）注销登记

（五）外出经营报验登记

（六）纳税人税种登记

（七）扣缴义务人扣缴税款登记

二、发票开具与管理

（一）发票的种类

1. 增值税专用发票

2. 普通发票

3. 专业发票

（二）发票的开具要求

1. 单位和个人应在发生经营业务、确认营业收入时，才能开具发票。

2. 开具发票时应按号码顺序填开，填写项目齐全、内容真实、字迹清楚、全部联次一次性复写或打印，内容完全一致，并在发票联和抵扣联加盖单位财务印章或者发票专用章。

3. 填写发票应当使用中文。民族自治地区可以同时使用当地通用的一种民族文字；外商投资企业和外资企业可以同时使用一种外国文字。

4. 使用电子计算机开具发票必须报主管税务机关批准，并使用税务机关统一监制的机打发票。

5. 开具发票时限、地点应符合规定。

6. 任何单位和个人不得转借、转让、代开发票。

三、纳税申报

（一）直接申报

（二）邮寄申报

（三）数据电文申报

（四）简易申报

（五）其他方式

四、税款征收

（一）查账征收

（二）查定征收

（三）查验征收

（四）定期定额征收

（五）代扣代缴

（六）代收代缴

（七）委托征收

（八）其他方式

五、税务代理

（一）税务代理的概念

（二）税务代理的特点

1. 中介性

2. 法定性

3. 自愿性

4. 公正性

（三）税务代理的法定业务范围

六、税收检查及法律责任

（一）税收检查

1. 税收保全措施

2. 税收强制执行

（二）法律责任

1. 税务违法行政处罚

（1）责令限期改正

（2）罚款

（3）没收财产

（4）收缴未用发票和暂停供应发票

（5）停止出口退税权

2. 税务违法刑事处罚

3. 税务行政复议

第四章　财政法规制度

第一节　预算法律制度

一、预算法律制度的构成

（一）《预算法》

（二）《预算法实施条例》

二、国家预算

（一）国家预算的概念

（二）国家预算的作用

1. 财力保证作用

2. 调节制约作用

3. 反映监督作用

（三）国家预算的级次划分

（四）国家预算的构成

1. 中央预算

2. 地方预算

3. 总预算

4. 部门单位预算

三、预算管理的职权

（一）各级人民代表大会的职权

1. 全国人民代表大会的职权

2. 县级以上地方各级人民代表大会的职权

3. 乡、民族乡、镇的人民代表大会的职权

（二）各级财政部门的职权

1. 国务院财政部门的职权

2. 地方各级政府财政部门的职权

（三）各部门、各单位的职权

1. 各部门的职权

2. 各单位的职权

四、预算收入与预算支出

（一）预算收入

（二）预算支出

五、预算组织程序

（一）预算的编制

1. 预算年度

2. 预算草案的编制依据

3. 预算草案的编制内容

（二）预算的审批

（三）预算的执行

（四）预算的调整

六、决算

七、预决算的监督

第二节　政府采购法律制度

一、政府采购法律制度的构成

（一）政府采购法

（二）政府采购部门规章

（三）政府采购地方性法规和政府规章

二、政府采购的概念

（一）政府采购的主体范围

（二）政府采购的资金范围

（三）政府集中采购目录和政府采购限额标准

（四）政府采购的对象范围

三、政府采购的原则

（一）公开透明原则

（二）公平竞争原则

（三）公正原则

（四）诚实信用原则

四、政府采购的功能

（一）节约财政支出，提高采购资金的使用效益

（二）强化宏观调控

（三）活跃市场经济

（四）推进反腐倡廉

（五）保护民族产业

五、政府采购的执行模式

（一）集中采购

（二）分散采购

六、政府采购当事人

（一）采购人

（二）供应商

（三）采购代理机构

七、政府采购方式

1. 公开招标

2. 邀请招标

3. 竞争性谈判

4. 单一来源

5. 询价

八、政府采购的监督检查

第三节　国库集中收付制度

一、国库集中收付制度

二、国库单一账户体系

（一）国库单一账户体系的概念

（二）国库单一账户体系的构成

三、财政收入收缴方式和程序

（一）收缴方式

1. 直接缴库

2. 集中汇缴

（二）收缴程序

1. 直接缴库程序

2. 集中汇缴程序

四、财政支出支付方式和程序

（一）支付方式

1. 财政直接支付

2. 财政授权支付

（二）支付程序

1. 财政直接支付程序

2. 财政授权支付程序

第五章　会计职业道德

第一节　会计职业道德概述

一、会计职业道德概念

二、会计职业道德功能

（一）指导功能

（二）评价功能

（三）教化功能

三、会计职业道德与会计法律制度

（一）会计职业道德与会计法律制度的关系

（二）会计职业道德与会计法律制度的主要区别

1. 性质不同
2. 作用范围不同
3. 表现形式不同
4. 实施保障机制不同

（三）会计行为的法治与德治

第二节　会计职业道德规范的主要内容

一、爱岗敬业

（一）爱岗敬业的含义

（二）爱岗敬业的基本要求

1. 热爱会计工作，敬重会计职业
2. 严肃认真，一丝不苟
3. 忠于职守，尽职尽责

二、诚实守信

（一）诚实守信的含义

（二）诚实守信的基本要求

1. 做老实人，说老实话，办老实事，不搞虚假
2. 实事求是，如实反映
3. 保守秘密，不为利益所诱惑
4. 执业谨慎，信誉至上

三、廉洁自律

（一）廉洁自律的含义

（二）廉洁自律的基本要求

1. 树立正确的人生观和价值观
2. 公私分明，不贪不占

四、客观公正

（一）客观公正的含义

（二）客观公正的基本要求

1. 依法办事
2. 实事求是，不偏不倚

3. 保持独立性

五、坚持准则

（一）坚持准则的含义

（二）坚持准则的基本要求

1. 熟悉准则

2. 遵循准则

3. 坚持准则

六、提高技能

（一）提高技能的含义

（二）提高技能的基本要求

1. 要有不断提高会计专业技能的意识和愿望

2. 要有勤学苦练的精神和科学的学习方法

七、参与管理

（一）参与管理的含义

（二）参与管理的基本要求

1. 努力钻研业务，熟悉财经法规和相关制度，提高业务技能，为参与管理打下基础

2. 熟悉服务对象的经营活动和业务流程，使参与管理的决策更具针对性和有效性

八、强化服务

（一）强化服务的含义

（二）强化服务的基本要求

1. 强化服务意识

2. 提高服务质量

第三节 会计职业道德教育与修养

一、会计职业道德教育

（一）会计职业道德教育的含义

（二）会计职业道德教育的内容

1. 职业道德观念教育

2. 职业道德规范教育

3. 职业道德警示教育

（三）会计职业道德教育途径

1. 岗前职业道德教育

2. 岗位职业道德继续教育

二、会计职业道德修养

（一）会计职业道德修养的含义

（二）会计职业道德修养的环节

1. 形成正确的会计职业道德认知

2. 培养高尚的会计职业道德情感

3. 树立坚定的会计职业道德信念

4. 养成良好的会计职业道德行为

（三）会计职业道德修养的方法

1. 不断地进行“内省”

2. 要提倡“慎独”精神

3. 虚心向先进人物学习

第四节　会计职业道德建设

一、财政部门的组织推动

（一）采用多种形式开展会计职业道德宣传教育

（二）会计职业道德建设与会计从业资格证书注册登记管理相结合

（三）会计职业道德建设与会计专业技术资格考评、聘用相结合

（四）会计职业道德建设与会计法执法检查相结合

（五）会计职业道德建设与会计人员表彰奖励制度相结合

二、会计职业组织的行业自律

三、社会各界齐抓共管

附录B　中华人民共和国会计法

《中华人民共和国会计法》已由中华人民共和国第九届全国人民代表大会常务委员会第十二次会议于 1999 年 10 月 31 日修订通过，现将修订后的《中华人民共和国会计法》公布，自 2000 年 7 月 1 日起施行。

中华人民共和国主席　江泽民

1999 年 10 月 31 日

第一章　总　　则

第一条　为了规范会计行为，保证会计资料真实、完整，加强经济管理和财务管理，提高经济效益，维护社会主义市场经济秩序，制定本法。

第二条　国家机关、社会团体、公司、企业、事业单位和其他组织（以下统称单

位）必须依照本法办理会计事务。

第三条 各单位必须依法设置会计账簿，并保证其真实、完整。

第四条 单位负责人对本单位的会计工作和会计资料的真实性、完整性负责。

第五条 会计机构、会计人员依照本法规定进行会计核算，实行会计监督。

任何单位或者个人不得以任何方式授意、指使、强令会计机构、会计人员伪造、变造会计凭证、会计账簿和其他会计资料，提供虚假财务会计报告。

任何单位或者个人不得对依法履行职责、抵制违反本法规定行为的会计人员实行打击报复。

第六条 对认真执行本法，忠于职守，坚持原则，做出显著成绩的会计人员，给予精神的或者物质的奖励。

第七条 国务院财政部门主管全国的会计工作。

县级以上地方各级人民政府财政部门管理本行政区域内的会计工作。

第八条 国家实行统一的会计制度。国家统一的会计制度由国务院财政部门根据本法制定并公布。

国务院有关部门可以依照本法和国家统一的会计制度制定对会计核算和会计监督有特殊要求的行业实施国家统一的会计制度的具体办法或者补充规定，报国务院财政部门审核批准。

中国人民解放军总后勤部可以依照本法和国家统一的会计制度制定军队实施国家统一的会计制度的具体办法，报国务院财政部门备案。

第二章 会计核算

第九条 各单位必须根据实际发生的经济业务事项进行会计核算，填制会计凭证，登记会计账簿，编制财务会计报告。

任何单位不得以虚假的经济业务事项或者资料进行会计核算。

第十条 下列经济业务事项，应当办理会计手续，进行会计核算：

（一）款项和有价证券的收付；

（二）财物的收发、增减和使用；

（三）债权债务的发生和结算；

（四）资本、基金的增减；

（五）收入、支出、费用、成本的计算；

（六）财务成果的计算和处理；

（七）需要办理会计手续、进行会计核算的其他事项。

第十一条 会计年度自公历1月1日起至12月31日止。

第十二条 会计核算以人民币为记账本位币。

业务收支以人民币以外的货币为主的单位，可以选定其中一种货币作为记账本位币，但是编报的财务会计报告应当折算为人民币。

第十三条 会计凭证、会计账簿、财务会计报告和其他会计资料，必须符合国家统一的会计制度的规定。

使用电子计算机进行会计核算的，其软件及其生成的会计凭证、会计账簿、财务会计报告和其他会计资料，也必须符合国家统一的会计制度的规定。

任何单位和个人不得伪造、变造会计凭证、会计账簿及其他会计资料，不得提供虚假的财务会计报告。

第十四条 会计凭证包括原始凭证和记账凭证。

办理本法第十条所列的经济业务事项，必须填制或者取得原始凭证并及时送交会计机构。

会计机构、会计人员必须按照国家统一的会计制度的规定对原始凭证进行审核，对不真实、不合法的原始凭证有权不予接受，并向单位负责人报告；对记载不准确、不完整的原始凭证予以退回，并要求按照国家统一的会计制度的规定更正、补充。

原始凭证记载的各项内容均不得涂改；原始凭证有错误的，应当由出具单位重开或者更正，更正处应当加盖出具单位印章。原始凭证金额有错误的，应当由出具单位重开，不得在原始凭证上更正。

记账凭证应当根据经过审核的原始凭证及有关资料编制。

第十五条 会计账簿登记，必须以经过审核的会计凭证为依据，并符合有关法律、行政法规和国家统一的会计制度的规定。会计账簿包括总账、明细账、日记账和其他辅助性账簿。

会计账簿应当按照连续编号的页码顺序登记。会计账簿记录发生错误或者隔页、缺号、跳行的，应当按照国家统一的会计制度规定的方法更正，并由会计人员和会计机构负责人（会计主管人员）在更正处盖章。

使用电子计算机进行会计核算的，其会计账簿的登记、更正，应当符合国家统一的会计制度的规定。

第十六条 各单位发生的各项经济业务事项应当在依法设置的会计账簿上统一登记、核算，不得违反本法和国家统一的会计制度的规定私设会计账簿登记、核算。

第十七条 各单位应当定期将会计账簿记录与实物、款项及有关资料相互核对，保证会计账簿记录与实物及款项的实有数额相符、会计账簿记录与会计凭证的有关内容相符、会计账簿之间相对应的记录相符、会计账簿记录与会计报表的有关内容相符。

第十八条 各单位采用的会计处理方法，前后各期应当一致，不得随意变更；确有必要变更的，应当按照国家统一的会计制度的规定变更，并将变更的原因、情况及影响在财务会计报告中说明。

第十九条 单位提供的担保、未决诉讼等或有事项，应当按照国家统一的会计制度的规定，在财务会计报告中予以说明。

第二十条 财务会计报告应当根据经过审核的会计账簿记录和有关资料编制，并符合本法和国家统一的会计制度关于财务会计报告的编制要求、提供对象和提供期限的规定；其他法律、行政法规另有规定的，从其规定。

财务会计报告由会计报表、会计报表附注和财务情况说明书组成。向不同的会计资料使用者提供的财务会计报告，其编制依据应当一致。有关法律、行政法规规定会计报表、会计报表附注和财务情况说明书须经注册会计师审计的，注册会计师及其所在的会计师事务所出具的审计报告应当随同财务会计报告一并提供。

第二十一条 财务会计报告应当由单位负责人和主管会计工作的负责人、会计机构负责人（会计主管人员）签名并盖章；设置总会计师的单位，还须由总会计师签名并盖章。

单位负责人应当保证财务会计报告真实、完整。

第二十二条 会计记录的文字应当使用中文。在民族自治地方，会计记录可以同时使用当地通用的一种民族文字。在中华人民共和国境内的外商投资企业、外国企业和其他外国组织的会计记录可以同时使用一种外国文字。

第二十三条 各单位对会计凭证、会计账簿、财务会计报告和其他会计资料应当建立档案，妥善保管。会计档案的保管期限和销毁办法，由国务院财政部门会同有关部门制定。

第三章 公司、企业会计核算的特别规定

第二十四条 公司、企业进行会计核算，除应当遵守本法第二章的规定外，还应当遵守本章规定。

第二十五条 公司、企业必须根据实际发生的经济业务事项，按照国家统一的会计制度的规定确认、计量和记录资产、负债、所有者权益、收入、费用、成本和利润。

第二十六条 公司、企业进行会计核算不得有下列行为：

（一）随意改变资产、负债、所有者权益的确认标准或者计量方法，虚列、多列、不列或者少列资产、负债、所有者权益；

（二）虚列或者隐瞒收入，推迟或者提前确认收入；

（三）随意改变费用、成本的确认标准或者计量方法，虚列、多列、不列或者少列费用、成本；

（四）随意调整利润的计算、分配方法，编造虚假利润或者隐瞒利润；

（五）违反国家统一的会计制度规定的其他行为。

第四章 会 计 监 督

第二十七条 各单位应当建立、健全本单位内部会计监督制度。单位内部会计监

督制度应当符合下列要求：

（一）记账人员与经济业务事项和会计事项的审批人员、经办人员、财物保管人员的职责权限应当明确，并相互分离、相互制约；

（二）重大对外投资、资产处置、资金调度和其他重要经济业务事项的决策和执行的相互监督、相互制约程序应当明确；

（三）财产清查的范围、期限和组织程序应当明确；

（四）对会计资料定期进行内部审计的办法和程序应当明确。

第二十八条 单位负责人应当保证会计机构、会计人员依法履行职责，不得授意、指使、强令会计机构、会计人员违法办理会计事项。

会计机构、会计人员对违反本法和国家统一的会计制度规定的会计事项，有权拒绝办理或者按照职权予以纠正。

第二十九条 会计机构、会计人员发现会计账簿记录与实物、款项及有关资料不相符的，按照国家统一的会计制度的规定有权自行处理的，应当及时处理；无权处理的，应当立即向单位负责人报告，请求查明原因，作出处理。

第三十条 任何单位和个人对违反本法和国家统一的会计制度规定的行为，有权检举。收到检举的部门有权处理的，应当依法按照职责分工及时处理；无权处理的，应当及时移送有权处理的部门处理。收到检举的部门、负责处理的部门应当为检举人保密，不得将检举人姓名和检举材料转给被检举单位和被检举人个人。

第三十一条 有关法律、行政法规规定，须经注册会计师进行审计的单位，应当向受委托的会计师事务所如实提供会计凭证、会计账簿、财务会计报告和其他会计资料以及有关情况。

任何单位或者个人不得以任何方式要求或者示意注册会计师及其所在的会计师事务所出具不实或者不当的审计报告。

财政部门有权对会计师事务所出具审计报告的程序和内容进行监督。

第三十二条 财政部门对各单位的下列情况实施监督：

（一）是否依法设置会计账簿；

（二）会计凭证、会计账簿、财务会计报告和其他会计资料是否真实、完整；

（三）会计核算是否符合本法和国家统一的会计制度的规定；

（四）从事会计工作的人员是否具备从业资格。

在对前款第（二）项所列事项实施监督，发现重大违法嫌疑时，国务院财政部门及其派出机构可以向与被监督单位有经济业务往来的单位和被监督单位开立账户的金融机构查询有关情况，有关单位和金融机构应当给予支持。

第三十三条 财政、审计、税务、人民银行、证券监管、保险监管等部门应当依照有关法律、行政法规规定的职责，对有关单位的会计资料实施监督检查。

前款所列监督检查部门对有关单位的会计资料依法实施监督检查后，应当出具检查结论。有关监督检查部门已经作出的检查结论能够满足其他监督检查部门履行本部门职责需要的，其他监督检查部门应当加以利用，避免重复查账。

第三十四条 依法对有关单位的会计资料实施监督检查的部门及其工作人员对在监督检查中知悉的国家秘密和商业秘密负有保密义务。

第三十五条 各单位必须依照有关法律、行政法规的规定，接受有关监督检查部门依法实施的监督检查，如实提供会计凭证、会计账簿、财务会计报告和其他会计资料以及有关情况，不得拒绝、隐匿、谎报。

第五章 会计机构和会计人员

第三十六条 各单位应当根据会计业务的需要，设置会计机构，或者在有关机构中设置会计人员并指定会计主管人员；不具备设置条件的，应当委托经批准设立从事会计代理记账业务的中介机构代理记账。

国有的和国有资产占控股地位或者主导地位的大、中型企业必须设置总会计师。总会计师的任职资格、任免程序、职责权限由国务院规定。

第三十七条 会计机构内部应当建立稽核制度。

出纳人员不得兼任稽核、会计档案保管和收入、支出、费用、债权债务账目的登记工作。

第三十八条 从事会计工作的人员，必须取得会计从业资格证书。

担任单位会计机构负责人（会计主管人员）的，除取得会计从业资格证书外，还应当具备会计师以上专业技术职务资格或者从事会计工作三年以上经历。

会计人员从业资格管理办法由国务院财政部门规定。

第三十九条 会计人员应当遵守职业道德，提高业务素质。对会计人员的教育和培训工作应当加强。

第四十条 因有提供虚假财务会计报告，做假账，隐匿或者故意销毁会计凭证、会计账簿、财务会计报告，贪污，挪用公款，职务侵占等与会计职务有关的违法行为被依法追究刑事责任的人员，不得取得或者重新取得会计从业资格证书。

除前款规定的人员外，因违法违纪行为被吊销会计从业资格证书的人员，自被吊销会计从业资格证书之日起五年内，不得重新取得会计从业资格证书。

第四十一条 会计人员调动工作或者离职，必须与接管人员办清交接手续。

一般会计人员办理交接手续，由会计机构负责人（会计主管人员）监交；会计机构负责人（会计主管人员）办理交接手续，由单位负责人监交，必要时主管单位可以派人会同监交。

第六章 法律责任

第四十二条 违反本法规定，有下列行为之一的，由县级以上人民政府财政部门责令限期改正，可以对单位并处三千元以上五万元以下的罚款；对其直接负责的主管人员和其他直接责任人员，可以处二千元以上二万元以下的罚款；属于国家工作人员的，还应当由其所在单位或者有关单位依法给予行政处分：

（一）不依法设置会计账簿的；

（二）私设会计账簿的；

（三）未按照规定填制、取得原始凭证或者填制、取得的原始凭证不符合规定的；

（四）以未经审核的会计凭证为依据登记会计账簿或者登记会计账簿不符合规定的；

（五）随意变更会计处理方法的；

（六）向不同的会计资料使用者提供的财务会计报告编制依据不一致的；

（七）未按照规定使用会计记录文字或者记账本位币的；

（八）未按照规定保管会计资料，致使会计资料毁损、灭失的；

（九）未按照规定建立并实施单位内部会计监督制度或者拒绝依法实施的监督或者不如实提供有关会计资料及有关情况的；

（十）任用会计人员不符合本法规定的。

有前款所列行为之一，构成犯罪的，依法追究刑事责任。

会计人员有第一款所列行为之一，情节严重的，由县级以上人民政府财政部门吊销会计从业资格证书。

有关法律对第一款所列行为的处罚另有规定的，依照有关法律的规定办理。

第四十三条 伪造、变造会计凭证、会计账簿，编制虚假财务会计报告，构成犯罪的，依法追究刑事责任。

有前款行为，尚不构成犯罪的，由县级以上人民政府财政部门予以通报，可以对单位并处五千元以上十万元以下的罚款；对其直接负责的主管人员和其他直接责任人员，可以处三千元以上五万元以下的罚款；属于国家工作人员的，还应当由其所在单位或者有关单位依法给予撤职直至开除的行政处分；对其中的会计人员，并由县级以上人民政府财政部门吊销会计从业资格证书。

第四十四条 隐匿或者故意销毁依法应当保存的会计凭证、会计账簿、财务会计报告，构成犯罪的，依法追究刑事责任。

有前款行为，尚不构成犯罪的，由县级以上人民政府财政部门予以通报，可以对单位并处五千元以上十万元以下的罚款；对其直接负责的主管人员和其他直接责任人员，可以处三千元以上五万元以下的罚款；属于国家工作人员的，还应当由其所在单位或者有关单位依法给予撤职直至开除的行政处分；对其中的会计人员，并由县级以上人民政府财政部门吊销会计从业资格证书。

第四十五条 授意、指使、强令会计机构、会计人员及其他人员伪造、变造会计凭证、会计账簿，编制虚假财务会计报告或者隐匿、故意销毁依法应当保存的会计凭证、会计账簿、财务会计报告，构成犯罪的，依法追究刑事责任；尚不构成犯罪的，可以处五千元以上五万元以下的罚款；属于国家工作人员的，还应当由其所在单位或者有关单位依法给予降级、撤职、开除的行政处分。

第四十六条　单位负责人对依法履行职责、抵制违反本法规定行为的会计人员以降级、撤职、调离工作岗位、解聘或者开除等方式实行打击报复，构成犯罪的，依法追究刑事责任；尚不构成犯罪的，由其所在单位或者有关单位依法给予行政处分。对受打击报复的会计人员，应当恢复其名誉和原有职务、级别。

第四十七条　财政部门及有关行政部门的工作人员在实施监督管理中滥用职权、玩忽职守、徇私舞弊或者泄露国家秘密，商业秘密，构成犯罪的，依法追究刑事责任；尚不构成犯罪的，依法给予行政处分。

第四十八条　违反本法第三十条规定，将检举人姓名和检举材料转给被检举单位和被检举人个人的，由所在单位或者有关单位依法给予行政处分。

第四十九条　违反本法规定，同时违反其他法律规定的，由有关部门在各自职权范围内依法进行处罚。

第七章　附　　则

第五十条　本法下列用语的含义：

单位负责人，是指单位法定代表人或者法律、行政法规规定代表单位行使职权的主要负责人。

国家统一的会计制度，是指国务院财政部门根据本法制定的关于会计核算，会计监督、会计机构和会计人员以及会计工作管理的制度。

第五十一条　个体工商户会计管理的具体办法，由国务院财政部门根据本法的原则另行规定。

第五十二条　本法自 2000 年 7 月 1 日起施行。

参考文献

[1] 李立新. 财经法规与会计职业道德. 北京：机械工业出版社，2008.

[2] 张慧. 会计基础. 北京：中国纺织出版社，2007.

[3] 张守文. 财税法. 北京：中国政法大学出版社，2004.

[4] 会计从业资格考试辅导组. 财经法规与会计职业道德. 北京：中国财政经济出版社，2008.

[5] 江苏省会计从业资格考试研究编审组. 会计从业资格考试应试习题集. 北京：经济科学出版社，2010.

[6] 会计从业资格考试辅导教材编写组. 财经法规与会计职业道德. 北京：清华大学出版社，2009.

[7] 薛晶，汪珺. 财经法规与职业道德. 大连：大连出版社，2009.

[8] 财政部会计资格评价中心. 经济法基础. 北京：经济科学出版社，2007.

[9] 董翠香. 票据法. 上海：上海人民出版社，2001.

[10] 中国人民银行. 中华人民共和国票据法实用图册. 北京：新华出版社，1995.

[11] 江苏省会计从业资格考试专家编写组. 财经法规与会计职业道德. 南京：江苏人民出版社，2009.

[12] 于永芹. 票据法案例教程. 北京：北京大学出版社，2003.

[13] 许秀敏. 财经法规与会计职业道德. 厦门：厦门大学出版社，2010.

[14] 王建辉. 财经法规与会计职业道德. 北京：中国财政经济出版社，2010.

[15] 中国会计学会编写组. 财经法规与会计职业道德. 北京：经济科学出版社，2009.

[16] 江苏省会计从业资格考试研究编审组. 财经法规与会计职业道德. 北京：经济科学出版社，2010.

[17] 李海波，刘学华. 新编预算会计. 上海：立信会计出版社，2007.

[18] 施锦明. 政府采购. 北京：经济科学出版社，2009.

[19] 周益群. 浅析国库集中支付制度[J]. 财经界（学术版），2010，32-33.

[20] 会计从业资格考试教材编委会. 北京市会计从业资格考试教材——财经法规与会计职业道德. 北京：中国财政经济出版社，2009.

[21] 会计从业资格考试辅导教材编委会. 陕西省会计从业资格考试教材——财经法规与会计职业道德. 北京：经济科学出版社，2009.